# 도덕
# 판단력
# 측정

MJT와 DIT를 중심으로

이 저서는 2010년도 정부재원(교육과학기술부 인문사회연구역량강화사업)으로

한국연구재단의 지원을 받아 연구되었다(NRF-2010-332-B00438)

# 도덕 판단력 측정

MJT와 DIT를 중심으로

이원봉 · 박균열 지음

KSI 한국학술정보[주]

# 머리말

　도덕성(morality)은 인간의 바람직한 가치정향이다. 그 모습은 인지적인 것, 정서적인 것, 행동적인 것을 망라한다. 이 책은 이러한 도덕성을 어떻게 측정할 것인가를 탐구한다. 지금까지의 도덕성에 대한 측정은 다양한 이론에 근거하여 이루어져왔지만, Lawrence Kohlberg가 개발한 MJI(Moral Judgment Interview)를 가장 권위 있는 도구로 꼽을 수 있다. 그를 이은 James Rest는 4구성요소(4 components) 개념을 도입하여, 도덕성을 네 가지 주요 요소, 즉 도덕적 감수성(moral sensitivity), 도덕적 판단력(moral judgment), 도덕적 동기화(moral motivation) 그리고 도덕적 실천력(moral action) 등이 그것이다. 특히 J. Rest는 L. Kohlberg의 MJI를 토대로 DIT(Defining Issues Test)를 개발하였다. 한편 독일의 콘스탄츠대학의 Georg Lind 교수는 L. Kohlberg의 도덕발달 6단계의 이론적 전통을 계승하면서도 독창적인 도덕적 판단력 측정모형을 개발하였는데, 그 이름은 바로 MJT(Moral Judgment Test)이다.

　이 책은 이 두 가지 DIT와 MJT를 동시에 동원하여 한국 청소년들의 도덕적 판단력을 검증한다. 사실 이 책자의 기본적인 골격은 본인의 박사학위논문인 「KDIT의 P-지수와 MJT의 C-지수 비교를 통한 한국 청소년의 도덕 판단력 실증연구」 내용을 수정·보완한 것이다. 그리고 공동저자인 박균열 교수는 바로 필자의 학위논문 지도교수로서, 본 책자의 이론적 골격을 이루는 2개의 도구인 MJT와 DIT를 활용한 연구를 이미 수행한 바 있는데「도덕 판단력 측정도구 MJT의 특징과 활용법」과「한국군 장병의 도덕 판단력 실증연구」등이 그것이다.

사실 DIT의 경우, 2007년도 새로운 연구를 통해서 2011년에 새로운 버전이 출판되었다(문용린,『한국인의 도덕성 발달 진단』, 집문당, 2011).

한편 MJT의 경우, 이 책과 교정 와중에 지도교수인 박균열 교수가 독일의 G. Lind 교수로부터 표준화검증을 받게 되어, 실제 조사 때 사용한 질문지와는 다른 최신판으로 대체하였다.

필자는 대학 졸업과 동시에 ROTC 학군장교로 임관하여 정훈장교로서 30년가량 주로 군 장병들의 정신교육을 담당해왔다. 병사들은 대부분이 고등학교를 졸업한 청소년들이었다. 그러다 보니 군 입대 적령기에 해당하는 청소년에 대한 관심이 많았다. 그런데 아쉬운 점은 군 입대 장병의 신체적인 조건에 대해서는 정밀한 검사가 이루어지고 있었으나, 정신적 심리적 문제, 특히 도덕성에 대해서는 심층적인 별도의 검증 절차가 없다는 점이다. 따라서 입대 장병 대부분은 그들의 청소년 시절의 도덕성이 바로 군인의 도덕성이라고 할 수 있다. 그러므로 청소년의 도덕성 실태를 파악하는 것은 매우 중요한 일이다. 그럼에도 불구하고 군에서는 과학적인 방법을 통한 입대 장병들의 도덕성 측정과 그 대응책에 집중할 여력이 없는 상태였다. 아무래도 군 특성상 무기체계나 군사교리연구 및 교육훈련 등에 더 중점을 둘 수밖에 없는 형편이라 짐작된다.

그러던 중 이 문제와 관련하여 지도교수가 2007년에 미국의 레스트(James R. Rest)가 개발한 도덕성 측정도구인 DIT(Defining Issues Test)를 가지고 한국군 장병을 대상으로 도덕성을 측정하여 「한국군 장병의 도덕 판단력 실증연구」라는 산물을 내놓았다. 이것은 필자에게 큰 호기심을 주었고, 동시에 과학적 접근법이 어떤 것이며 또한 얼마나 중요한가를 깨우쳐주는 계기가 되었다. 이제까지는 정신교육을 한다고 해도 그저 장병들을 모아놓고 대적관 중심의 안보교육만 열심히 시키면 된다는 식이었다. 지금 돌이켜보면 참으로 안이한 생각이었고, 매우 부끄럽기도 하다. 이제는 전역한 이후라 때늦은 감은 있지만 그러면서도 이 연구논문을 계기로 과학적 방법에 의한 청소년 도덕성 측정에 도전하게 되었다. 부족한 부분이 많지만 다행히 지도교수의 명확한 지침과 자상한 지도는 연구에 큰 도움이 되었다. 논문의 주제 선정, 목차 구성, 조사도구(MJT, DIT) 지정, 연구가설 설정, 설문조사 대상자 선정, 설문조사 내용의 분석, 참고문헌 소개에 이르기까지, 심지어는 논문작성법과 특히 서론작성요령 등 어느 것 하나 지도교수의 손길이 미치지 않은 부분이 없었다. 그것은 힘이 되고 용기가 되어 나에게로 돌아왔다.

이에 더하여 학위논문이 완성된 후인 2010년 11월에 마침 독일의 콘스탄츠대학을 방문하게 되었고, 본 논문의 주요 검사도구 즉 도덕 판단력 검사도구인 MJT를 연구개발한 G. Lind 교수를 직접 만나게 되었다. 동행한 지도교수의 도움으로 본 논문의 주제 및 내용 관련 여러 가지 논의와 토의가 있었고, 본 책자의 내용을 보완하는 데 큰 도움이 되었다.

이런 배경하에 이 책이 나왔다. 머리말을 쓰는 이 시점에서 필자의 심정은 솔직히 감개무량하다. 이 책의 내용 요약은 별도로 하지 않겠다. 다만 이 책 내용 중 혹시 부분적으로 잘못된 곳도 더러 있으리라 본다. 왜냐하면 필자가 지도를 받는 과정에서 나름대로 열성을 다하긴 했지만 완벽하게 소화하지 못한 부분도 있고 또한 잘못 이해한 부분도 있을 수 있기 때문이다. 만일 그런 부분을 지적해주시는 분이 있다면 정말 감사한 마음으로 수정하고 보완하고 싶다.

이 책이 나오기까지 논문지도 교수님 이외에도 많은 분들의 가르침이 있었다. 경상대학교 대학원 윤리교육학과의 모든 교수님들, 외부 심사위원으로서 좋은 말씀을 해주신 서울교육대학교 이인재 교수님과 고신대학교 김상윤 교수님의 지도에도 감사드린다. 그리고 논문을 작성하는 과정에서 통계 분야에 대해 많은 자문을 해준 경상대학교 김연종 선생님께도 감사드린다.

내 곁에서 많은 기도와 후원을 아끼지 않은 사랑하는 아내 그리고 두 딸 수경과 유경에게 고맙다는 말을 하고 싶다. 그리고 어머님 얼굴이 떠오른다. 못난 자식의 졸업식 때 팔순을 훌쩍 넘긴 노구를 이끌고 오셔서, 박사학위 가운을 입고 서 있는 자식의 모습을 보시고 얼마나 대견해하셨는지 모른다. 비록 이 책의 내용을 읽고 이해하실 수는 없지만 표지만 보시고도 좋아하실 것 같아 가슴 벅차다.

끝으로 좋은 책으로 엮어준 한국학술정보(주) 관계자 여러분들께 감사드린다.

2012년 5월

저자대표 이원봉

린트 교수와 학술토의를 준비하면서—콘스탄츠대학 강의실

박균열 교수. 린트 교수. 이원봉 교수—콘스탄츠 시 보덴 호숫가에서

콘스탄츠 시내

머문 호텔—바바로사

# CONTENTS

# ■■■**제1장** 들어가는 말

1. 연구목적
2. 연구방법
3. 연구모형

제1장
●
●
# 들어가는 말

## 1. 연구목적

이 책은 우리나라에 잘 알려져 있지 않은 독일의 린트(G. Lind)가 연구·개발한 도덕 판단력 검사도구인 MJT(Moral Judgment Test)에 의한 C-지수[1]와 미국의 레스트(James Rest)가 개발한 DIT(Defining Issues Test)를 토대로 문용린 교수가 축소 번안한 KDIT에 의한 P-지수 간의 비교를 통해,[2] 한국 청소년의 도덕 판단력 수준을 가늠하여, 이를 토대

---

1) G. Lind 교수가 MJT에 관한 기본 구상을 제시한 것은 다음 두 건의 연구에서부터이다.: G. Lind (1978). "How does one measure moral judgment? Problems and alternative ways of measuring a complex construct.[German: Wie mißt man moralisches Urteil? Probleme und alternative Möglichkeiten der Messung eines komplexen Konstrukts]," In: G. Portele, ed., *Sozialisation und Moral*, Weinheim: Beltz, pp.171-201.; G. Lind (1985). "The theory of moral-cognitive judgment: A socio-psychological assessment." In: G. Lind, H.A. Hartmann & R. Wakenhut, eds., Moral development and the social environment. Studies in the philosophy and psychology of moral judgment and education, Chicago: Precedents Publishing Inc., pp.21-53. 한편 국내에서는 박균열 교수가 MJT에 대한 소개 논문을 썼다.: 박균열, 「도덕 판단력 측정도구 MJT의 특징과 활용법」, 『도덕윤리과교육』 제23호, 한국도덕윤리과교육학회, 2006. 이 논문에서 박균열 교수는 MJT의 이론적 배경, 특징, 활용법 등을 상세하게 소개하고 있다. 한편 김항인 교수는 DIT와 병행하여 MJT를 비교해서 소개한 바 있다.: 김항인, 「도덕 판단력 측정에 대한 고찰: DIT와 MJT를 중심으로」, 『도덕윤리과교육』 제12호, 한국도덕윤리과교육학회, 2000.

2) DIT에 대한 초기 연구로는 다음: J. R. Rest, (1979a), *Development in judging moral issues*, Minneapolis: University of Minnesota Press; Darcia Narvaez & James Rest, 「도덕적 행동과 관련된 4구성요소」, William M. Kurtines & Jacob L. Gewirtz 편저, 문용린 역, 『도덕성의 발달과 심리』, 학지사, 2004,

제1장 들어가는 말  17

로 가치교육적인 시사점을 도출해내는 데 그 목적을 둔다.

　도덕성 발달에 관한 연구는 대개 세 가지로 구분되는 바, 정신분석학적·사회학습이론적·인지발달론적 접근방식 등이 그것이다.[3] 이 가운데 정신분석학적 입장에서는 정서적 측면에, 사회학습이론적 입장에서는 행동적 측면에, 인지발달론적 입장에서는 인지적 측면에 주된 관심을 두고 있다. 이와 더불어 도덕성의 근원 즉 인간을 도덕적으로 행동하도록 하는 원천이나 동기가 무엇인가에 대해서도 여러 도덕심리학적 접근들이 나름대로의 관점을 가지고 해답을 제시해왔다. 예컨대 정신분석학 이론에서는 양심이나 죄책감 같은 도덕적 정서(moral emotion)를 중시했고, 피아제(J. Piaget)와 콜버그(L. Kohlberg)로 대표되는 인지적 도덕발달 이론(cognitive moral developmental theory)에서는 도덕적 판단 혹은 앎이 있어야 행동이 가능하다는 입장을 견지하기도 했다. 그런가 하면 어떤 학자들은 이러한 접근들이 인간의 도덕적 동기를 밝히는데 일정부분 설득력을 지니고 있는 것은 사실이지만 충분하지는 못하다는 한계를 지적하면서 도덕적 자아(moral self) 내지 도덕적 정체성(moral identity)의 개념을 활용하여 접근하기도 했다.[4]

　콜버그는 도덕적 행동을 가능케 하는 원천으로서 도덕적 추론(moral reasoning)을 강조하는 대표적 인물로서, 도덕발달의 이론에 대해 큰 영향력을 끼쳐왔다. 콜버그에 의하면 도덕적 원리가 바로 내재적으로

---

　pp.488-489. 한편 DIT의 한국화를 위한 KDIT 제작을 위한 연구는 다음: 문용린,『한국청소년의 도덕성발달 진단을 위한 연구: 도덕 판단력 진단검사(DIT)를 위한 표준화연구』, 서울: 한국학술진흥재단, 1994. DIT와 KDIT의 도구 제작 원리 등에 대해서는 뒤의 측정도구 부분에서 상세하게 논의할 것이다.

3) 박찬주,『한국인의 도덕판단과 행동선택에 관한 DIT적용 연구』, 건국대학교 대학원 박사학위논문, 1989, p.1.

4) 이인재,「도덕적 자아 형성을 위한 도덕교육의 과제」,『초등도덕교육』제23집, 한국초등도덕교육학회, 2007, p.96.

도덕적 행동을 유발하는 동기가 된다고 말한다. 즉 개인은 도덕적 추론이 발달함에 따라 어떤 특정 상황에서 도덕적 판단을 내릴 때 도덕적 원리를 활용하는 경향성이 더욱 높아진다는 것이다.

또한 콜버그는 도덕성을 도덕적 사태에 대한 가치판단 능력으로 간주하고, 그러한 가치판단 능력의 단계별 발달에 중점적인 관심을 가지면서 도덕성을 설명하고 있다.[5] 이는 도덕성을 도덕과 관련된 사태에서 옳고 그름을 판단할 수 있는 인지적 능력으로 본 것이다. 이 입장에서는 도덕성 발달의 가장 핵심적인 변인을 인지구조로 보고, 이 인지구조의 성격을 밝히는 데 중점을 두고 있다. 즉 사람들은 일상에서 겪게 되는 도덕적인 문제들을 바라보고 경험하면서 이를 개념화하고, 동시에 이를 구조적으로 판단하게 되는 인지적 틀을 가지고 있다는 것이다. 이러한 인식하에 콜버그는 도덕판단 인터뷰(MJI: Moral Judgment Interview)를 통해 얻은 피험자들의 반응을 분석하였고, 이를 토대로 3수준 6단계의 도덕 추론단계를 설정하였다. 그리하여 인터뷰를 통해 도덕 판단력을 측정하고, 위계적인 발달단계를 제시한 그의 연구는 도덕성 연구의 새로운 지평을 열었다고 볼 수 있다.

그러나 콜버그의 인터뷰를 통한 도덕 판단력 측정방법도 완벽하지 못하고 다음과 같이 두 가지 한계점을 가지고 있었다. 하나는 채점자의 능력과 주관에 따라 평정이 달라질 수가 있기 때문에 측정의 신뢰도와 타당도를 확보하는 데 어려움을 가지고 있다는 것이고, 두 번째는 콜버그의 인터뷰식 측정방식이 검사에 소요되는 시간이 길고 집단검사가 불가능하기 때문에 도덕 판단력의 실증연구가 제한된다는

---

5) 문용린 외, 「한국 청소년의 도덕 판단력 발달 연구 개관」, 『청소년학연구』 제1권 제1호, 한국청소년학회, 1993, p.43.

것이다. 이러한 난점을 극복하기 위해 개발된 것이 바로 린트의 MJT와 레스트의 DIT이다.

DIT와 MJT는 둘 다 콜버그의 이론을 충실하게 적용했다. 다만 DIT의 경우 측정 및 평가의 객관성·타당성·신뢰성을 확보하기 위해 주관식 인터뷰 방식인 MJI를 객관식 표준화 검사로 전환시켰다는 것이 큰 업적이라고 할 수 있다. MJT는 콜버그(L. Kohlberg)의 단계이론에 기초하면서도 평가방법을 합리적으로 개선시킨 객관식 선다형 측정으로써 세계 70여 개국의 연구자들이 활용하고 있고, 웹사이트에도 하루 2,000명 이상이 접속하고 있는 것으로 알려져 있다.6) 다만 이 MJT 측정도구는 주로 유럽 및 남미권에서 많이 활용되고 있으나 한국에서는 현재까지 활용된 사례가 없는 상태이다. 따라서 이 책은 이러한 측정도구 MJT를 DIT와의 대비를 통해 한국청소년의 도덕 판단력을 측정하고 평가해본다는 데 큰 의미를 두고 있으며, 동시에 이를 토대로 향후 그들을 대상으로 한 가치교육적 시사점을 도출하는 데 그 목적을 두고 있다.

이 책의 연구대상자와 조사도구의 선정 및 활용을 중요시한다. 즉 '연구대상자를 어떻게 선정할 것인가'하는 문제와 동시에 이들의 측정·평가를 위해 어떤 조사도구를 사용할 것인가를 결정해야 한다는 것이다. 그런데 여기서 문제가 되는 것은 연구대상자의 범위를 어떻게 규정하고 그 범위를 어디까지로 한정할 것이냐 하는 것이다. 청소년에 대한 개념은 다양하다. 먼저 청소년에 대한 사전적 정의를 보면, '청소년이란 청년과 소년을 아우르는 말이며, 청년은 신체적·정신적

---

6) G. Lind, (2006. 7). "The Konstanz Method of Moral Dilemma Discussion(KMDD)," revised edition, http://www.uni-konstanz.de/ag-moral/moral/dildisk-e.htm.(2006. 10. 30. 검색). 박균열(2006: 128).

으로 한창 성장하거나 무르익은 시기에 있는 사람이고, 소년은 아직 완전히 성숙하지 아니한 젊은 나이, 또는 그런 나이의 사람을 가리킨다'고 설명하고 있다. 이러한 사전적 설명은 그 의미를 짐작하기는 쉬우나 구체적으로 범위를 어디서부터 어디까지로 한정해야 할지는 애매모호하다. 따라서 연령적인 범위 설정을 정확하게 할 필요가 있다.

우리나라에서 통용되는 청소년은, 소년 및 아동까지를 포함하고 있으며, 그 연령대도 다양하다. 심지어 법률에서조차도 청소년의 연령이 통일되지 못하고 다양하게 나타나 있는 상태이다. 예컨대 한국의 소년법[7] 제2조 1항에 보면 '소년이란 19세 미만인 자'로 규정하고 있다. 이에 비해 아동복지법[8]에서는 제2조 1항에 '아동이란 18세 미만인 자'라고 규정하고 있다. 통상 아동이라면 초등학교 학생 이하의 연령이라고 생각하기 쉬운데, 본 아동복지법에 보면 실제는 그렇지 않고 고등학생까지도 포함하고 있다. 그런가 하면 청소년기본법[9]에서는 제3조 1항에서 '청소년이라 함은 9세 이상 24세 이하의 자를 말한다. 다만, 다른 법률에서 청소년에 대한 적용을 달리할 필요가 있는 경우에는 따로 정할 수 있다'고 명시하여 약간의 융통성을 부여하고 있다. 여기서 말하는 9세는 초등학생부터 포함하고, 24세는 대학생까지를 망라한다고 할 수 있다. 이상의 대한민국 법률을 종합해보면, 한국 청소년의 연령대는 결국 '9세 이상 24세 이하의 자'라고 명시한 청소년기본법 내용이 대체로 무난하다고 할 수 있다. 따라서 이 책에서도 이 개념을 적용하여 대상자 선정 시 초등학생부터 시작하여 중등

---

7) 소년법(법률 제8722호)

8) 아동복지법(법률 제9122호)

9) 청소년 기본법(법률 제8852호)

및 고등학생 그리고 대학생까지를 망라하기로 하였다. 그리고 학령에 따라 일정 수를 할당하였다.

## 2. 연구방법

이 책은 문헌분석법과 실증연구법을 동시에 동원한다. 우선 전자는 도덕성 발달관련 철학, 윤리학, 심리학 등 관련 문헌조사 및 선행실증연구에 관한 사례연구를 토대로 한다. 후자는 두 가지의 조사도구(KDIT, MJT)를 토대로 한 실제통계조사를 통한 결과분석에 활용된다.

## 3. 연구모형

이 책은 기본적으로 KDIT와 MJT라고 하는 도덕 판단력 측정도구를 통해, 한국 청소년의 수준을 측정하여 향후 가치교육적 시사점을 도출하는 데 초점을 두고 있기 때문에, 전반적인 연구모형의 설계가 필요하다. 우선 KDIT의 P-지수 및 MJT의 C-지수를 기준으로 한 인구통계적 변인별 일차적인 기초통계분석을 실시하고, 특이사항 발견 시 다중비교 사후 검정을 실시한다. 다음으로 양 조사도구 간의 상관성을 알아보기 위하여 상관관계분석을 통해 이미 한국에 잘 알려져 있고 검정된 바 있는 KDIT를 기준으로 MJT를 검정하는 절차를 밟게 된다. 이러한 절차를 통해, 향후 가치교육을 위한 시사점을 도출하기 위한 복합적인 요인을 정리하는 순서로 진행된다([그림 1]).

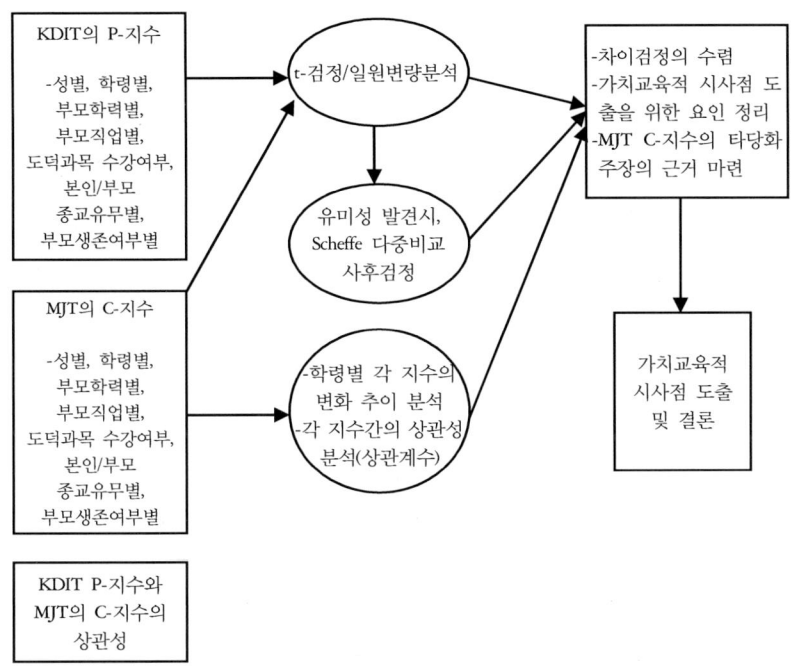

KDIT의 P-지수

-성별, 학령별,
부모학력별,
부모직업별,
도덕과목 수강여부,
본인/부모
종교유무별,
부모생존여부별

t-검정/일원변량분석

유미성 발견시,
Scheffe 다중비교
사후검정

-차이검정의 수렴
-가치교육적 시사점 도
출을 위한 요인 정리
-MJT C-지수의 타당화
주장의 근거 마련

MJT의 C-지수

-성별, 학령별,
부모학력별,
부모직업별,
도덕과목 수강여부,
본인/부모
종교유무별,
부모생존여부별

-학령별 각 지수의
변화 추이 분석
-각 지수간의 상관성
분석(상관계수)

가치교육적
시사점 도출
및 결론

KDIT P-지수와
MJT의 C-지수의
상관성

[그림 1] 연구모형

# 도덕성 발달과 도덕 판단력 측정 이론

제2장
•
•
# 도덕성 발달과 도덕 판단력 측정 이론

## 1. 도덕성 발달 관련 이론적 배경

### 가. 주요 개념

#### 1) 도덕의 개념

도덕이란 사람으로서 마땅히 해야 할 도리, 그에 준하는 행위, 인륜의 태도이다. 도(道)는 인간됨의 길로써 인간의 행위 규범이고, 덕(德)은 '도를 실천하여 체득한 품성'이므로 이 양자가 결합된 도덕은 인간됨의 근본 원리로서 바람직한 인간 삶의 이상을 설명하는 이론적 차원과 실천적 차원이 통합된 뜻이다.[10]

한편 서구에서의 도덕이란 일반적으로 전통적인 관습, 풍습과 관련된 라틴어 mos(복수: mores)인데, 이는 그리스어 ethos의 번역어이다. 도덕은 대체로 윤리(ethic)와 같은 뜻으로 쓰이고 있다. 그리스의 ethos

---

10) 임용경 외, 『도덕과 교육의 이론과 실제』, 양서원, 2010, p.33.

에서 영어의 ethics와 ethical이 유래되었고, 독일어의 ethik와 같은 뜻을 가지고 있는 sittilich, sittilichkeit도 윤리를 뜻하는 sitte에서 유래되었다.[11]

이 도덕은 하나의 제도로도 이해되고 있다. 제도로써의 도덕은 몇 가지 요소를 포함하고 있다. 첫째, 특정한 대상이 어떤 도덕적 성질이나 의무 또는 책임을 갖는다거나 혹은 갖지 않는다고 말해지는 어떤 판단형식이다. 둘째, 그러한 판단들에 이유들을 제시하는 것이 합당하고 가능하다는 것을 함축하는 것이다. 셋째, 보다 일반적인 판단으로 표현될 수 있는 것들로서 개별적인 판단들이 이루어지고 그에 대한 이유들이 제시되는 배경을 이루는 어떤 규칙, 원칙, 이상 그리고 덕목들이 있다. 넷째, 그러한 판단, 규칙 그리고 이상에 동반하면서 그것들에 따라 행동하게끔 하는 자연적 혹은 습득된 감정의 양식들이 있다. 다섯째, 이른바 책임이 있다거나 칭찬하고 비난하는, 흔히 언어적 판단에 의해 표현되는 부가적인 동기상의 원천이나 어떤 제재들(sanctions)이 있다. 여섯째, 이와 같은 모든 판단, 추리, 감정들에 있어서 취하게 되는 것으로 타산이나 예술 등에 있어서 취하는 것과는 다른 어떤 관점 등이 있다.[12]

이외에도 동서양에서는 자구적인 표현을 넘어서 그 의미상으로는 통하는 개념들이 있다. 중용, 정의, 권도(權道) 등의 단어들은 하나의 덕목이기도 하지만 도덕에 버금가는 의미를 갖고 있다.[13]

---

11) 앞의 책, p.34.

12) William K. Frankena, 황경식 역, 『윤리학』, 종로서적, 1992, p.17.

13) Hartshorne & May(1928-1930)는 도덕행동에 대한 고전적 연구에서 도덕성을 이타심으로서의 '정의'(justice)와 봉사로서의 '배려'(care)라는 좁은 의미로 규정하고 있다. L. Kohlberg 외, 문용린 역, 『콜버그의 도덕성 발달이론』, 아카넷, 2000, p.44.

## 2) 도덕성의 개념

도덕성(morality)은 도덕과 유사한 용어로 도덕의 이성적 표현이다. 도덕과 대비해서 표현하자면, 우선 '도덕'은 훌륭한 삶, 올바른 삶의 보편적인 원리나 사회 쪽에서 만들어진 기준 또는 규범을 의미하며, '도덕성'은 개인의 인격과 관련하여 훌륭한 삶과 올바른 삶을 살아갈 수 있는 개인의 능력 혹은 사회의 규범에 합치해가는 개인의 능력이나 성향을 의미한다.[14]

도덕성과 관련하여 다음 세 가지의 사고방식은 잘 알려져 있다. 첫째, 경험적 탐구방식이다. 이는 기술윤리학적 접근(descriptive ethics approach)으로도 일컬어진다. 인류학자, 역사학자, 심리학자, 사회학자 등이 행하는 것과 같은 기술적인 경험적 탐구(역사적이건 과학적이건 간에)가 있다. 이 탐구의 목적은 도덕성의 현상을 기술하고 설명하는 것, 또는 윤리적인 물음과 관계있는 인간본질에 관한 이론을 세우는 것이다. 둘째, 규범윤리적 탐구방식이다. 소크라테스가 대화편 크리토에서 보여주었던 그런 류의 규범윤리적 사고가 있다. '어떤 사람을 해치거나 불행을 야기하는 일은 항상 잘못된 일'이라는 공리주의 원리와 같이, 이 사고는 규범판단을 단언하고 이러한 판단이나 원리에 대한 이유를 제공하는 형식을 취할 것이다. 셋째, 메타적 접근방식이다. 이는 '분석적', '비판적', '초윤리적' 사고로도 일컬어진다. 이 사고는 무엇이 선하고 옳은 일인가에 관한 특정한 질문에 혹은 일반적인 질문에 답하려고 하지 않는다. 그보다는 다음과 같은 논리적, 인식론적, 의미론적 물음을 제기하고 또 답하려고 애쓴다. "도덕적으로

---

14) 임용경 외, 앞의 책, p.42.

'옳은' 또는 '선한'이라는 표현의 의미나 용법은 무엇인가?", "윤리적
이고 가치로운 판단은 어떻게 성립되고 정당화될 수 있는가?"[15]

한편 학문영역에 따라서 도덕성은 윤리학, 사회학, 사회생물학
(sociobiology), 정신분석학, 인지발달론 등에서 다양하게 이해되고 해
석되고 있다. 윤리학이나 철학에서는 도덕성을 도덕판단의 문제와 관련
된 도덕적 당위와 도덕법칙의 정당화에 관한 논의와 관련하여 도덕성
을 이해하고 있으며, 사회학적 견지에서는 사회규범을 준수하고 행동과
관련하여 인간의 사회화(socialization) 과정이나 친사회적(prosocial) 규범
을 내면화(internalization)하는 것으로 간주하고 있다. 도덕성에 관한
사회학의 논의와 관련하여 사회생물학에서는 인간의 친사회적 행동
이나 이타적인 행위 등과 같은 도덕적 행동은 인간의 유전적 전통
(genetic heritage)에 근거하고 있으며 이들 생존가치가 진화되어 온 것
으로 설명하고 있다. 정신분석학에서는 도덕성을 규범이나 덕목보다
도 이들의 내면화 과정에 나타나게 되는 무의식적 동기로써 인간의
죄책감, 양심과 관련된 초자아(superego)의 형성으로 이해하고 있으며,
인지발달론에서는 도덕성을 인간의 도덕적 행위를 가능하게 하는 사
고와 판단능력으로 이해하고 있다.[16]

## 3) 도덕 판단력의 개념

도덕 판단력이란 추상적 이상의 영역에 있는 도덕적 사고를 실천적
행동의 영역으로 이끌기 위한 매개작용이다. 도덕판단(moral judgement)
이라는 말 자체는 Piaget(1932)의 『아동의 도덕판단』(The Moral Judgement

---

15) William K. Frankena, 황경식 역, 앞의 책, pp.8-10.
16) 임용경 외, 앞의 책, pp.42-43.

of Child)에서 비롯된다. 그는 일체의 도덕성은 규칙의 체계로 되어 있으며 모든 도덕성의 본질은 개인이 그러한 규칙을 어떻게 학습하느냐 하는 과정에서 탐구되어야 한다고 주장한다.[17]

콜버그는 도덕 판단력을 '도덕적 또는 내적 원칙에 따라 결정하고 판단하며, 그 판단에 따라 행동하는 능력'이라고 정의하고 있다.[18] 이러한 정의는 도덕성에서 도덕적 인지, 도덕적 정서, 도덕적 행동의 요소 중 도덕적 인지 분야를 중점적으로 파악한 것이다. 여기서 특히 도덕적 인지에 중점을 두고 있는 도덕판단은 사회적 선과 악에 대한 가치를 다루는 양식으로, 그 특성을 사실보다는 가치의 판단이며, 인간을 대상으로 하는 사회적 판단이며, 무엇을 더 좋아하는가의 판단이라기보다는 당위성, 권리, 의무 등의 규범적인 판단이라고 하여 판단의 구조적 특성을 강조하고 있다.[19] 한 가지 유념할 부분은 콜버그와 피아제가 이론을 전개할 때에 사람들이 도덕판단을 하는 방식에 있어서 '발달'론적인 진행과정이 있음을 주장해왔다는 사실이다.[20] 여기서 말하는 '발달'이란, 즉시 알아차릴 수 있고, 자신에게 이익을 주는 것에 의해 판단을 내릴 수 있으며, 그 수준에서 사회 구성원들의 행복을 극대화시키고, 동시에 모든 사람들이 동의하는 사회적 협동체계를 조직해나가는 수준으로 나아가는 것을 뜻한다.[21] 프랑케나

---

17) Piaget, 1965, p.13, 박찬주, p.9.

18) L. Kohlberg, "Development of moral character and moral ideology." In M. L. Hoffman & L. W. Hoffman, eds., Review of child development research, Vol. I. New York: Russel Sage Foundation. 1964, pp.381-431.

19) 김상윤, 『한국인의 도덕판단발달 연구』, 서울: 청목출판사, 2006, p.129.

20) J. Piaget, The moral judgment of the child. (M. Gabian, Trans.). New York: The Free Press. 1965.; L. Kohlberg, Essays on moral development: The nature and validity of moral stages: Vol. 2. San Francisco: Harper & Raw. 1984.

21) 김항인, 앞의 논문, p.227.

는 도덕판단에 대해 다각적인 분석을 하고 있으며, 도덕판단을 도덕
적 책임판단과 도덕적 의무판단으로 구분하기도 한다(<표 1>).

한편 콜버그의 이론을 바탕으로 도덕 판단력 측정도구인 DIT를 개
발한 레스트는 '도덕 판단력이란, 어떤 특수한 상황에서 나타나는 행
동을 가지고 사람들이 도덕적으로 옳거나 그르다고 판단하는 심리적
구성개념'이라고 정의하고 있다.[22]

<표 1> 도덕판단의 종류

| | | 주요내용 |
|---|---|---|
| 윤리판단<br>혹은<br>도덕판단 | 도덕적<br>책임판단 | -개별적인 경우(낱말들이 도덕적인 의미에서 사용된다고 가정할 때)<br>• 나는 지금 탈옥해서는 안 된다.<br>• 당신은 선교사가 되어야 한다.<br>• 그가 한 일은 그르다.<br>-일반적인 경우<br>• 우리는 약속을 지켜야 한다.<br>• 사랑은 도덕법의 완성이다.<br>• 모든 사람은 자유에의 권리를 갖는다. |
| | 도덕적<br>가치판단 | -개별적인 경우<br>• 나의 할아버지는 훌륭한 사람이었다.<br>• 사비에르는 성인이었다.<br>• 그는 자기가 행한 일에 책임이 있다.<br>• 당신은 벌을 받아 마땅하다.<br>• 그녀의 성격은 존경할 만하다.<br>• 그의 동기는 좋았다.<br>-일반적인 경우<br>• 이타심은 덕이다.<br>• 질투는 비열한 동기이다.<br>• 이러한 부주의를 용서할 수 있는 자는 성인이다.<br>• 착한 사람은 속이거나 훔치지 않는다. |
| 도덕과<br>무관한<br>규범판단 | 도덕과<br>무관한<br>가치판단 | -개별적인 경우<br>• 저것은 좋은 차이다.<br>• 미니버 치이비는 그다지 좋은 생애를 갖지 못했다.<br>-일반적인 경우<br>• 쾌락은 그 자체가 선이다.<br>• 민주주의는 최선의 정부 형태이다. |

---

22) J. Rest, S. Thoma, L. Edwards, (1997.1), "Designing and validating a measure of moral judgement: stage preference and stage consistency approaches". *Journal of Educational Psychology*. Vol.89, p.6.

| 도덕과<br>무관한<br>규범판단 | 도덕과<br>무관한<br>의무판단 | -개별적인 경우<br>• 당신은 새 옷을 한 벌 사야겠다.<br>• 당신이야말로 그 연주회에 가봐야겠어.<br>-일반적인 경우<br>• 책꽂이를 만들려면 스카치테이프가 아니라 못을 이용해야 한다.<br>• 13야드를 남겨놓고 포스다운일 경우 펀트를 하는 것이 옳은 일이다. |

출처: William K. Frankena, 황경식 역, 앞의 책, p.19.

달리 설명하면 사람들이 무슨 행동을 취하기 전이나 취한 후에 그 행동이 '바르다 혹은 그르다'라고 판단하는 것이 도덕판단이라는 것이다. 이러한 도덕판단은 도덕적 쟁점을 규명하고, 갈등을 일으키는 문제들을 해결하는 방식을 포함하며, 일련의 행동에 대한 근본적인 이유를 제시해준다.

### 4) 기타 개념

도덕, 도덕성, 도덕 판단력은 이념과 사고 차원에서 이루어지는 규범 또는 규범적 전형에 가깝기 때문에 비슷한 의미를 갖는다. 이외에 이들과 관련된 개념으로는 도덕감수성, 도덕동기화, 도덕적 품성, 도덕적 정서, 도덕적 상상력 등이 있다.

이들 개념에 대해서는 콜버그의 인지발달이론을 토대로 레스트가 도덕 판단력 개념과 함께 상정한 것들이 참고가 된다. 즉 도덕적 행동을 산출하는 데 4구성요소 모델(the Four Component Model)이라고 일컬어지는 내적인 심리과정을 겪게 된다는 것이다(<표 2>). 도덕행동을 위해서는 행위를 완성하는 과정 중에 일어나는 반대의 상황에 대응할 수 있는 기술들과 참을 수 있는 성격 모두를 가지고 있어야만 한다.[23]

---

23) Darcia Narvaez & James Rest, 「도덕적 행동과 관련된 4구성요소」, William M. Kurtines & Jacob L. Gewirtz 편저, 문용린 역, 앞의 책, pp.488-489; 4구성요소 모형(Four Components Model)에 대한 세

〈표 2〉 Rest의 4구성요소 모형

| | 주요내용 |
|---|---|
| 제1요소<br>(도덕적<br>감수성) | 상황에 도덕적으로 반응하는 것을 선택하도록 하기 위해서는 특정한 행동이 필요할 때 재빠르게 반응해야 하고 적절하게 그 사건들을 설명할 수 있어야 한다. 다시 말하면 개인은 상황적인 정보에 민감해야만 하고 다양한 가능한 행동들을 구성적으로 상상해야만 한다는 것이다. 특정한 행동이 필요할 때 재빠르게 반응해야 하고 적절하게 그 사건들을 설명하는 데 결정적인 것은 공감 능력이다. 이것은 보통 다른 사람의 고통을 인식하게 될 때 자신도 느끼게 되는 고통이라고 정의된다. 일단 무엇이 발생했는지를 감지한 사람들은 가능한 행동들과 이러한 행동들의 가능한 결과에 대해서 누가 영향을 받을 것이며 어떻게 사람들이 반응하는지에 관해서 생각하게 된다. 도덕적 민감성은 이와 같이 어떤 상황을 도덕적인 문제 상황으로 감지하고 그 상황에서 어떠한 행동을 할 수 있으며 그 행동들이 관련된 사람들에게 어떠한 영향을 미칠 수 있는가를 상상해본다는 측면에서 정의와 인지 모두의 점진적인 발달과 특히 밀접한 관계가 있다. |
| 제2요소<br>(도덕적<br>판단력) | 요소 1 과정의 차원에서 가능한 행동을 확인하였다면, 요소 2의 기능은 어떤 행동이 도덕적으로 옳은지 그른지를 판단하는 것이다. 다시 말해, 일어날만한 행위의 방향이 결정되면 이제 도덕적 이상 즉 '내가 할 수 있는 많은 일 중 내가 해야만 하는 일은 무엇이며, 도덕법칙이 필요로 하는 일은 무엇인가?'라는 관점에서 행위의 방향을 평가해야만 한다. 이와 같은 제2요소는 우리에게 도덕적 민감성 속에 사회적 규준들과 도덕원리들을 통합시킬 것을 요구한다. 도덕판단은 다른 어떤 요소들보다 현대 심리학에서 보다 포괄적으로 연구되었다. 도덕성에 관한 분야에서 어떤 이론가들이 도덕판단에 관한 연구를 도덕 전체에 관한 것이라고 간주한다 해도 4구성요소 모형은 이러한 연구는 단지 요소 2와 관계가 있을 뿐이라고 주장한다. 즉 도덕적 판단은 도덕성의 전부가 아닌 것이다. 도덕판단은 우리에게 인간이 얼마나 민감한지 혹은 인간이 그들의 도덕적 이상을 실행시키는 능력을 가지고 있는지에 관해서 말해주지 않는다. 그리고 어떤 다른 가치들이 도덕적 이상보다 우선하는지와 관련된 제3요소에 관해서도 아무것도 말해주지 않는다. |
| 제3요소<br>(도덕적<br>동기회) | 행동의 결과를 알고 있고, 여러 행동들이 선택할 만한 매력을 가지고 있을 때 왜 사람들은 도덕적인 선택을 해야만 하는가? 무엇이 다른 가치를 포기하고 도덕적인 가치를 선택하도록 동기화시키는가? 도덕적 가치들은 사람들이 가지고 있는 유일한 가치가 아니다. 사람들은 쾌락, 승진, 예술, 음악, 지위 등과 같은 것을 가치있게 여길 수 있다. 이러한 다른 가치들은 선택된 도덕적 가치와 충돌하게 된다. 예를 들어, 당신은 어려움에 처한 사람에게 도움을 주기 위해서 새 자전거를 포기해야 한다. 여기서 다른 가치 대신 도덕적 가치를 우선시하는 것을 도덕적 동기화라고 한다. |
| 제4요소<br>(도덕적<br>품성 및<br>실행력) | 요소 4는 위험하고 예기치 못한 곤경에 빠졌을 때 필요하다. 이것은 방심과 다른 유혹들에 저항할 것을 요구한다. 최종 목적을 마음속에 그리고 계획하는 것은 매우 중요한 일이다. 즉 도덕적 행동으로의 표출을 위해서는 용기를 잃지 않고, 여러 가지의 유혹에 굴복하지 않으며, 눈앞에 있는 목표를 지켜내는 무엇인가를 필요로 한다. 이러한 인내, 굳건함 그리고 능력의 특성들은 우리가 '인격'(character) 혹은 '자아강도'(self-strength)라고 부르는 것들이다. |

출처: D. Navaez & J. Rest, "The Four Component of Acting Morally", In W. M. Kurtines & J. L. Gewirtz, eds., *Moral Development: An Introduction*, Allyn & Bacon, 1995, 정창우, 『도덕교육의 새로운 해법』, 교육과학사, 2004, pp.63-65.

---

부적 내용은 James R. Rest 편저, 문용린 외 공역, 『도덕발달 이론과 연구(도덕 판단력, 행동, 문화 그리고 교육)』, (서울: 학지사, 2008), pp.24-55.

도덕적 정서(moral affect or moral emotion)는 타인과의 관계에서 나타나는 사회적 사건과 그와 관련되어 생기는 인지적 정서에 근거하는 고등수준의 정서이다.[24] Hoffman(1983)은 도덕적 정서를 인간행위의 가장 강력한 동기유발자라고 시사된 바 있다. 정서는 특수한 상황에서 도덕적 특징을 가지며, 도덕적 행동을 유발시키고, 부도덕한 행동을 제거시키는데 도움이 될 수 있을 뿐만 아니라 도덕적 가치와 의사소통 역할을 할 수 있다. 죄책감, 수치심, 공감 등의 정서는 도덕성에서 기본적 역할을 하는 것으로 알려져 왔으며, 특히 죄책감은 본질적인 도덕적 정서로 알려지고 있다.[25]

다음으로 도덕적 상상력(moral imagination)이라는 개념이 있다. 일반적인 용어로서의 '상상력'을 도덕발달에 적용한 것이다. Johnson(2008: 27)은 인간이성의 상상적 특성을 탐색하는 것은 인간을 동요시키는 동시에 해방시키는 작업이라고 강조했다. Rorty(1989)는 도덕적 자기발달을 중시하는 사람들이 도덕이론에 관한 철학적 텍스트가 아니라 소설, 단편, 희곡에 관심을 돌린다고 지적했다. Nussbaum(1986; 1990)은 도덕적 발달에서 문학의 중심적 역할에 관해 폭넓게 다루면서 서사(narrativity)에 대해 강조했다. 국내에선 최근 박재주 교수(2010)가 문학 속의 도덕철학적 의미를 탐구했는데 도덕적 상상력과 연계해서 생각될 수 있다. 도덕적 상상력의 중요성을 강조하는 학자의 주장은 이 상상력을 키우는 것과 도덕교육의 효과 간의 상당한 상관관계가 있는 것으로 상정한다.

---

24) Buck(1999), Hoffman(1998), 김경희, 「한국 아동과 청소년의 도덕적 정서: 죄책감을 중심으로」, 『한국심리학회지: 발달』 Vol.15, No.1, 한국심리학회, 2002, p.35.

25) Ben-Ze'ev(1997), Blum(1980), 김경희, 앞의 논문, p.36.

## 나. 주요 관점[26]

도덕이론은 크게 세 가지의 유형으로 요약된다. 인지발달이론, 사회화이론, 정신분석이론이 그것이다. 우선 인지발달적 도덕이론은 Piaget(1932)의 연구에서 비롯된다. 이후 Baldwin(1906), Bull(1969), Dewey & Tufts(1932), Harvey, Hunt & Schroeder(1951), Hobhouse(1906), Kohlberg(1964), McDougall(1908), Mead(1934) 등에 의해 다양한 방식으로 표상되는 도덕성에 대한 인지발달적 접근법이 발전되었다. 인지발달적 도덕이론의 공통된 가정은 다음과 같다.

1. 도덕발달은 기본적인 인지구조적 내지 도덕판단적 구성요소를 갖는다.
2. 도덕성의 기본동기는 수용, 역능, 자존심, 자아실현 등을 향한 일반화된 동기이며, 생물학적 욕구충족을 그리고 불안이나 공포의 감소를 향한 동기는 아니다.
3. 도덕발달의 주된 국면들은 문화적으로 보편적이다. 왜냐하면 모든 문화권은 도덕적 통합을 필히 요구하는 사회적 상호작용, 역할채택, 사회적 갈등이라는 공통의 원천을 가지고 있기 때문이다.
4. 기본적인 도덕규준과 원리들은, 외적 구조로서 존재하고 있는 규칙에 대한 내면화를 통해서라기보다는 사회적 상호작용의 경험들을 통해서 생겨나는 구조 틀이다. 즉 도덕단계는 내면화된 규칙에 의해서가 아니라 자아와 타자간의 상호작용의 구조에 의해서 정의된다.
5. 도덕발달에서 환경의 영향은, 아동발달의 전반에 걸쳐 나타나는 인지적, 사회적 자극이 가지는 일반적 특질과 정도에 의해 규정된다. 부모와의 구체적 경험 요컨대 규율, 처벌, 보상 등의 경험이 환경의 영향을 규정하는 것은 아니다.

---

26) 여기서의 도덕이론의 주요 관점에 대한 논의는 콜버그의 다음 저서: L. Kohlberg, 김민남·진미숙 역, 『도덕발달의 심리학』, 2000[1984], pp.187-189.

이러한 가정들은 도덕성의 '사회화'이론 혹은 도덕성의 사회학습론 이론과 대조된다. Aronfreed(1968), Bandura와 Walters(1959), Berkowitz(1964), Hoffman(1970), Miller와 Swanson(1960), Sears, Rau와 Alpert(1965), Whiting과 Child(1953) 등에 의해 강조된 사회화이론은 다음과 같은 공통된 가정을 바탕으로 두고 있다.

1. 도덕발달은 도덕규칙에 대한 행동적 그리고 정의적 동조성의 증가이지 인지구조적 변화가 아니다.
2. 도덕발달의 모든 지점에서 도덕성의 기본동기는 생물학적 욕구에, 사회적 보상추구에, 사회적 처벌 회피에 뿌리를 두고 있다.
3. 도덕발달과 도덕성은 문화적으로 상대적이다.
4. 기본 도덕규범들은 외부 문화적 규칙들의 내면화이다.
5. 환경이 정상적인 도덕발달에 미치는 영향은, 부모 및 다른 사회화 대리인들이 보여주는 동조행동의 모델링, 보상, 처벌, 금지 등의 강도에서 그 양적 변차가 어떠한가에 따라 정해진다.

다음으로 정신분석이론을 들 수 있다. 이 이론은 고전적 프로이드이론에 기초를 둔 연구도 또한 사회화이론이라는 범주 속에 포함시킬 수 있다. 도덕발달에 대한 고전적인 프로이드정신분석이론(Flugel, 1955)을 도덕화에 대한 사회학습론 이론들과 동등시할 수는 없지만, 한편 두 이론은 도덕화란 문화적 규범이나 부모규범에 대한 내면화 과정이라는 가정을 공유하고 있다. 나아가 프로이드이론도 또한(인지발달이론처럼) 단계를 가정하고 있지만, 한편 고전적 프로이드이론의 단계는 도덕적이라기보다는 성 본능적(libidinal-instinctual)이며, 여기서 도덕성(초자아로 표현되는)이란 부모규범의 내면화를 통해 발달 초기에 형성되어 고착된 것이다(Kohlberg, 1963).

## 다. 구성요소[27]

도덕성 발달의 구성요소는 총괄적인 구조화, 평가할 수 있는 준거 그리고 단계적 방향성을 가진 인식론이다. 이와 같은 전통은 피아제 이론에서 찾을 수 있다. 피아제는 이에 대해 다음과 같이 강조하고 있다. 우선 구조화된 전체(structure d'ensemble)는 인식발달의 범주와도 같다. 인지발달 전통에서 단계 개념은 구조와 조직의 관념과 연결된다. 구조와 조직에 대한 피아제의 관점은 그의 지능에 관한 생물학적 접근에 의해 영향을 받았다. 모든 조직화된 전체 안에서, 실재의 모든 수준에서, 생물학적·심리학적 체계의 조직으로부터 사회학적 존재(가정, 사회)의 기구까지 구조화된 전체와 그의 구성요소 사이에 관계가 존재한다. 그러므로 부분-전체관계는 논리학에서(개념과 그 개념의 실례들), 일반적으로 과학(사실과 이론 사이), 생물학(세포와 전체 유기체 사이 혹은 종의 유형과 그 종의 실례들 사이), 심리학(인지적 조작과 인지구조 사이), 사회학(개인과 사회 사이), 그리고 가정생활에서(아동과 부모와 가족체계 사이) 분명하다. 그러나 부분-전체 관계는 결코 조직화된 전체의 정적인 특징이 아니다. 사실 부분-전체 관계는 불안정하며, 불완전한 평형화의 형식을 야기한다. 그러나 불안정한 평형화는 보다 안정적인 형식으로 변형 또는 진화해갈 수 있다. 부분과 전체 사이의 기본적인 관계는 변형적이다. 일차적으로 중요한 것은 부분과 전체 사이의 관계이다. 한 단계에서 구조화된 전체는 계

---

27) 여기서의 주요 골격과 기본 내용은 미국의 도덕심리학자인 Lapsley의 최근 논의를 기준으로 함: Daniel K. Lapsley, 「제2장 도덕단계 이론」, Melanie Killen & Judith Smetana 편, 김태훈 역, 『도덕성 발달 핸드북』, 인간사랑, 2010, pp.91-97.

속되는 단계, 곧 그의 적절한 조작에서 부분과 전체 사이의 보다 덜 안정적이고 불완전한 평형화로부터 보다 안정적이며 보다 기민한 평형화로 구조화된 전체를 움직이게 하는 변형에서의 새로운 형태 안에 한 요소 혹은 부분이 된다. 심리학에서 인지적 조작은 발달과 더불어 점차 안정적이 되는 구조화된 전체로 조직되며, 사회에서 개인(부분)과 사회(전체) 사이의 이상적 평형화는 정의와 도덕성의 조작으로 규정된다.

다음은 평가적 준거이다. 점차적으로 구조적 적절성이 높아지고 보다 완전한 조작양식의 방향으로 발달하고자 하는 조직화된 전체의 경향성은 피아제에게 평가적 판단을 내릴 인식론적 준거를 제공했다. 이러한 인식론적 준거는 콜버그의 단계 개념에 주목할 필요가 있다. 콜버그는 이 단계를 도덕적 감정, 열망, 행동의 발달단계가 아니라 정의추론의 단계라고 강조하고 싶었다.[28] 그래서 딜레마 상황에 처해 있는 서로 다른 사람들의 권리 또는 주장 간의 갈등을 제기하는 가상적 딜레마를 기반으로 하여 피험자의 추론과정을 알아내기 위해 표

---

28) 콜버그는 기본적으로 피아제의 단계를 가진 인지개념에 대해 동의하면서도 엄격한 준거를 제시하고 있다. 1. 단계들은 추론양식에서 질적인 차이를 나타내야만 한다. 2. 단계들은 불변적인 계열, 말하자면 계열의 변치 않는 순서를 따라야만 한다. '단계이론은 모든 개인이 종단적 연구결과로 단계 계열을 통하여, 그리고 항상 똑같은 순서에 따라 한꺼번에 오로지 한 단계만 이동해야 한다고 주장한다. 이 순서로부터의 그 어떤 일탈도 관찰에서의 명백한 잘못이나 극적인 퇴행 때문이 아니다-스트레스나 손상은 단계 계열 그 자체의 타당성에 이의를 제기한다는 것을 포함하여'(Kohlberg, 1987: 30). 3. 각 단계는 그 밑에 깔려 있는 사고조직 혹은 구조화된 전체를 나타내야만 한다. 이들 구조화된 전체는 '발달에서 논리적·경험적으로 연관된 반응집단'(Kohlberg, 1969: 353)에 관한 표명을 보증해야만 한다. 4. 어떤 주어진 단계의 특징적인 구조화된 전체는 단순히 발달과정에서 불시에 나타난 사고조직에 의해 대체되는 것이 아니라 위계적 통합과정에 의해 새로운 구조로 흡수된다. 비록 위계적 통합이 그 이전의 단계구조를 대체하지만 이전의 구조가 완전히 사라지는 것은 아니며, 실제로 어떤 상황이 허가할 때(보다 높은 단계의 관점에서 추정컨대 유용하거나 효율적으로 활용될 수 있음) 혹은 보다 높은 추론형식을 사용하고자 하는 시도가 무익할 때 사용될 수 있다. 그럼에도 불구하고, "개인에게는 위계적 선호, 예컨대 그에게 유용한 가장 최고의 수준에서 문제를 해결하고자 하는 성향(disposition to prefer)이 존재한다(Kohlberg, 1969: 353).", (Melanie Killen & Judith Smetana 편, 앞의 책, pp.106-107.)

준적 질문들이 공정과 정의라는 문제에 초점을 두도록 했다. 이와 같
은 정의에 대한 질문의 초점은 콜버그(1958)의 초기 면담과 연구의 기
본가정에까지 거슬러 올라간다. 도덕성과 도덕발달과 관련한 콜버그
의 정의(justice)는 도덕성에 대하여 형식이라는 용어로 표현한
Hare(1963)의 신칸트주의적 정의로부터 도출된다. 헤어에 따르면, 어
떤 판단이 도덕적 판단이 되려면, 그 판단은 규정적(행위에 대한 정언
적 의무)이고, 보편적(누구나 그 딜레마에 대하여 반응할 때 채택할
수 있고, 또 그렇게 해야 하는 관점)이어야 한다.[29] 평가적 준거는 발
달의 단계 개념으로 수렴된다. 이에 대한 다양한 연구는 다양한 형태
의 단계와 그 단계별 특징을 안고 있다(<표 3>, <표 4>).

<표 3> 제이론에 나타난 도덕단계의 배열

| 저자 | 무도덕 | 1. 공포-의존 | 2. 기회편의주의 | 3. 사람에 대한 동조 | 4. 규칙에 대한 동조 | 5,6. 원리-자율 |
|---|---|---|---|---|---|---|
| McDougall (1908) | 1. 본능적 | | 2. 보상과 처벌 | 3. 칭찬과 비난에 대한 예상 | | 4. 내적 이상에 의한 조절 |
| Baldwin (1906) | | 1. 주·객 미분화적 | 2. 지성적 | | 3. 이상적 | |
| Hobhouse (1906) | 1. 본능적 | 2. 마술적 금기로서의 의무 | | 3. 개인적 덕목의 이상으로서의 의무 | 4. 사회의 규칙으로서의 의무 | |
| Piaget(1948) | 1. 전도덕적 | 2. 성인 권위에 대한 타율적 복종 | 3. 자율적 상호평등성 지향 | | | 4. 자율-이상적 상호성과 평등성 |
| Peck&Havighurst (1960)[1906] | 1. 무도덕 | | 2. 임시방편적 | 3. 동조적 | 4. 불합리·양심적 | 5. 합리·이타적 |
| Kohlberg (1958) | 1967 | 1. 복종 및 처벌 정향 | 2. 도구적 이기주의 및 도구적 교환 | 3. 착한 아이 정향 | 4. 권위, 규칙, 사회질서 정향 | 5. 사회계약, 합법주의 정향 6. 도덕원리 정향 |

출처: Kohlberg(1967: 171), Kohlberg, 김민남·진미숙 역, 앞의 책, p.43.

---

29) Lawrence Kohlberg, Charles Levine, Alexandra Hewer, 『콜버그의 도덕성 발달이론』, 아카넷, 2000, pp.40-41.

| 수준 | 도덕판단의 기반 | 발달의 단계 |
|---|---|---|
| I | 도덕가치는 사람이나 표준에 귀속하는 것이 아니라, 외적인 유사(類似) 물리적 사건에, 사악한 행위에, 또는 유사 물리적 욕구에 귀속한다. | 단계 1. 복종 빛 처벌 정향(orientation). 우월한 힘 내지 권능에 대한 자기중심적 존중, 혹은 좋은 게 좋다는(trouble-avoiding)태도. 객관적 책임<br><br>단계 2. 순수 이기주의 정향. 자기의 욕구를 때로는 다른 사람의 욕구를 도구적으로 충족시켜주는 행위가 정당한 행위이다. 각 행위자의 욕구 및 관점을 받아들일 수 있는 가치상대주의에 대한 각성. 소박한 평등주의 그리고 상호성 및 교환에 무게를 둠. |
| II | 도덕가치는, 훌륭하고 정당한 역할을 수행하는 데서, 즉 인습적 명령과 타인의 기대에 부응하는 데서 성립한다. | 단계 3. 착한 아이 정향. 다른 사람을 돕고 기쁘게 해주고 승인을 얻으려는 정향, 당연한(natural) 요컨대 모두가 하는 대로 따라가는 식의 역할 행동 그리고 의도성에 의거한 판단.<br><br>단계 4. 권위와 사회질서 유지 정향. '의무수행'에 그리고 권위자에 대한 존경 표시 및 사회질서 유지 그 자체에 무게를 둠. 타인의 응당한 기대에 따름. |
| III | 도덕가치는 공유되거나 공유할만한 표준, 권리, 의무에 대한 자의 동조에서 성립한다. | 단계 5. 계약맺음과 법 존중 정향. 협약 그 자체를 지키기 위해, 기대나 규칙이 지닌 임의적 요소를 분별해냄. 혹우 그것의 출발점이 무엇이어야 하는가를 인식함. 계약, 타인의 권리 내지 의지의 존중, 다수의 복지 등의 견지에서 의무를 규정함.<br><br>단계 6. 양심 혹은 원리 정향. 현실적으로 제약을 주는 사회규칙 쪽에 뿐만 아니라 논리적 보편성 및 일관성에의 호소를 담고 있는 선택의 원리 쪽에 무게를 둠. 행위의 지도력인 양심에 그리고 상호존중 및 신뢰의 무게를 둠. |

출처: Kohlberg(1967: 172–173), Kohlberg, 김민남·진미숙 역, 앞의 책, pp.44–45.

마지막으로 발생학적 인식론이다. Piaget(1970: 1)의 발달 준거는 지식을 그의 역사와 사회적 기원, 특히 그것이 근거하고 있는 관념과 조작의 심리학적 기원의 기초 위에서 설명된다. 달리 말하자면 그것은 왜 어떤 철학체계, 어떤 논리학 분파, 어떤 과학이론이 다른 것을 제치고 선택되어야 하는가에 대한 합리적 주장을 유지할 수 있는 지식의 발달적 기원을 밝혀내고자 시도하는 것이다. 피아제의 관점에서 보면 아동이 발달하는 과정에서 일어났을 지식의 심리적 형성과 과학의 역사에서 발생했을 지식의 형성 사이에 보완적 관계가 존재한다. 아동들의 실제에 관한 이해의 발달 역사에서 성장과 진보로 간주되는 바는 또한 과학의 역사적 발달에서 성장과 진보로 간주되는 것에 대한 준거로서 공헌할 수 있다.

## 2. 도덕성 발달 측정의 이론적 배경

### 가. 기본 가정

도덕성 발달 측정은 매우 어려운 심리적 과정이다. 따라서 어떤 심리상태를 측정하려는 것인지에 대한 기본 가정이 필요하다. 대체로 측정을 위한 기본 가정은 심리측정론자들의 기본적인 주장에 따라 설정되는데, 콜버그(1984: 384-385)의 제안에 따르면, 기계적 평정론, 기층구조 평정론, 그리고 요인분석 평정론으로 구분된다. 우선 기계적 평정론은 비네 검사(Binet Test)와 같은 전통적 심리측정론자들의 가정에 기반하는데, 특정 반응이 그 반응의 내용에 의해 미리 규정된 대로 '맞느냐', '틀리느냐'에 집중한다. 개인이 그 반응에 도달하는 방식에는 무관심하다. 그때 심리측정론자의 평정행위는 본질적으로 기계적 평정행위와 다르지 않다. 평정자는 이론에 대한 지식이 필요하지 않으며, 실제로 이론을 토대로 임상적 해석을 내리지 않는다.

둘째, 기층구조 평정론의 가정이다. 기층구조와 관련하여 그 반응들을 해석하려는 사람은 Heinz Werner의 공식-정당(correctness)의 표준에 따른 그 반응의 정답과 그 반응에 이르는 방식간의 구분을 사용하여 '성취'와 '과정'을 구분한다. 그는 반응의 기층구조에 도달하기 위하여 검사문항과 그 문항에 대한 반응이 기층구조를 그려낼 만한 분명한 추론을 허용할 수 있는 그런 검사, 즉 Pinard-Laurendeau 척도와 같은 검사를 구성해야 한다. 개인이 유능하게 구사하는 인과추리, 도덕추리 등등의 단계는 반응의 내용이나 반응의 정당에 드러난 유사점과 차이점을 상관시키는 것만으로는 포착될 수 없다. 검사구성자는 검사를 만든 후 내용상의 구조를 귀납적으로 찾아내는 것이 아니라 처음부터 구조를 상정해야 한다.

마지막으로, 요인분석(factor analysis) 평정론의 기본가정이다. 이 평정론은 Thurstone과 Guilford 식의 검사와 같이 심리측정 검사의 요인분석으로부터 도출되는 것을 말한다. 요인분석법은 많은 변수들의 상호 관련성을 소수의 요인으로 추출하여 전체변수들의 공통요인을 찾아내 각 변수가 받는 영향의 정도와 그 집단의 특성을 규명하는 통계분석방법으로 타당도검사라고도 한다.

이 책에서 주로 사용하려고 하는 KDIT와 MJT는 두 번째의 기층구조 평정론에 기반하고 있으므로, 이에 대한 내용을 콜버그를 중심으로 부연하고자 한다. 콜버그(1971)는 『사실에서 당위로』에서 자신의 심리학적 연구가 바탕을 두고 있는 두 가지 유형의 철학적 가정을 제시하였다. 첫 번째 유형은 메타윤리적 가정들이며,[30] 두 번째 유형은 규범윤리적 가정들이다.

---

30) 메타윤리적 가정에서 '메타'(Meta-)의 의미는 통상 '-뒤의'라는 그리스어에서 비롯된 것인데, 여기서는 뒤에 언급할 규범윤리보다 먼저 언급되고 있다. 그렇게 된 이유는 두 가지로 추정되는데, 먼저 콜버그가 이전에 다양한 규범윤리를 검토하여 이를 토대로 측정을 위한 구체적인 메타윤리적 대안을 제시했다는 점이고, 둘째는 규범윤리적 가정에 비해 이것인 방대한 내용을 싣고 있다는 단순한 이유 때문인 것으로 보인다.

1. 가치관련성(value relevance)의 가정은 도덕이란 개념이 가치중립적인 것이 아니라 규범적·긍정적 또는 가치관련적임을 의미한다.

2. 현상주의(phenomenalism)의 가정은 도덕이 의식과정과 관련되어 있음을 의미한다.

3. 보편주의(universalism)의 가정은 도덕발달이란 어느 문화 또는 하위문화에서 발견되는 몇 가지 공통된 특징을 지니고 있어서, 완전히 가치상대인 방식으로 규정되지 않음을 의미한다.

4. 처방주의(prescriptivism)란 단순히 사람들이 어떤 것을 할 수도 있는 것이 아니라 어떤 것을 당연히 '해야만 한다'는 생각이다. 처방주의는 '당위'영역이 사실판단영역으로 완전히 환원될 수 없다는 것을 의미한다. 이러한 개념은 도덕보편화 가능성의 이상과도 통한다.

5. 인지주의(cognitivism) 또는 합리주의(rationalism)란 도덕판단이 정서적 진술로 환원될 수 없거나 직접적으로 표현될 수 없다는 것이다. 오히려 도덕판단은 행동에 대한 추론 또는 이유를 기술하는 것인바, 여기에서 이유란 동기와는 다른 것이다.

6. 형식주의(formalism)란 실제적 문제에 대한 합의 여부와는 관계없이, 도덕판단에는 정의하거나 동의할 수 있는 형식적(formal) 특징들이 있다는 의미이다.

7. 원리성(principledness)의 가정은, 도덕판단이란 보편적인 규칙과 원리의 적용에 기초를 두고 있으며, 단순히 특정행동을 평가하는 것은 아니라는 것을 의미한다.

8. 구성주의(constructivism)의 가정은 도덕판단이나 도덕원리를 사회적 상호작용을 통해 발생되는 인간의 구성물로 본다. 그것은 선험적으로 주어진 명제도 아니며 경험될 수 있는 사실들을 일반화한 것도 아니다.

9. 정의의 우선성(primacy of justice) 가정은 위의 가정들로부터 필연적으로 도출되는 당연한 가정이다. 우리는 도덕판단이나 도덕원리가 대인관계 갈등이나 사회적 갈등, 즉 주장이나 권리의 갈등을 해결하는 데 중요한 기능을 한다고 본다. 도덕판단은 또한 이러한 권리에 따르는 의무까지도 규정해야만 한다. 이처럼 도덕판단이나 도덕원리는 여러 입장들 간의 평형, 균형, 가역성을

함의한다. 이러한 의미에서 볼 때, 도덕판단이나 도덕원리는 그 것이 적어도 '경성'단계를 규정하는 한, 어느 정도 정의와의 관 련성을 내포하는 것이다.[31]

이러한 메타윤리적 가정과 더불어, 규범윤리적 가정도 있다. 예컨 대 가장 높은 추론단계인 여섯 번째 단계는 도덕적으로 적절한 원리 를 규정한다는 주장, 또는 단계가 높아질수록 도덕적 갈등을 해결하 는 데 있어서 6단계의 준거를 충족시키는 쪽으로 상향된다는 주장이 다. 콜버그가 제시한 규범윤리적 주장을 인지구조적 패러다임 내에서 연구하는 심리학자들이 꼭 받아들여야 할 필요는 없다. 하지만 그들 은 콜버그의 단계이론이 정의추론 발달을 합리적으로 재구성한 이론 이라는 것을 이해할 필요가 있기 때문에, 콜버그 단계이론에 적용되 는 규범윤리적 가정들을 이해해야 한다.[32]

## 나. 측정 방법론[33]

### 1) 국면평정체계

국면평정체제(aspect-scoring system)란 평가를 위해 국면(aspect)을 전 제로 하는 방법을 말한다. Kohlberg(1958, 1969)가 만든 최초의 도덕단 계는 25개의 '국면들'에 의거하여 정의되었으며, 그 국면들은 다음 같 은 주요 집합으로 묶어낼 수 있다. 규칙, 양심, 타인의 복지, 자기의

---

31) William M. Kurtines & Jacob L. Gewirtz 편저(2000: 27-29). 그 상세한 내용은 같은 책 pp.106-166에 서 확인할 수 있다.

32) 앞의 책, p.29.

33) 여기서부터의 측정 방법론은 콜버그 식의 기층구조 평정론의 방식을 전제하고 있는데, 그 측정 방 법론의 구분도 콜버그(1984: 176-186)의 주장을 요약한 것이다.

복지, 의무감, 역할채택, 형벌적 정의, 적극적 정의, 계기 등이 그것이다. 더 높은 단계일수록, 도덕규칙을 더욱 내재화하고 자율적인 관념을 가지며, 타인의 복지에 더 큰 관심을 나타내고, 공정성을 더 광범하게 개념화한다.

면접 프로토콜에서 그 개인의 도덕단계를 확인해내려는 첫 번째 시도는 국면평정을 사용한 것이었다. 이는 문장 평정과 이야기 평정이라는 두 가지 방법으로 이루어졌다. 문장평정은 각 도덕딜레마의 각 국면에 관한 원형적(prototypical) 문장들을 목록으로 나열한 요강을 사용했다. 피험자의 모든 진술들은 국면과 단계로 평정되었다.[34] 그러고 나서 이 진술들을 백분율로 환산하여 각 피험자의 단계 사용에 관한 프로파일을 만들었다.

국면평정의 두 번째 방법은 이야기 평정이다. 특정 이야기에 대한 피험자의 전체반응은 그 단계에 대한 정의에 비추어 각 국면마다 단계를 할당받는다. 단계혼합은 반응의 지배적 단계와 열등한 단계를 직관적으로 구별하여 처리되었다.

하지만 국면평정체계는 단계개념에 대한 복잡성과 상위단계에서의 광범위한 예외의 다발성 등으로 인해 심각한 도전에 직면하게 된다. 특히 단계 개념에 대한 문제제기는 구조와 내용을 점차 명료하게 구분하려는 시도를 반영하는데, 결국 콜버그는 국면평정을 포기하기에 이르렀다.

---

34) 여기서의 '단계'는 국면의 광의 개념 속에 포함되어 해석될 수 있다. 왜냐하면 국면이 주제와 단계 모두를 포괄하는 형식의 개념이기 때문이다.

## 2) 직관적 논점평정

직관적 논점평정(intuitive issue scoring)은 계량적 통계에 의한 산술적 여론에 의존하는 것이 아니라 치밀한 선행연구와 연구자의 고도의 직관(intuition)에 의해 그 구조적 틀을 미리 산정하여 평정하는 것을 말한다. 보다 구조적인 평정체제를 개발하기 위한 첫 번째 조치는 모든 단계에서 사용되는 내용의 유형들을 표준화하거나 분석하는 것이다. 논점들 또는 가치들이라고 불리는 내용 유형들은 개인이 그 논점에서 무엇을 가치 있게 여기고 판단하며 호소하는지를 표현할 뿐, 그 논점에 관해 추리하는 양식을 나타내지는 않는다. 단계 차이를 분석하기 위해, 먼저 각 단계들이 동일한 가치에 관한 또는 동일한 가치로부터 추리하고 있다는 점을 확실히 해야 했다. 그리하여 모든 사회와 문화권에서 찾을 수 있는 논점, 가치, 도덕적 제도들을 담은 다음과 같은 목록을 만들었다.

1. 법과 규칙
2. 양심
3. 개인적 인정(personal role of affection)
4. 권위
5. 시민권
6. 계약, 신뢰 및 교환적 정의
7. 처벌과 정의
8. 생명의 가치
9. 재산권과 가치
10. 진실
11. 성과 성적 사랑

이 새로운 내용 논점들은 제각기 상이한 도덕 국면들을 구체화하고 있다. 예컨대 계약과 신뢰의 논점에 관한 사고는 이타주의, 의무, 규칙, 역할채택, 공정성 등의 형식적 국면들을 포함한다. 논점에 의거한 내용의 분류는 평정해야 할 새로운 단위를 만들어냈다. 이러한 단위란 어떤 사람이 어떤 이야기에서 어떤 쟁점에 관해 사용하는 모든 관념들이다. 과거의 평정체계는 각각의 분리된 관념들을 따로 분류하거나(문장 평정), 그 이야기를 전체적으로 분류했다(이야기 평정). 그러나 문장 단위는 구조적 분류를 하기에는 너무 작은 것으로 증명되었으며, 이야기 단위는 이상적, 유형론적 평정과 대조되는 분석적, 유형론적 평정을 하기에는 너무나 큰 것이었다. 결국 논점들을 결정하고 나서 각 논점에 관한 그 단계에서의 사고가 어떤 것인지를 정의했다. 한 예는 하인즈 딜레마에 작용하고 있는 생명 논점에 대한 개념화이다(<표 5>). 이 논점이 사용된 경우를 보여주기 위해 자발적으로 생명 논점에 초점을 맞춘 10살 난 소년과의 면담이 이어졌다. 그 소년의 반응은 단계 1에 부합되는 것 같지는 않았다. 그의 반응에서 아내의 생명을 위해 훔치는 것을 정당화해줄 만큼 가치 있는 것으로 나타나고 있기 때문이다. 그러나 그의 반응은 사실상 단계 1이다. 왜냐하면 그는 생명이 재산보다 그 개인에게 가치 있다는 것을 분명히 깨닫고 있지 못하기 때문이다. 그는 모든 평범한 사람들의 가구나 재산을 합치면 더 많기 때문에 중요하지 않은 많은 사람들의 생명이 중요한 한 사람의 생명보다 더 가치 있다고 말한다. 생명의 가치가 남편의, 혹은 아내의 이해관계 내지 욕구에 의존하지 않고 중요인사라고 막연한 지위에 따르고 있기 때문에 단계 1의 사고수준을 나타낸 것이다.

<표 5> 하인즈 딜레마를 중심으로 한 논점(생명의 가치)평정 단계

| 단계 | 그 상황에서 생명의 가치는 어떤 것인가? | 왜 생명은 가치 있는가? |
|---|---|---|
| 1 | 아내의 생명권이 법이나 재산권과 갈등을 일으킬 때, 아내의 생명권은 남편이나 다른 사람들에게 전혀 가치가 되지 않는다. 남편이 약을 훔치는 것보다 아내의 생명을 더 가치 있는 것으로 결정하리라고 보지 않는다. | 생명이 재산보다 더 값어치 있음을 이해하지 못하며 또 그 이유를 대지도 못한다. |
| 2 | 생명의 가치는 남편에게도 아내 자신에게도 직접적인 가치를 지닌다. 남편은 아내의 생명이 약을 훔칠 만큼 가치 있다고 생각하지만, 만일 남편이 아내를 그럴 만큼 충분히 좋아하지 않는다면 꼭 그럴 의무는 없다고 상정한다. 자신의 생명이 아닌 다른 사람의 생명의 가치는 그 사람과 자신과의 관계에 따라 다르다. 단순한 친구나 지인의 생명을 구하기 위해서 훔치지는 않을 것이다. | 사람들은 다른 무엇보다도 살기를 원한다. 재산은 대치시킬 수 있지만, 생명은 대치시킬 수 없다. |
| 3 | 생명의 가치는 남편과 같은 착하고 사려 깊은 사람인 경우 제값을 지닌다. 남편은 (비록 실제로 훔치지 않더라도) 훔치는 위험을 감수할 만큼 충분히 아내를 돌보아야 하며, 친구끼리라면 그 친구의 생명쯤은 돌보아야 한다. | 사람들은 다른 사람들을 그리고 그들의 생명을 돌보아야 한다. 그렇게 하지 않는다면 당신은 착하지도 인간직이지도 않은 것이다. 사람들은 물질적인 어떤 것보다 생명에 대해 훨씬 더 진지하게 느낀다. |
| 4 | 비록 훔치는 것이 나쁘다고 생각할지라도, 그는 인간생명의 일반적인 가치를, 요컨대 인간생명의 신성함을 또는 생명을 보호할 규칙을 이해한다. 신성함이란 어떤 가치도 생명 가치와는 비교될 수 없다는 의미이다. 생명의 가치는 일반적이다. 그 사람과 당신의 관계가 무엇이든, 그 관계가 당신으로 하여금 훔치도록 구속하지는 않을지라도, 인간생명은 가치 있는 것이다. | 생명은 신이 만들었고, 신성하기 때문에 가치 있는 것이다. 아니면 생명은 사회에 기본이 되기 때문에 가치 있다. 생명은 사람들의 기본권이다. |
| 5 | 사람들은 이러한 상황에서 아내의 생명에 대한 권리가 제약사의 재산권에 우선한다는 것을 인정한다. 죽어가는 사람을 위해 훔칠 의무가 있다. 모든 사람은 살 권리와 생명을 구원받을 권리를 가진다. | 모든 사람은 혹은 사회는 논리적으로 도덕적으로 각 사람의 생명권을, 재산권과 같은 권리보다는 상위에 두어야 한다. |

출처: Kohlberg, 김민남 · 진미숙 역, 앞의 책, p.82.

이러한 직관적 논점평정은 이론상으로 가장 타당한 평정법이다. 왜냐하면 그것은 자유로운 즉 도덕딜레마에도 적용가능한 도구이기 때문이다. 이 방법은 잘 훈련받은 평정자들의 경우 매우 유효하지만 특별한 개인지도 없이는 배울 수가 없다. 이 평정법은 또한 만족스러운 검사구성을 위한 제특성들인 문항난이도, 문항독립성, 지필면담 대 구두면담 등을 제공하지 못할 정도로 지나치게 직관적이다.

### 3) 표준화 논점평정

표준화 논점평정(standardized issue scoring)은 앞선 논점평정 방식을 누구나 활용할 수 있도록 표준화한 것이다. 이 요강은 세 딜레마 각각의 두 논점들을 중심으로 탐색적인 질문으로 표준면담을 근간으로 하고 있다. 표준형, 딜레마 A형은 아래와 같은 6개의 논점을 담은 3개의 이야기로 구성되어 있다.

이야기 III: 하인즈가 약을 훔친다.
논점: 생명, 재산
이야기 III': 재판관은 하인즈를 처벌할 것인지를 결정해야 한다.
논점: 양심, 처벌
이야기 I: 아버지가 아들과의 약속을 어긴다.
논점: 계약, 권위

재검사용인 딜레마 B형은 동일한 논점들을 다루고 있는 상이한 이야기들이다. C형은 A형과 B형을 혼합한 방식으로 구성되었다(<표 6>).

<표 6> 하인즈 딜레마를 중심으로 한 논점평정 단계

| 유형 | 내 용 |
|---|---|
| 1 | 하인즈가 얼마나 아내를 사랑하고 있는지, 약을 훔치는 것이 얼마나 위험한 지가 중요하다. 그 방법 외엔 다른 방법이 없고, 그가 아내를 정말로 사랑한다면 약을 훔쳐야 한다. |
| 2 | 남편이라면 아내가 그냥 죽어가도록 방치해서는 안 된다. 그는 자신의 이익을 위해서가 아니라 사랑하는 사람을 구하기 위해 약을 훔치는 것이다. |
| 3 | 하인즈는 자신의 개인적 감정을 떠나, 그 약사는 법의 보호를 받고 있다는 점을 인식해야 한다. 법 위에 있는 사람은 아무도 없으므로 하인즈는 약을 훔치지 말아야 한다. 만약 하인즈가 약을 훔치는 것을 허용한다면, 사회 전체는 무정부 상태에 빠질 것이다. |

출처: James, 문용린 외 공역, 『윤리경영시대의 전문직업인의 윤리발달과 교육』, 학지사, 2006, p.29.

이 세 유형의 특징에 대해서는 자체적으로도 장단점이 있다고 인정하고 있다. 우선 A유형은 도덕문제에 대해 정교하게 접근하지 못하고 있다. 이 유형은 도덕문제를 해결함에 있어 행위자가 원하는 것이 무엇인지, 행위자의 이익을 얻는 데 동원되는 수단이 무엇인지를 밝힘으로써 도덕적 문제들을 해결한다. B유형은 하인즈와 그 아내의 관계, 즉 부부간의 의무를 형성하는 정서적 유대를 고려한다. 하인즈뿐 아니라 아내의 이해관계까지 생각할 수 있게 된다. 더구나 하인즈의 행동이 좋은 의도로 동기화되어야 함을 고려한다. C유형은 전체 사회라는 관점을 고려한 것으로써, 하인즈 부부와 약사만을 생각하지 않고 공동체 전체 차원의 질서유지 관점에서 접근한다. 즉 법이 도덕문제 해결에서 가장 중요한 역할을 한다.[35]

표준화 논점평정 요강은 각 이야기의 각 논점을 중심으로 각 단계를 정의하는 준거판단들을 제시한다. 표준화 평정법을 확립하는 방법론은 직관적으로 단계 매겨진 개인들이 그 준거항목들을 사용하는 정도를 참조하여 준거항목들을 규정한다는 점에서 Loevinger(1976)의

---

35) 앞의 책, pp.28-29.

자아단계(ego stage) 평정방법론과 비슷하다. 그러나 준거판단은 순수한 경험적 문항분석의 결과가 아니라는 점에서 그 평정법과는 다르다. 오히려 준거판단은 이론적인 단계 정의에 논리적으로 부합해야 한다.

Rest의 DIT와 Lind의 MJT는 표준화 평정을 위한 하나의 대안적 시도라고 할 수 있다. Rest는 주로 경험적 검사구성과 타당도에 보다 통상적인 접근방식을 취하고 있다. 검사는 경험적인 문항분석에 의해 구성된다. 그 검사는 불연속적인 질적 단계들이 아닌 도덕성숙성이라는 연속적인 변인들을 사정한다. 검사타당도는 연령, 도덕철학을 공부한 경력 등과 같은 다양한 준거들과의 상관에 의해 주로 정의된다. 한편 Lind는 도덕성을 인지-정서 양 영역의 역량을 일관되게 지향하는 경향성을 파악하는 도구를 개발했다. 도덕 판단력 측정을 위한 이 두 가지의 모형은 최근에 발견할 수 있는 표준화 논점평정의 대표적인 사례라고 할 수 있다.

## 다. 주요 도구

개인이 속한 도덕성의 단계와 그 이행과정은 도덕성의 측정에 의해 결정되므로 도덕성의 측정방법은 도덕성의 구성요소와 도덕성 발달의 이론적 모형 못지않게 중요한 의미를 지닌다. 콜버그를 중심으로 하는 인지적 도덕발달이론에서는 면담법을 주요 측정방법으로 삼고 있다. 즉 개인별 아동을 대상으로 전문가에 의해서 면담을 실시하고, 여기서 오고가는 질의응답을 통해 주어지는 도덕 딜레마에 대하여 응답한 내용을 중심으로 판단과 해결안을 분석함으로써 그 속에 담겨 있는 도덕성의 모형을 측정하는 주관적 방법을 사용하여 왔던 것이다. 그러나 콜버그의 이러한 주관적 면담법은 피아제의 이론을 한층 정교화시켰음에도 불구하고 그 절차의 객관적 타당성 문제와 관련하여 비판이 끊임없이 제기되어 왔다.[36] 왜냐하면 인간의 도덕 판단력을 합리적으로 측정하고 평가하기 위해서는 적절한 측정도구를 활용하는 것이 무엇보다 중요하기 때문이다. 이를 위해 콜버그의 인지발달이론을 바탕으로 하되, 객관화에 중점을 두면서 많은 도구들이 개발되었고, 어떤 것은 그 유용성이 인정되어 폭넓게 활용되기도 했는데, 그중 대표적인 것이 린트의 MJT와 레스트의 DIT이다.[37] 이 외에 몇 가지 도덕성 발달 측정도구에 대해 살펴보고자 한다.

1) MJI

콜버그는 피아제의 역작인 아동의 도덕판단 연구를 토대로 도덕행동에 대한 새로운 접근을 제시하고 있다. 이른바 인지발달론적 접근(Cognitive Developmental Approach)이 그것이다. 이 연구를 통해 그는 다음과 같은 도덕성 연구의 세 가지 발판을 구축하고 있다. 첫째는 도덕성이 위계적 단계(sequence and stage)를 거쳐 발달하고 성숙해간다는 이론의 구축이며, 둘째는 도덕성을 측정하기 위한 도구(Standard Scoring Manual)의 개발이었고, 셋째는 도덕성을 변화시키기 위한 교육 프로그램(Just Community Approach Program)을 개발한 것이었다.[38] 콜버그의 도덕성 발달 측정은 그의 표준채점방법(Standard Scoring

---

36) 김상윤, 앞의 책, p.181.

37) 박균열(2006; 2007)의 연구가 있다. 이외에 DIT에 대한 내용은 James R. Rest 편저, 문용린 외 공역, 앞의 책; 문용린 외, 「한국판 도덕 판단력검사(KDIT) 세 가지 지수의 타당도 비교」, 『교육심리연구』 제22권 제4호, 한국교육심리학회, 2008.

38) James R. Rest 편저, 문용린 외 공역, 앞의 책, pp.3-4.

Manual, 1984)에서 제시된 바와 같이 MJI를 통해서 MMS(Moral Maturity Score)를 확인해내는 것이다. 그가 개발한 도덕 판단력측정도구인 MJI 는 A형, B형, C형의 세 가지 검사로 구성되며, 각 검사는 각기 세 가지의 딜레마로 구성된다. 예컨대 A형 딜레마는 딜레마 Ⅲ(하인즈 딜레마), Ⅲ'(하인즈 딜레마 변형), Ⅰ(조의 캠프와 아버지의 낚시 딜레마)의 세 개로 구성된다. 개인별 인터뷰를 통해서 그의 도덕 발달의 단계를 확인하고 있다. 여기서 말하는 발달이란 뜻 깊은 용어로 사용되고 있는데, 그 의미는 첫째, 즉시 알아차릴 수 있고, 둘째로 자신에게 이익을 주는 것을 바탕으로 반응적 판단을 내리는 수준에서 사회구성원들의 행복을 극대화시키는 의미를 지니며, 셋째로 사람들이 서로 동의하는 사회적 협동체계를 지향해 나아가는 것을 말한다. 다시 말해서 콜버그 이론은 기본적으로 발달지향적일 뿐만 아니라 이론적 바탕이 확실한 기법이라고 할 수 있다. 그럼에도 불구하고 콜버그의 MJI기법은 시간이 많이 걸리고, 면담자의 주관적 판단과 전문성의 수준에 따라서 각 단계별 확인에 많은 영향을 미친다는 속성을 지니고 있다. 다시 말해서 객관성 보장이 어렵다는 약점을 가지고 있는 것이다.[39]

MJI의 경제적 분야만을 특화해서 만들어진 사회도덕적 숙고측정(Sociomoral Reflection Measure)도구도 있다(Gibbs, 1995; Gibbs, Basinger & Fuller, 1992; Gielen, Comunian & Antoni, 1994; Krettenauer & Becker, 2001). 이 도구는 독특한 이론적 특징을 갖고 있는 것으로 평가되고 있다. 그리고 MJI와도 높은 상관성을 보이고 있고, 특히 연령 면에서

---

39) 문용린 외, 「한국판 도덕 판단력검사(KDIT) 세 가지 지수의 타당도 비교」, 『교육심리연구』 제22권 제4호, 한국교육심리학회, 2008, p.784.

높은 상관성을 보이고 있다(Gibbs, 1995: 35; Gibbs et al., 1992; Krettenauer & Becker, 2001).

## 2) DIT 및 그 변형

DIT는 레스트가 만든 도덕 판단력 측정도구이다. 레스트는 피아제와 콜버그의 인지발달론적 전통을 충실히 따르고 있으면서도 그 이론적 정교화와 심화에 크게 공헌해왔다.[40] 레스트는 DIT를 개발하는 과정에서 측정방법의 주안점을 도덕성의 단계 평정을 새롭게 정의하는 데 두고 있다. 즉 콜버그의 발달징표(184개)에 의한 각 개인의 도덕성 단계 평정과는 다른 방식으로 단계를 정의하고 있다. 레스트는 콜버그의 발달징표에 큰 관심을 가지고 있다. 그러면서도 그는 이를 그대로 따르기보다는 오히려 제반요소를 예리하게 분석하고 비판하였다. 그리하여 그는 콜버그의 방법과 관련하여 다음과 같이 세 가지의 중요한 문제점을 발견하면서 이를 비판적으로 지적하고 있다.[41]

첫째, 발달징표는 인터뷰 과정에서 기술된 피험자의 발언에 명백히 적용될 수 있을 만큼 구체적이어야 하나, 콜버그의 발달징표는 그만큼 구체적이지 못하다는 것이다. 그리고 두 번째는 각 발달징표가 1~6단계의 사고체계 내에서 논리적 위계로 배열되어야 하나, 콜버그의 발달징표는 이러한 논리적 위계성이 미흡하다는 것이다. 마지막으로 하나의 징표가 왜 다른 징표에 비해서 더 발달된 것이고 더 고차원적인지에 대한 정당화가 있어야 하나, 콜버그의 정당화 논리와 설

---

40) James R. Rest 편저, 문용린 외 역, 앞의 책, p.3.

41) 문용린 외, 「한국인의 도덕 판단력 발달에 관한 비교연구」, 『교육심리연구』 제22권 제1호, 한국교육심리학회, 2008. p.284.: 문용린, 『도덕과교육론』, (서울: 갑을출판사. 1988), pp.143-144.

명은 충분치 못하다는 것이다.

　이러한 문제의식을 바탕으로 레스트는 다음의 두 가지 요소에 근거하여 도덕성의 발달단계를 재정의하고 있다. 그 두 가지 요소란, 대상자들 사이에 존재하는 대인간 상호기대의 조정 및 손익의 균형화, 즉 공유에 대한 요소와 상호손익의 균형 및 평형화에 대한 요소이다. 다시 말해서 첫째 요소는 서로의 행동에 대한 상호기대가 어떻게 조정되고 알려져서 각자에게 공유되는지에 대한 것이고, 둘째 요소는 동료들 간에 발생하는 상호손익의 균형과 평형화를 어떻게 획득하고 조정하는지에 대한 것이다. 그리하여 레스트는 이를 바탕으로 객관화된 도덕 판단력 검사지인 DIT를 개발하게 된 것이다.

　한국에서는 레스트가 개발한 DIT의 원판을 토대로, 타당도와 신뢰도 검증을 거쳐 한국형(KDIT)으로 개발을 완료했다. 뿐만 아니라 이 개발된 도구를 사용하여 이미 한국 청소년들의 도덕 판단력 실증연구는 물론이고 특별히 한국군 장병들에 대한 도덕 판단력도 실증적으로 연구하는 실적을 쌓기도 했다.[42] DIT의 중요한 특징 중 하나는 개인의 도덕발달 단계를 측정하는 것이 아니라, 콜버그의 6단계 중 개인의 인습후기사고(post-conventional thinking) 수준의 정당화를 선호하는 정도를 나타내고 있다는 것이다. 이러한 선호도의 문제는 다음 장에서 다시 다루기로 한다.

　한편 린트의 MJT 개발에 있어서 주요 관심사는 측정 및 평가의 용이성에 있었다. 이것은 레스트가 DIT를 개발하는 과정에서도 똑같이 적용되는 부분이었다. 즉 콜버그의 주관식 측정도구(MJI)인 인터뷰

---

42) 박균열(2007)의 연구가 있으며, 이외에 DIT로 '한국 청소년의 도덕 판단력 발달'을 실증연구한 부분은 앞의 제1장에서 이미 언급하였음.

식 자료를 객관화시키는 것이었다. 콜버그는 직접적인 면담을 통해 피험자들에게 인간생명의 가치나 권리 등과 같은 도덕적 이슈를 내포하고 있는 딜레마 상황을 제시한 후, 그에 대한 응답을 분석하여 피험자의 도덕성과 도덕 판단력의 단계를 평정하는 방식을 사용하였다. 그러나 린트는 이러한 콜버그 식 채점체계가 주관식인 인터뷰 방법이어서 채점자의 전문성과 주관성이 깊이 개입되어 타당성과 신뢰성을 확보하기 어렵고, 또한 주관식 인터뷰에서 오는 집단검사의 불가능 등으로 인하여 향후 실증적 연구 확대가 곤란하다는 결점을 해결하기가 어렵게 되어 있음을 발견하게 되었다. 이러한 문제점을 보완하기 위해서 콜버그의 이론을 토대로 하되, 객관적 조사방법에 중점을 둔 MJT 도구를 개발하게 된 것이다.

이러한 시도는 레스트도 마찬가지다. 그는 콜버그 방법의 신뢰성에 대하여 몇 가지 중요한 문제들을 제기한 바 있다. 즉, 콜버그의 초기척도인 1958년도 채점체계를 이용하여 고교생에 대한 종단 연구를 실시한 결과, 일부 피험자에게서 단계의 후퇴, 즉 퇴행현상을 의미하는 수치가 나타난 것이다. 이러한 문제들을 해결하기 위해 콜버그는 자신의 채점체계를 점검하고 개선하는 등 많은 노력을 하였고 그 성과도 상당한 것으로 인정되었지만, 근본적으로 그의 측정방식이 임상적 면담검사인 한, 채점방식의 타당도와 신뢰도의 문제는 언제든지 제기될 수 있는 개연성을 가지고 있었다.

레스트가 예의주시하고 착안한 부분이 바로 여기이다. 즉 레스트는 콜버그의 이론에 근거를 두고 실제로 대부분의 이론적 전제들을 받아들이면서도 콜버그의 MJI가 측정 및 평가방법에 있어서 실행과정이 어렵고 객관성이 보장되지 않는다는 점에 유의한 것이다. 그리하여 측정 및 평가의 용이성과 합리성을 높이기 위해 콜버그의 주관식 면담법을 과감하게 개선하여 객관식 검사로 바꾼 DIT를 개발하게 되었던 것이다. 따라서 레스트가 DIT를 연구하고 개발하게 된 것은 콜버그의 이론 자체를 부정한 것이 아니라 콜버그가 만든 평가 및 측정방식인 면담검사의 불편함을 극복하고 보다 많은 양적 자료들을 확보하려는 단순한 의도에서였다고 볼 수 있다.

그런데 이런 과정에서 한 가지 특이한 부분이 발견되었다. 레스트의 DIT는 객관식 선택형으로 취급하기가 편리하다 보니 활용빈도가 늘어나게 되었고, 이를 통해 많은 양적 자료들이 축적되었다. 그리하여 이에 대한 다양하고 심층적인 분석이 진행되는 과정에서 레스트로 하여금 새로운 모델을 하나 더 구상하게 한 계기가 된 것이다. 즉 이 모든 연구 결과물들은 콜버그에 의해 제시된 전통적인 인지발달론의 단계개념에 대한 재해석과 더 나아가 도덕적 사고와 판단 및 행동 간의 관계에 대한 재해석의 논리 그리고 경험적인 근거 등을 마련해주었고, 이를 바탕으로 레스트는 콜버그의 단순단계 모형과는 다른 복합발달 모형과 도덕적 인지, 정서, 행동적 측면을 통합한 4구성요소 모형을 제시하게 된 것이다.

앞에서 린트의 MJT는 도덕적 일관성(moral consistency)을 강조하고 있다는 사실을 확인했다. 이와는 대조적으로 레스트의 DIT는 도덕적 선호도(moral preference)가 도덕 판단력을 대표한다고 주장하고 있다. 레스트의 DIT를 보면, 객관식 선택형 측정으로써, 피험자에게 도덕적 딜레마를 제시하지만 이와 동시에 피험자가 답안들의 중요성에 따라 순서를 매기고 점수를 주도록 함으로써 피험자의 선호도(preference)를 측정할 수 있도록 구성되어 있다는 것이다. 따라서 DIT에서 도덕 판단력의 발달수준을 수치화한 지수(index)로써 가장 중요하게 다루어지고 연구된 것이 P(%)점수이다.[43] P(%)점수는 콜버그의 5단계 및 6단계에 해당하는 전형적인 문항에 피험자가 매긴 순위를 활용하여 계산된다.[44] 따라서 P(%)점수는 도덕적 의사결정을 내리는 과정에서 인습이후수준(post-conventional level)에 해당하는 단계 5와 단계 6의 사고가 차지하는 비중을 수치화한 것으로, 사회규칙의 기제에 내재해 있는 보편적인 도덕적 원칙에 중요도를 주는 정도로 해석할 수 있다. 이러한 양자의 주장은 린트의 MJT와 레스트의 DIT와의 채점 기준에서도 현저한 차이를 드러내고 있는데 그것이 바로 린트의 MJT의 C-지수와 레스트의 DIT의 P-지수이다. 앞에서 밝힌 바와 같이 레스트의 DIT는 원칙화된(principled) P-지수로서 단계 선호점수를 보여준다.

이에 대하여 레스트는 DIT의 P-점수의 타당성과 우수성을 강력하게 주장하고 있다.[45] 그는 도덕 판단력을 측정하는 검사로부터 얻은 점수가 타당한지의 여부를 알기 위해서는 일곱 가지 기준[46]이 필요한데 DIT는 이것을 모두 갖추었다는 것이다. 또한 린트가 앞에서 언급한 것처럼 DIT에 선호도에 대하여 비판을 보이자, 레스트는 신중하

---

43) 문용린 외, 「한국판 도덕 판단력검사(KDIT) 세 가지 지수의 타당도 비교」, 『교육심리연구』 제22권 제4호, 한국교육심리학회, 2008, p.785.

44) 문용린 교수에 의해 개발된 한국형표준화DIT(KDIT)이 계산방식에 있어서, A점수와 M점수는 1단계로 조정되어 계산된다. 이는 2004년 다음 연구 이후 조정된 것이다. 따라서 이 책에서의 1단계 점수는 이전 버전의 A/M점수를 말한다.: 문용린, 「한국청소년의 도덕성발달진단을 위한 연구: 도덕 판단력 진단검사(DIT)를 위한 표준화 연구」, 미간행, 2004.

45) 문용린 외, 「한국판 도덕 판단력검사(KDIT) 세 가지 지수의 타당도 비교」, 『교육심리연구』 제22권 제4호, 한국교육심리학회, 2008, pp.786-787.

46) 도덕 판단력 측정의 타당성 및 신뢰성 관련 7가지 기준은, 첫째 더 높은 도덕추론 능력과 상대적으로 낮은 도덕추론 능력 집단에 대한 변별력, 둘째, 눈에 띨만한 상승 또는 발달적 변화 표시능력, 셋째, 도덕추론 향상을 위한 설계, 넷째, 발달적 위계 증거 제시, 다섯째, 실생활에서의 도덕행동 예언 가능성, 여섯째, 정치적 태도, 선택과 사회참여 등 광범위한 방식 예언 가능성, 일곱째, 적절한 신뢰도 등이다. 문용린 외, 「한국판 도덕 판단력검사(KDIT) 세 가지 지수의 타당도 비교」, 『교육심리연구』 제22권 제4호, 한국교육심리학회, 2008, p.786.

게 린트의 발달단계에 대한 일관성 측정문제와 관련하여 다음과 같이 반론을 제기하고 있다.[47] 첫째는 MJT의 일관성 측정에 있어서의 모순성 문제이다. 즉 MJT의 C-지수는 단계의 일관성에 기초하고 있으나, 이에 못지않게 두 개의 다른 이야기 자체가 가지는 일관성 또한 중요하다는 것을 간과하고 있다는 것이다. 다시 말해서 두 사람이 각각의 다른 딜레마 상황에서 각각 다른 수치의 점수를 표시했음에도 불구하고 동일한 일관성의 평가를 받는다는 모순을 지적하고 있다. 예를 들어 두 사람이 특수상황에 직면해 있다고 가정했을 때, 한 사람이 의사의 딜레마에서는 찬성 의견 쪽 4단계의 항목에 1점과 반대 의견 쪽 4단계의 항목에 1점을 부여하고, 근로자의 딜레마에서는 찬성 의견 쪽 4단계의 항목에 3점과 반대 의견 쪽 4단계의 항목에 3점을 부여했다고 한다면 다음과 같은 분석이 가능하다. 린트가 제시하고 있는 채점방식에 의하면 이 두 사람은 각 항목들에 서로 다른 점수를 부여하였음에도 불구하고 동일한 C-지수를 얻게 된다. 그러므로 레스트는 MJT에서의 C-지수가 린트가 생각하는 것처럼 정확하거나 순수하지 않다고 지적하고 있는 것이다.[48]

둘째로, MJT는 피험자 답안의 신뢰도 검증이 어렵다는 것이다. 레스트에 의하면 DIT는 피험자의 답안 신뢰도를 검증할 수 있으나, MJT는 그렇지 못하다고 주장한다. DIT의 경우는 만일 피험자들이 내용을 읽어보지 않고 무작위로 답변하는 경우 이를 적절히 골라낼 수 있다고 주장한다. 예를 들어 피험자들이 의사의 딜레마[49]를 읽고 답

---

47) 김항인, 앞의 논문, p.234.
48) [부록 1~2] 설문지 MJT 부분의 '근로자의 고민', '의사의 고민'.
49) [부록 3] 설문지 DIT 부분의 '남편의 고민', '탈옥수', '환자의 애원'.

안을 작성하려면 해당 의견의 중요성을 묻는 척도 [매우 중요하다, 대체로 중요하다, 별로 중요하지 않다, 전혀 중요하지 않다]를 고르는 12가지 문항에 충실히 응답해야 하고, 동시에 그러한 의견의 중요성을 다시 4위까지 순위[1순위, 2순위, 3순위, 4순위]를 매기는 문항으로 구성되어 있는 것에 모두 응답해야 한다. 그러므로 채점자는 피험자가 표시한 척도와 순위를 비교함으로써 참여자들의 신뢰도를 구할 수 있게 된다. 만일 중요성 척도에서 A 딜레마에 대하여 매우중요, B 딜레마에 대하여 별로 중요하지 않다고 해놓고 순위를 고를 때 1순위에 B를 선택하면 이는 허위로 판명되는 것이다. 그리하여 일반적으로 피험자들의 10% 내지 15%가 이러한 신뢰도 검증에서 신뢰할 수 없는 답안으로 제외되게 된다.[50] 그러나 MJT는 신뢰할 수 없는 피험자의 답안을 검증해낼 방법이 없다는 것이 레스트의 지적이다. MJT에서 모든 답안들은 동일한 타당성을 가지게 되며, 신뢰도가 좋은 답안들이 신뢰도가 낮은 답안들과 섞이게 되고, 따라서 결과들은 모두가 모호해진다는 것이다.

셋째로 MJT에서는 낮은 단계의 항목에서 나타난 판단의 일관성이 높은 단계의 항목들에서 나타난 판단의 일관성과 같은 비중을 차지하는 문제가 존재한다는 것이다. 즉 단계 2에 해당하는 모든 항목들에 일관된 평가를 한 피험자가 단계 5에 해당하는 모든 항목들에 일관된 평가를 한 피험자들처럼 높은 C-지수를 받을 경우 문제가 발생한다는 것이다.

이러한 비판과 수정 과정을 통해서 양자는 끊임없이 자신들의 도

---

50) 김항인, 앞의 논문, p.235.

구들을 개선 보완시켜 나가게 되었다. 이처럼 레스트의 DIT와 린트의 MJT는 상호간의 논문 발표 등 지상논쟁을 통해서 서로의 취약점을 비판해주고 또 이를 긍정적으로 수용함으로써 지속적으로 보완하는 계기가 되기도 했다.

　DIT에서 가장 많이 사용되는 지수는 P-지수이다. 이는 콜버그의 5단계와 6단계에 해당하는 인습후기수준의 항목들이 전체 점수에서 차지하는 가중치를 나타낸다. 예를 들어 한 피험자가 인습후기수준의 항목을 가장 중요하다고 순위를 매겼다면 P-지수가 4점만큼 증가하며, 만약 두 번째로 중요하다고 순위를 매겼다면 P-지수 3점이 증가하고, 세 번째로 중요하다고 순위를 매겼다면 2점, 인습후기수준의 항목을 네 번째로 중요하다고 순위를 매겼다면 P-지수 1점이 증가한다. 표준버전에서 여섯 가지 이야기를 이러한 방식으로 평가하게 되면 전체 P-지수는 0점에서 57점에 이르게 된다. 이러한 P-지수를 최초 P-지수라 한다.[51] 최초 P-지수는 다시 퍼센트로 환산된다. 그러므로 P-지수는 0에서 95점까지 분포한다. 이러한 P-지수는 피험자가 인습후기수준의 고려를 얼마만큼 중요하게 여기는가를 나타내준다.

　여기서 중요한 것은 DIT가 개인의 도덕발달단계를 측정하는 것이 아니라 개인이 인습후기수준의 정당화를 선호하는 정도를 나타내준다는 것이다. 발달적 계열성은 한 개인이 한 단계에서 다른 단계로 계단식으로 갑자기 발달하는 것을 뜻하는 것이 아니라 각 단계를 사용하는 분포도가 변화하는 것을 의미한다. 예를 들면 낮은 단계들의 사고를 덜하게 하고 높은 단계들의 사고를 더 많이 하게 되는 것을

---

51) 김항인, 앞의 논문, p.230.

뜻한다.

이러한 일련의 과정에서 피험자들이 하는 일은 제시된 딜레마에 대한 결정을 내리는 데 있어서 12항목들의 중요성을 평가하고 순서를 매기는 일이다. 피험자들은 부록(설문지 '남편의 고민', '탈옥수', '환자의 애원' 부분)에서 보는 바와 같이 도덕적 결정을 내리는 중요성에 따라 각 항목의 진술들을 [매우 중요하다, 대체로 중요하다, 약간 중요하다, 별로 중요하지 않다, 전혀 중요하지 않다]의 5가지 척도에 따라 평가한다. 이렇게 12항목을 모두 평가한 후에 피험자들은 위의 12항목을 동시에 고려하여 그중요도인 [1순위, 2순위, 3순위, 4순위]를 매기게 된다. 그리고 항목들의 평가점수와 순위들을 통해 각 피험자의 점수를 산출하게 된다.

다음은 레스트가 콜버그의 단순단계모형을 발전시킨 복합발달모형에 대해서 고찰해보기로 한다. Kohlberg는 자신의 6가지 단계가 보편적이고 불변적이며 불가역적인 순차성을 지닌 '구조화된 전체'(structured wholeness)라고 주장한다.[52] 동시에 훈련받은 채점자는 모든 종류의 자료들로부터 신뢰성 있게 단계를 평정해낼 수 있다고 강조하고 있다. 실제로 그는 자신의 채점방식(MJI)을 사용한 측정연구에서 퇴행 현상과 건너뜀 현상을 의미하는 자료가 산출된 이유 역시 측정과정에서 구조와 과정이 혼동되었기 때문이라 간주하고, 채점체계의 개선을 시도할 뿐, 종래의 단계 개념은 수정하지 않았다.

이렇게 단계의 보편성 및 불변성과 순차성을 전제로 하는 단계 개념을 단순단계 모형이라 한다. 이 단순단계 모형은 두 가지 전제를

---

52) 홍성훈, 「도덕심리학 연구의 최근 동향과 향후 전망(인지발달론적 접근의 이론 확장과 적용 확대의 과정을 중심으로)」, 『도덕윤리과교육』 제16호, 한국도덕윤리과교육학회, 2003, p.5.

염두에 두고 있다. 첫째, 피험자는 어느 한 단계에만 속하지 동시에 둘 이상의 단계에 속할 수 없다는 점과 둘째, 상위단계로의 상승은 점진적인 양적 변화가 아닌 급격한 질적 변화라는 점을 상정하고 있는 것이다. 그러나 Rest의 도덕단계 개념은 다음 여러 측면에서 콜버그의 경우와는 상당히 다르다[53].

첫째, 인지구조의 변화는 급진적이기보다는 점진적으로 일어난다는 것이다. 이때 점진적이라 함은 다음 단계의 사고 형태가 출현할 빈도가 확률적으로 증가한다는 뜻이다. Rest가 보기에 각각의 인지구조나 발달 단계는 질적으로 상호구분되는 것이지만, 그러한 사고의 출현빈도는 양적으로 추정될 수 있기 때문에 그는 한 피험자의 도덕판단 수준을 평가함에 있어서 각 단계별로 그 빈도의 출현 비율(%)을 구해볼 수 있다고 믿는다. 따라서 콜버그 방식으로 피험자를 특정한 하나의 단계에 분류하는 것은 '도덕성 발달의 점진적이고 여러 단계에 중복되어 나타나는 현상'을 간과하는 셈이 된다.

둘째, 피험자들은 동일한 과제나 상황에서조차도 서로 상이한 도덕판단을 한다는 것이다. 레스트의 DIT검사나 콜버그의 MJI검사 모두 재검사 신뢰도를 구해보면 .70-.80 정도인데, 이것은 피험자의 도덕판단이 고정된 것이 아니라 유동적인 것임을 시사한다. 피험자는 어느 한순간 단지 하나의 발달단계에 있는 것이 아니라, 몇 가지 단계의 사고가 중첩되어 있는 것으로 보아야 한다는 것이다.

셋째, 검사자료의 형태, 지시사항, 채점기준, 검사시행의 엄격성 등에 따라 피험자의 발달단계는 서로 다르게 나타난다. 즉, 콜버그의 검

---

53) 문용린, 『도덕과교육론』, (서울: 갑을출판사. 1988), pp.144-145.

사에서 딜레마를 바꾸어 제시하면 피험자의 발달단계는 다르게 나타
난다는 것이다.[54]

이러한 경험적 자료들을 종합해볼 때, 도덕성의 발달은 콜버그의
단순모형보다는 레스트의 복합모형에 의해 설명될 필요성이 커진다.
즉, 사람들은 몇 가지의 도덕적 사고구조들을 동시에 사용할 수 있다
는 것이다. 따라서 도덕성의 평정에서 중요한 질문은 '피험자가 현재
어느 단계에 속해 있는가'가 아니라, '특정 조건 아래서 피험자는 어
느 정도까지 다양한 사고구조를 활용하는가'가 되어야 한다. 도덕성
의 발달은 낮은 단계의 사용에서부터 높은 단계의 사고구조를 사용
하는 것으로 '점차적으로' 이동해간다는 것이다.

이러한 연구결과 인지발달론적 도덕성 연구 분야에서 이루어진 이
론적 변화 중 하나가 바로 Rest의 4구성요소 모형이라고 볼 수 있다.
이 모형의 궁극적 목표는 도덕성을 인지 측면에서만 보지 않고 정서
와 행동의 측면까지 포함시켜 종합적으로 파악하려는 데 있다. 기본
적으로 인지발달론자인 레스트가 이러한 모델을 제시한 것은, 도덕성
을 설명하는 여러 가지 다양한 이론들에 대한 종합적 검토를 통해 도
덕성에 관한 보다 포괄적인 접근의 필요성을 인식하였기 때문이다.
따라서 이 모형의 가장 큰 특징은 도덕성 연구의 전통적인 세 측면인
인지·정서·행동적 측면의 통합을 시도했다는 점이라 할 수 있다.

DIT 측정체계에 대한 최근의 변화가 인상적이다. DIT는 참여자들
이 여섯 가지 이야기를 읽고 각 이야기에 대해 12가지 문항-그 대부
분은 1973년 이미 콜버그가 기술한 바와 같은 단계 가운데 2단계에서

---

54) 문용린, 『도덕과교육론』, (서울: 갑을출판사, 1988), p.145.

6단계를 반영하여 글로 씌어졌다-에 대해 등급을 정하고 순위를 매기도록 요구받는 지필 척도라는 것은 이미 잘 알려져 있다(Rest, 1979b; Thoma, 2002). 원래의 DIT의 내용이 시대에 뒤떨어졌고 신선미가 없다는 비판에 대한 반응으로 DIT-2는 새로운 이야기와 문항으로 탄생되었다. 콜버그 면담체계에 그 근원을 둔 원래의 DIT와 달리 DIT-2는 이야기와 문항의 내용만을 바꿈으로써 DIT의 기본 특징을 그대로 반영하도록 작성되었다. 따라서 이야기는 모두 다른 맥락에서 똑같은 딜레마를 제시했다. 예를 들면 하인즈(Heinz)와 약 대신에 DIT-2 이야기는 가난한 농부가 그의 굶주리고 있는 가족을 먹여 살리기 위해 상점을 소유한 부자의 식품창고에 침입해야만 하는지 어떤지를 묻는다. DIT-2의 절차는 도덕적 사고의 척도를 창출하는 원래 과정과는 상당한 변화를 보여주었다. Rest(1979a)에 의해 기술된 바와 같이 최초의 DIT 이야기는 콜버그와 그 동료들에 의해 사용된 유사한 이야기로부터 도출되었다. 하지만 이와는 대조적으로 DIT-2는 이전의 면담자료에 의존함이 없이 원래 기초가 되는 딜레마와 대응하는 이야기를 창안함으로써 DIT로 이끄는 작업에 편승한다. 이와 함께 DIT-2 문항은 단계에 기초한 문항과 신뢰도 검사 문항의 똑같은 혼합을 제공할 뿐만 아니라 똑같은 단계와 문장구조를 반영하도록 작성되었다. 신뢰도 검사문항은 성질이 다른 검사측정세트를 사용하는 참여자를 확인하기 위해 설계되었다.[55] 기존의 DIT를 통해 도출되었던 P-지수, U-지수 등을 제외하고, 이외에 N2-지수 그리고 발달국면지표, 발달유형지표, 도덕과 무관하지만 '모르겠다'의 횟수를 통한 분석 등의 다양한

---

55) Stephen J. Thoma, 「도덕 판단력 검사에 관한 연구」, Melanie Killen & Judith Smetana 편, 앞의 책, pp.174-176.

추가적인 논의에 대해서는 Thoma(2010)의 노력이 돋보인다.


### 3) MJT

린트의 MJT는 콜버그의 인지발달이론을 토대로 하면서도 MJI가 주관식 인터뷰 방식에서 오는 한계점을 극복하기 위하여 객관식 선택형으로 만든 것이다. 이런 면에서는 린트의 MJT와 레스트의 DIT는 공통점을 가지고 있다. 다시 말해서 린트는 도덕적 판단력을 '도덕적 또는 내적 원칙에 따라 결정하고 판단하며 그 판단에 따라 행동하는 능력'이라고 정의한 콜버그 이론에 근거하여 사람들의 도덕 판단력을 측정하기 위해 MJT를 만들었던 것이다.[56]

린트는 MJT를 개발하는 과정에서 도덕 판단력 측정방법의 주아점을 피험자가 제시하는 반대의견에 관심을 두고 있다. 즉 피험자들이 어떤 특수한 상황이나 문제에 봉착했을 때 자신의 입장과 반대되는 주장을 어떻게 다루는가에 대해 관심을 집중시켰고, 이러한 반대의견 부분을 상세히 분석함으로써 나름대로의 도덕적 일관성이 있는 도덕 판단력을 측정할 수 있도록 설문지를 만들고 있는 것이다. 부연한다면, MJT는 콜버그의 MJI처럼 도덕적 갈등상황을 주고 피험자에게 자신의 생각을 주관적으로 설명하라고 요구하는 것이 아니라, 자신의 도덕적인 각 단계별 도식 중 활성화된 부분을 반영하고 있는 객관적 진술문을 선택하도록 하고 있고, 동시에 그 반대의 주장 내용도 수용해서 선택하도록 설문내용이 구성되어 있다.[57]

---

56) 박균열, 앞의 논문, 2006, p.128.

57) [부록 1~2] 설문지 MJT부분의 '근로자의 고민'과 '의사의 고민'. 이 설문지의 특징은 각각의 도덕적 갈등상황에 대해서 응답자가 찬성·반대 두 부분 모두 응답해야 한다는 것이다. 즉 기본적으로 그 문제에 대하여 비록 찬성을 하더라도 찬성 관련 6문항에 대하여 응답을 한 후, 반드시 그 다음

린트가 개발한 MJT의 주요 특징 중 하나는 피험자의 응답을 분석하는 과정에서 도덕적 일관성을 적용하는 것이다. 다시 말해서 린트는 도덕적 일관성이 도덕 판단력을 가장 잘 나타낸다고 주장하고 있다.[58] 린트는 어떤 특수상황이나 문제에 대한 피험자들의 반대의견을 반드시 확보하고 그 반응을 분석함으로써 도덕적 일관성을 파악하고 있다. 예컨대 설문지에 나오는 '근로자의 고민'이나 '의사의 고민'을 보면 그들의 행위와 관련된 도덕적 갈등상황을 제시한 후, 피험자에게 근로자의 행동 또는 의사의 행동에 대하여 피험자 본인이 찬성한다고 하였을 때와 반대한다고 하였을 때를 모두 다 응답하도록 설문지는 요구하고 있다. 즉 피험자 본인의 의견에 따라 찬성 또는 반대 한쪽에만 응답하는 것이 아니다. 이렇게 함으로써 자신의 의견에 따라 찬성 한쪽만을 선택함으로써 피험자들의 선호도만 측정하게 되는 한계를 극복하게 된다. 다시 말해서 도덕적 갈등상황에 대하여 찬성 및 반대 반응을 모두 표시함으로써 다른 사람의 행동을 판단할 때 일관성 있는 도덕수준을 유지한다는 것이다. 그리고 반대의견에 대한 면밀한 분석을 통해서 피험자의 도덕적 일관성을 합리적으로 측정할 수 있는 장점도 있다는 것이다. 이것이 MJT의 독특한 설문조사 방법이다.

그럼에도 불구하고 이러한 린트의 도덕성 측정에 있어서 기본적 접근방식은 콜버그의 방식과 일치한다. 왜냐하면 린트가 측정도구를 개발할 때 콜버그의 이론을 토대로 했기 때문이다. 그 대표적인 것이

---

의 6문항 '만일 반대한다면'이라는 가정에 대해서도 응답해야 한다는 것이다.

58) G. Lind, "Testing moral judgement competence: A response to Rest, Thoma and Edwards", http://www.uni-constanz.de/ag-moral/rest-96.htm 김항인, 앞의 논문, p.234.

콜버그의 6단계[59] 적용이다. 린트의 MJT는 콜버그가 주장하는 6단계의 도덕추리력을 적용하면서 이에 대한 응답자들의 태도와 관련된 발달의 단계적 점수를 부여해주고 있다. 예컨대 '근로자의 고민'과 '의사의 고민'에서 나타나는 도덕적 갈등상황에 대하여 찬성과 반대의 의견을 제시할 때, 이와 관련된 각각 6개의 문항이 있고, 각 문항별로 '나는 이 주장을 받아들일 수 없습니다'에 해당하는 점수(-4, -3, -2, -1)와 '나는 이 주장을 받아들일 수 있습니다'에 해당하는 점수(1, 2, 3, 4)를 각각 표시함으로써 이를 종합적으로 분석할 수 있다는 것이다. 결국 이러한 태도를 검토함으로써, 콜버그가 가정한 대로 여섯 단계에 대한 선호도를 계층적으로 나타낼 수 있는지를 보여주는 것이다.

이러한 MJT 설문지에서 볼 수 있듯이 린트는 특정의 도덕적 갈등상황을 두고 항상 찬성과 반대 두 부분으로 나누어서 피험자들의 반응을 관찰하고 있음을 알 수 있다. 그러면서도 MJT에서는 찬성 및 반대의 그룹마다 각각 6개의 문항이 전략적으로 배치되어 있고, 이 문항들은 콜버그의 6단계와 밀접하게 관련이 되어 있다. 따라서 피험자들이 도덕적 갈등상황에 대해 성실하게 응답만 해주면 그들의 도덕적 발달단계를 정확하게 분석할 수 있고, 동시에 나름대로의 도덕적 일관성도 파악할 수 있도록 설계되어 있다.[60]

---

59) 콜버그(L. Cohlberg)는 3수준 6단계를 설명하면서, 도덕판단의 발달이 하위단계에서 보다 더 포괄적이고 더 복잡한 상위단계에로 연속적인 상향이동의 과정을 이루게 된다고 주장한다. 예컨대, 인간생명의 존엄성과 가치에 바탕을 두는 단계 6의 도덕성은 지위와 재산 가치에 근거를 두는 단계 1로부터 도구적 인간관계에 바탕을 두는 단계 2, 그리고 타인에 대한 현실적 애정에 근거하는 단계 3, 관습수준의 단계 4, 사회계약정신의 단계 5, 보편적 도덕원리의 단계 6에로 그 모습을 드러낸다는 것이다. 이러한 6단계에 대한 보다 상세한 설명은 김상윤, 앞의 책, pp.147-161.

60) G. Lind, "Is the MJT a similar test to the Defining-Issues-Test, DIT?", *Psychology and Education of Morality and Democracy: Moral Judgment Test, http://www.uni-konstanz.de/ag-moral/*(2010. 6. 1. 검색)

이러한 린트의 MJT연구는 최근 수십 년 동안에 진행되어온 도덕판단 연구에 있어서 가장 혁신적인 연구 중의 하나라고 할 수 있는데, 이는 연구의 체계성과 조직적 보완·발전성에서 보인다. 다시 말해서 린트는 MJT를 연구하는 과정에서 단지 몇 가지 사례들을 수집하는 정도의 일에서 벗어나 다양한 방법으로 도덕판단을 측정하는 실험을 해왔으며, 많은 실험대상자들로부터 나오는 자료를 축적하면서 그의 연구를 증명하고 동시에 취약한 부분을 보완 발전시켜왔기 때문이라는 것이다.[61]

MJT의 C-지수는 자신의 도덕적 판단행동이 도덕적 관심이나 원칙에 의해 결정되는 정도를 측정한 것이다. 즉 C-지수는 어떤 주장을 의견일치나 다른 요소에 따라 판단하는 것이 아니라 도덕적 질에 따라 판단하는 능력을 나타낸다. 따라서 MJT의 C-지수는 피험자들의 도덕적 판단 정도를 측정하여 나타내는 중요한 요소이다. 다시 말해서 어떤 문제에 대한 의견일치와 같은 비 도덕적 생각보다는 도덕적 견해에 따라 결정되는 찬성 또는 반대 주장에 대한 피험자들의 판단 정도를 측정한 것이다. 그래서 이 지수는 도덕적 원칙에 대한 응답자의 '필수적 지식' 정도를 나타낸다고 볼 수 있다.[62]

이러한 인지적 변수 외에, MJT를 사용하여 피험자들의 도덕적 생각이나 태도를 측정할 수 있다. 즉 콜버그가 정의한 도덕추리력의 첫 단계에 대한 피험자들의 태도를 측정할 수 있다는 것이다. 또한 MJT는 도덕적 판단의 상황적 적합성, 도덕적 편협성, 추리력에서 가장 선

---

61) 김항인, 앞의 논문, p.230.

62) Lourenço, O. & Machado, A. "In defense of Piaget's theory: a reply to 10 common criticisms." *Psychological Review*, 103, 1996. p.154. 박균열, 앞의 논문, 2006, p.129.

호되는 단계 등과 같은 피험자들의 도덕판단의 여러 면을 측정하는 데에도 사용될 수 있다.[63)]

MJT평가와 관련하여 설문에는 두 이야기가 포함되어 있다. '근로자의 딜레마'와 '의사의 딜레마'가 그것이다.[64)] 그리고 각 이야기는 행동적 딜레마에 처한 사람이나 상황에 대해서 피험자가 자신의 의사를 표시하도록 다루고 있다. 이때 그 사람이 어떤 선택을 하든 도덕적 행동규범과 대립된다. 왜냐하면 항상 찬성과 반대 두 가지가 병존해 있기 때문이다. 즉 '만일 당신이 근로자 또는 의사의 행동에 대해 '찬성'한다고 하였을 때 그것을 얼마나 받아들일 수 있습니까?'라는 질문과 함께 '나는 이 주장을 받아들일 수 없습니다'와 '나는 이 주장을 받아들일 수 있습니다'의 두 가지에 응답해야 하고, 이어서 '만일 당신이 근로자 또는 의사의 행동에 '반대'한다고 하였을 때 그것을 얼마나 받아들일 수 있습니까?'라는 질문과 함께 '나는 이 주장을 받아들일 수 없습니다'와 '나는 이 질문을 받아들일 수 있습니다'의 두 가지에 응답해야 한다. 그래서 피험자의 결정 자체보다 결정의 '질'이 더 중요하다. 결정이 좋고 나쁨은 그 배후에 있는 이유에 따라 결정된다. 피험자들에게 이 이유들에 대한 자신들의 수용 정도가 어떠한지 그 의견을 물어보는 것이다. 이 의견에서 여러 수준의 도덕적 추리력을 찾아볼 수 있다. 설문내용에서, 여섯 개의 주장은 이야기 속의 주인공이 결정한 것을 지지하였으며, 다른 여섯 주장은 그 결정을 비판하였다. 각 딜레마에 대해 응답자들은 12개의 주장을 판단하도록

---

63) G. Lind, "What does the MJT measure?", *Psychology and Education of Morality and Democracy: Moral Judgment Test, http://www.uni-konstanz.de/ag-moral/* (2010. 6. 1. 검색)

64) [부록 1~2] 설문지 '근로자의 고민', '의사의 고민' 부분.

하였다. 그것도 동일 사안에 대해서 피험자가 찬성과 반대의 두 가지 반응을 동시에 할 수 있도록 상정해놓았다. 표준버전에서는 24개의 주장을 평가하도록 되어 있다. 즉 MJT에 제시된 주장에 대한 수용성을 판단하기 전에, 피험자들은 주인공의 결정의 옳고 그름에 대해 '받아들일 수 없습니다'(-4, -3, -2, -1)에서부터 '받아들일 수 있습니다'(1, 2, 3, 4)로 된 소위 리커트 척도(Likert scale)를 사용하여 평가하게 함으로써 이 평가는 도덕 판단력을 측정하는 것이다.

MJT의 C-지수는 다음과 같은 몇 가지 특징을 가지고 있다. 첫째, MJT는 측정에 대한 피험자의 단편적 행동보다는 전반적 양상을 보여준다.[65] 참가자의 다른 판단들을 살펴보면 그 사람이 내린 단편적 판단의 의미를 이해할 수 있다. 예를 들면, 어떤 사람이 도덕적 양심을 이유로 안락사를 할 경우, 이 판단이 그 사람의 높은 도덕적 양심을 반영하는 것인지 안락사 찬성을 반영하는 것인지 확실히 알 수 없다. 다시 말하면, 어떤 사람의 한 가지 도덕적 판단으로부터 어떤 추론을 하는 것은 아주 모호하다. 그 사람의 판단력을 종합적으로 고려할 때만이 그 사람의 도덕성을 더 확실하게 추론할 수 있다.

둘째, MJT는 단순히 도덕적 태도나 가치를 구현하는 것이 아니라 도덕적 과제를 구현한다. 도덕성이 강한 능력이나 인지를 나타낸다면 이 측정에 사용될 수 있도록 과제를 정의해야 한다.[66] 도덕판단을 측정할 수 있는 여러 다양한 과제를 생각해낼 수 있지만, 몇 가지 과제만 실행 가능하거나 타당하다. 어떤 과제는 측정에 사용하기 적합하

65) G. Lind, "Can one apply the rationale behind the C-score to any test?" *Psychology and Education of Morality and Democracy: Moral Judgment Test, http://www.uni-konstanz.de/ag-moral/* (2010. 6. 1. 검색)

66) Lourenço, O. & Machado, A. "In defense of Piaget's theory: a reply to 10 common criticisms." *Psychological Review*, 103, 1996, pp.143-164., 박균열, 앞의 논문, 2006, p.129.

지만 도덕유혹 테스트같이 측정하기에는 비윤리적인 과제도 있다. 예를 들면, 유혹에 대한 저항을 측정하기 위해 피험자를 유혹해서 도둑질을 하게 해서는 안 된다. 또한 어려움에 처한 사람을 도와주는 과제같이 실행은 가능하지만 타당하지 않은 과제도 있다. 도와주는 행동이 도덕적 책임이 동기가 되어 도와줄 수도 있지만 그렇지 않을 수도 있다. 도움을 주는 행동 중에는 다른 사람을 지배하기 위한 욕망이 동기가 될 수도 있고, 사회적 압력 때문에 또는 큰 보상을 받고 싶은 기대감으로 도와줄 수도 있기 때문이다.

결국 도덕 판단력을 측정하기에 적절한 과제는 사람들에게 반대 주장을 제시하는 것이다. 문제의 상황에 부딪혔을 때, 여기에 대한 피험자들의 찬성 반응의 경우 딜레마 해결에 있어 선호되는 도덕적 추리 수준을 나타낸다. 그리고 반대 주장에 대한 반응은 다른 사람의 행동을 판단할 때 특정한 도덕 수준을 일관성 있게 사용할 수 있다는 것을 의미한다. C-지수는 이 개념을 따른다. 테스트를 받는 사람이 찬성 또는 반대 주장에 대해 도덕적 일관성을 보이면 높은 능력의 점수를 받게 된다. 피험자가 도덕의 질은 상관없이 딜레마의 '올바른' 해결점에 대한 의견으로 반대 주장을 평가하면, MJT에서 낮은 도덕 판단력 점수를 얻는다. 그런 면에서 MJT는 다음과 같은 사실을 명확히 하고 있다.

첫째, 모든 판단의 일관성이 도덕 판단력을 나타내는 것은 아니다. 도덕 문제에 대해 일관성 있는 판단만이 여기에 해당되며, 다른 문제에 대한 일관성에는 적용되지 않는다. 예를 들어 비판에 반대되는 문제에 대한 의견을 가졌을 경우, 딜레마에 대한 일관성 있는 판단은 타당도 높은 도덕적 판단의 지표가 아니라 오히려 그 반대로 도덕적 경직성을 나타내기 때문이다.

둘째, 도덕적 관심이나 원칙에 따라 판단 행동을 결정하는 것은 당면한 딜레마의 해결책을 강력하게 찬성 또는 반대하는 것을 의미하는 것은 아니다. 도덕성과 헌신은 서로를 배제하는 것이 아니며 반드시 서로를 포함하는 것도 아니다.[67]

MJT는 이중특성이론(dual aspects theory)을 기반으로 하고 있다. 도덕 판단력의 두 요소, 즉 인지적 요소와 정적 요소를 동시에 평가할 수 있다는 것이 MJT의 가장 독특한 특징이다.[68] 즉 MJT는 도덕 판단력의 두 요소(인지적 요소와 정적 요소)를 동시에 평가할 수 있는 도구이다([그림 2]). Gross(1994; 1995; 1996)가 지적했듯이, 이것은 이 두 요소를 융합하는 상당히 향상된 단일 인터뷰 기술을 제공한다.

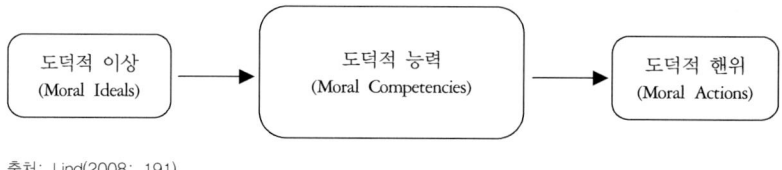

출처: Lind(2008: 191).

[그림 2] MJT C-지수의 구성원리

이 특성은 피아제, 콜버그 그리고 린트 등이 설명한 도덕판단 및 도덕발달에 대한 이중특성이론에 근거하고 있다. 피아제에 따르면,

---

67) G. Lind, "How does one measure moral judgment? Problems and alternative ways of measuring a complex construct.[German: Wie mißt man moralisches Urteil? Probleme und alternative Möglichkeiten der Messung eines komplexen Konstrukts]," In: G. Portele, ed., *Sozialisation und Moral*, Weinheim: Beltz, 1978. pp.171-201.

68) G. Lind, "What is the psychological and methodological background of the MJT?", *Psychology and Education of Morality and Democracy: Moral Judgment Test, http://www.uni-konstanz.de/ag-moral/* (2010. 6. 1. 검색)

감정적 메커니즘과 인지적 메커니즘은 서로 다르지만 서로 분리될 수도 없다는 것이다.[69] 전자는 에너지에 의존하고, 후자는 구조에 의존한다. 따라서 콜버그는 자신의 도덕발달 단계모델을 도덕행동의 감정적 그리고 인지적 측면으로 설명하였다. 이중특성이론은 도덕행동을 감정적 속성과 인지적 속성을 고려하여 종합적으로 설명한다. 도덕행동을 충분히 설명하기 위해서는 두 가지 사항이 포함되어야 한다. 첫째, 도덕행동을 설명하는 도덕적 이상과 원칙, 둘째, 결정과정에서 이러한 이상과 원칙을 적용할 때 사람들이 가지고 있는 인지적 능력 등을 포함해야 한다는 것이다.

한편 린트의 MJT는 일관성을 나타내는 C-지수로서 도덕적 판단력을 측정한다. 물론 린트도 때때로 콜버그의 4개 항목으로 이루어진 5단계와 6단계의 점수를 합산한 P-지수를 제시하기도 하였으나, 그는 선호도 측정을 강조하지 않는다. 왜냐하면 P-지수는 인지적 구조가 아닌 단지 태도만을 측정하는 것으로 간주하기 때문이다.[70]

린트는 피험자의 답안의 일관성에 바탕을 둔 측정만이 진정한 도덕적 구조의 측정이라고 보고 있다. 즉 일관성의 측정에 있어서 어떤 단계가 가장 높은 점수를 받았는가가 아니라, 피험자가 동일한 단계를 나타내는 4개의 항목을 얼마나 일관성 있게 등급을 부여했는가에 관심의 초점이 주어진다. 린트에게 있어서 도덕적 능력이란 '특별한 문제에 관해 의견의 일치를 보이는 것에 상관없이 사실을 초월한 어떠한 도덕적 원리를 통찰하는 능력'으로 설명되고 있다. 린트의 선호

---

69) J. Piaget, "The affective unconscious and the cognitive unconscious." In B. Inhelder & H.H. Chipman (eds.), *Piaget and his school* (pp.63-71). New York, 1976.: Springer.

70) G. Lind, "Is the MJT a similar test to the Defining-Issues-Test, DIT?", *Psychology and Education of Morality and Democracy: Moral Judgment Test, http://www.uni-konstanz.de/ag-moral/* (2010. 6. 1. 검색)

도에 대한 지적은 단순하면서도 명쾌하다. 즉 단계 선호측정은 단지 좋고 나쁨의 도덕적 정서의 하나인 도덕적 태도를 측정한다고 본 것이다. 그래서 콜버그의 MJI와 레스트의 DIT는 이러한 단계 선호지수에 기초하였으므로 단지 태도에 대한 측정도구라고 주장한다.

한편 다른 이론에 따르면 감정과 인지는 인간 마음의 독립된 요소로서 도덕행동과도 분리된다고 한다.[71] 이러한 이론들은 도덕행동에는 감정적 영역과 별도의 인지적 영역이 있다고 주장한다. 또한 감정적, 인지적, 행동적 반응들을 분리해서 측정할 수 있다고 주장한다. 예를 들면, 서로 다른 종류의 행동을 일으키는 두 요소를 다른 테스트를 사용해서 측정할 수 있다고 주장하는 것이다.

다음은 MJT의 타당도 문제를 검토해보기로 한다. MJT에 대한 타당도는 여러 분석적·실증적 기준에 따라 검증되었다.[72] 타당도의 분석적 기준은 통계적 계수의 최대화를 추구하는 테스트 개발과는 대조적으로 전적으로 이론에 근거하여 테스트를 개발하였으며, 테스트 문항에 대해 전문가의 평가를 광범위하게 받았다. 콜버그의 도덕성 발달단계 모델 분야에서 6명의 전문가들이 MJT에 사용된 주장들의 이론적 타당도에 대해 조언해 주었다. 이를 통해 레스트의 DIT가 선호도에 치중함으로써 나타난 결점을 보완해주는 역할을 하기도 했다. 즉 도덕발달 단계 측정의 경우, 피험자의 측정에 임하는 태도에 따라 결과가 다르게 나올 수 있음을 보여주는 것이다. 린트는 이 부분과 관련하여 MJT가 바로 이런 약점을 잘 보완하고 있다고 주장한

---

71) 박균열, 앞의 논문, 2006, p.131.

72) G. Lind, "Is the MJT valid?", *Psychology and Education of Morality and Democracy: Moral Judgment Test, http://www.uni-konstanz.de/ag-moral/* (2010. 6. 1. 검색)

다. 즉 MJT의 경우에는 위와 비슷한 실험을 한 결과 피험자들이 주어
진 동기와는 상관없이 일정한 C-지수를 보여주었다고 한다. 이런 면
에서 린트는 도덕발달 단계의 일관성을 측정하는 MJT가 도덕적 인지
의 하나인 도덕판단을 용이하게 측정할 수 있다고 주장하고 있다.

MJT에 대한 이론적 배경, 구성원리, 채점방식 등에 대한 상세한 소
개는 박균열(2006)의 연구가 있다.

### 4) 기타 도구[73]

MJI, DIT(DIT-2), MJT 이외에도 도덕성발달 측정을 위한 다양한 도구
들이 있다. 여기에 제시하는 내용은 Kurtine & Berma, Ittel, Williamson
(2004: 469~471)에 부록으로 실린 내용인데, 부기내용을 볼 때 Ittel 또
는 Williamson 중 한 명에 의해 연구된 척도인 것으로 보인다. 다음 몇
가지의 추가적인 척도는 다양한 형태의 도덕성발달 측정에 도움이
될 것으로 사료된다. 첫째, 도덕성 정체감 척도(The Moral Identity
Scale-Production: MIS-P)이다. 이는 5세부터 성인까지 측정이 가능하다.
이 척도(MIS-P)는 가치지향성을 측정하는 것이다. MIS-P는 가치지향
성의 다섯 가지 차원을 평가하는 개별 면접도구이다. 다섯 가지 차원
이란 상대주의-보편주의, 목적론-의무론, 개인주의-사회주의, 성-속,
직관-추론이다. MIS-P는 특정 연구표집에서 가치지향성의 변화성에
대한 독특한 측면을 규명하는 데 사용할 수 있다. 또한 MIS-P는 특정
연구표집에서 가치지향성의 변화성에 대한 독특한 측면을 규명하는
데 사용할 수 있다. 또한 MIS-P는 피험자의 자기생성적 범주나 차원

---

73) William M. Kurtines & Steven L. Berman, Angela Ittel, Susan Williamson, 문용린 역, 「13장 도덕발달:
상호구성주의적 관점」, 『도덕성의 발달과 심리』, 학지사, 2004, pp.431-475.

을 알아내려는 자유반응식의 면접이다. MIS-P는 가치지향성에서 다섯 가지 변화성 측면을 측정하는 데 사용할 수 있다. 요강에는 각 작업의 실시와 측정절차에 대하여 설명하고 있다. 연구표집에서 가치지향성 측면을 규명할 때, MIS-P는 자유로운 반응을 끌어낼 수 있는데, 그 반응에 대해 내용분석을 할 수 있다. 가치지향성의 변화를 측정하는 데 사용할 때, MIS-P에 나타난 반응은 표준화된 평정척도를 사용하여 부호화하는데, 이 평정척도는 가치지향성에서 개인차와 발달차를 측정하기 위해서 양적 자료를 산출해내는 것이다. MIS-P의 실시는 대략 40분에서 50분 정도 소요되며 훈련된 면접자가 실시한다.

둘째, 도덕적 정체감 척도-도덕문제(MIS-MI)이다. 11세부터 성인까지 측정가능하다. 이 척도(MIS-MI)는 가치지향성을 측정하는 것이다. MIS-MI는 상대주의-보편주의와 목적론-의무론이라는 두 가지 가치지향성 측면을 측정하기 위하여 집단적으로 실시하는 자기보고 측정이다. MIS-MI의 문항은 MIS-P의 문항을 피험자들의 반응에 기초하여 변경한 것이다. 바꿔 쓴 문항들은 각 가치 측면에서 대비되는 지향성(예컨대, 상대주의 가치지향성 대 보편주의 가치지향성)을 나타내는 경향이 있다. MIS-MI에서는 피험자에게 두 사람이 도덕논의에 대해 말했던 것을 추측해보도록 한다. 논의에서 각각의 가상적 인물의 '입장'을 나타내고, 피험자에게 각 인물의 입장에서 자신의 입장과 가장 가까운 것을 지적하고 각 인물의 입장에 얼마나 동의하는지 리커트(Likert)식 5점 척도에 응답하도록 한다. 피험자의 반응은 상대주의-보편주의(RU) 가치척도와 목적론-의무론(TD) 가치척도라도 두 가지 가치척도로 채점된다. MIS-MI의 실시는 대략 15분에서 20분가량 소요된다.

셋째, 도덕감·정체감 척도-도덕딜레마(MIS-MD)이다. 이는 11세부터 성인까지 측정가능하다. 이 척도(MIS-MD)는 가치지향성을 측정하는 것이다. MIS-MD는 목적론-의무론이라는 가치지향성 측면을 측정하기 위해서 집단적으로 실시하는 자기보고식 측정이다. MIS-MD는 의무에 기초하여 도덕결정을 내리는지(의무론적 도덕결정), 중요성에 기초하여 도덕결정을 내리는지(목적론적 도덕결정) 그 경향성에서 발달차와 개인차를 측정하기 위해서 고안된 것이다. MIS-MD는 여섯 개의 가상적 의상결정 상황으로 구성되어 있다. 즉 허구의 인물(호빗: 영국의 작가 Tolkien의 작품인 Hobbit에 나오는 난쟁이 요정으로 발에 털이 났음)을 포함한 여섯 개의 가상 도덕딜레마이다. 여섯 개의 딜레마마다 잠재적으로 부정적인(등장인물 중 한 사람에게 잠재적으로 해가 되는) 결과가 있는 근본적인 도덕의무(사실을 말하는 것, 공정한 것, 약속을 지키는 것, 훔치지 않는 것)에 반대되는 상황을 포함하고 있다. 각 딜레마에서 피험자에게 두 개의 가능한 행동의 방향(사실을 말할 것이냐, 말하지 않을 것이냐) 사이에서 하나를 선택하도록 한다. 또한 피험자에게 5점 척도에서 각 선택에 대해서 얼마나 동의하는지 평정하도록 한다. 피험자의 반응은 1점 척도로 평정된다. 즉 의무론-목적론(MD) 가치척도이다. MIS-MD는 대략 15분에서 20분가량 소요된다.

넷째, 비판적 의사결정과 문제해결 척도-도덕 딜레마(CDP-MD)이다. 13세부터 성인까지 측정가능하다. 이 척도(CDP-MD)는 '비판적인' 사회도덕지향성의 사용을 측정하기 위해서 고안되었다. 예를 들면 개인이나 집단의 도덕의사결정과 문제해결에서 사용하는 비판적인 사고와 토론을 측정하는 것이다. MIS-MD에서 사용한 딜레마가 검사 자극으로 사용된다. CDP-MD는 두 부분으로 구성된다.

CDP-MD의 비판적 사고 하위척도는 피험자가 개인 도덕딜레마를 해결하는 데 사용되는 '인지적' 의사결정과 문제해결의 작용과 실천을 표집한다. CDP-MD는 '표준화된' 면접으로 실시되고, 딜레마는 개인의 의사결정이나 문제해결 상황(예컨대 피험자가 해야 할 일을 결정하는 것)으로 나타난다. 면접자는 피험자가 선택한 것에 대해 설명을 유도해야 하고, 이야기식의 설명으로 나타난 피험자의 반응은 피험자가 사용하는 의사결정과 문제해결의 작용과 실천의 범주로 부호화된다.

CDP-MD의 비판적 토론 하위척도는 피험자가 집단의 도덕딜레마를 해결하는 데 사용하는 '의사전달적' 의사결정과 문제해결의 작용과 실천을 표집한다. CDP-MD는 '상호작용적인' 면접으로 실시되고, 딜레마는 공동의 의사결정이나 문제해결 상황(예컨대, 피험자와 면접자가 해야 할 일에 대해서 피험자와 토론과 대화를 하고, 토론에서 나타난 피험자의 반응은 피험자가 사용하는 의사결정과 문제해결의 작용과 실천의 범주로 부호화된다. CDP-MD는 훈련된 면접자가 실시하며, 대략 40분에서 50분가량 소요된다.

다섯째, 도덕발달척도(MDS)이다. 이는 도덕추론에 대한 피아제식 검사로 5세부터 13세까지 측정가능하다. 도덕발달척도(MDS)는 아동에게 실시하는 도덕추론에 대한 피아제식 검사이다. MDS는 피아제의 이론에 기초해 도덕추론을 측정하는 개인면담척도이다. MDS는 아동의 도덕추론에 대한 피아제의 최초 연구에서 채택한 딜레마를 사용한다. MDS는 타율과 자율이라고 피아제가 규명했던 도덕추론의 두 수준에서 자료를 산출한다. MDS는 도덕발달의 전체 점수를 산출하여 피아제식의 이론에 기초해 책임과 정의에 대한 자율성의 획득을 혼합하여 측정한다. 그밖에 MDS는 책임 점수와 정의 점수를 분리하여 산출한다. MDS는 훈련된 면담자가 실시하며 대략 40분에서 50분가량 소요된다.

## 3. 관련 선행연구

### 가. 국외의 선행연구

이 책은 P-지수와 C-지수를 중심으로 다양한 형태의 인구통계변인별 도덕 판단력의 특징을 찾아보고, 양 지수 간의 상관성을 검토한 뒤, 궁극적으로는 가치교육을 위한 시사점을 갖게 된다. 따라서 P-지수와 C-지수를 활용한 선행연구와 이외의 도구를 활용하여 도덕 판단력 측정에 관계된 다양한 형태의 선행연구를 다양하게 살펴볼 필요가 있다.

우선 도덕 판단력의 수준과 삶의 경험과의 관계에 관한 선행연구는 학문적 개념, 정규교육 등에 있어서는 높은 상관성을 보이고 있으며, 대체로 약한 교육적 지향성과 종교활동 경험 등에 대해서는 상관성이 낮은 것으로 나타났다(<표 7>).

〈표 7〉 도덕 판단력 수준과 삶의 경험과의 관계에 관한 선행연구

| 연구 | 방법론적 문제점 | 표집 수 | 표집 집단 | 경험측정 방법 | 높은 도덕 판단력과 관련 있는 경험 | 낮은 도덕 판단력과 관련 있는 경험 |
|---|---|---|---|---|---|---|
| Biggs, Schomberg, & Brown (1977) | 가, 다 | 767 | 대학 신입생 | 체크 리스트 | 학문적 개념** 사회/정치적 인물** 문학** 예술** | |
| Schomberg (1978) | 가 | 407 | 대학 신입생 | 체크 리스트 | 학문적 개념** 학업*, 예술**, 문학** 이 문화에 대한 경험** 사회적 논쟁** 문화적 경험** | |
| Barnett (1982) | 가, 다 | 128 | 대학 4학년 | 체크 리스트 | 사회적 논쟁** 정치적 활동** 문학** 사회적/정치적 인물** 문화적 경험 | 캠퍼스 활동** 종교 경험* |
| Spickelmier (1983) | 다, 라 | 24 | 성인 초기 | 인터뷰 기초한 평정 | 강한 교육적 지향성* 학업 성공 경험* 다양성 인정* 대학 졸업 후의 학문적 환경* | 약한 교육적 지향성** 학업 실패 경험* 냉담/참을성 부족* 대학 졸업 후의 비학문적 환경** |
| Volker (1979) | 가, 마 | 42 | 대학생 | 체크 리스트 (MREC) | 정규교육* 성숙된 사고에의 노출 경험* 정치적 활동 룸메이트와의 조화 | 다른 사람에게 느끼는 책임감* 비극, 조장(촉진) 관계, 직업 결정 보수적 종교신념 및 실제 |
| Cady (1982) | 가, 마 | 57 | 성직자 | 체크 리스트 (MREC) | 교육, 다수의 결정* 논쟁거리에 대한 연구* 다른 관점에의 노출* 신뢰적/개방적 관계** 일을 통한 성숙한 사고에의 노출* 고통 경험* 개방적인 종교 이론** | 보수적인 종교이론** 종교 경험 |
| Rest (1975) | 가, 나 | 88 | 성인 초기 | 피험자에 의해 지명된 경험 | 정규 교육, 독서, 학업* 새로운 실세계에 대한 책임감* | 성숙 사회 세계의 확장 종교 경험 공동체 참여 |

| Rest (1975) | 가, 나, 다, 라 | 59 | 성인 초기 | 피험자에 의해 지명된 경험 | 현재의 논쟁거리/사건 논쟁거리에 대한 심사 숙고 새로운 실세계에 대한 책임감 미래를 위한 의사결정 종교적 경험 공동체 참여 개인적인 스트레스 삶의 스타일 변화 여행 | 독서 정규교육 성숙 새로운 사회적 접촉 특별히 영향력 있는 사람들 의사결정 집을 떠나서 생활한 경험 비극적인 사건의 경험 |

\*p⟨.05, \*\*p⟨.01

주: 가. 비무선적 혹은 비전형적인 표집, 나. 피험자 사망률의 유의미성(40% 이상), 다. 평균으로 회귀하는데 통계적인 통제 불가, 라. 통계적인 검증을 뒷받침할만한 피험자 수의 부족, 마. 다중통계검증, 1종 오류 가능성(영가설이 채택되었음에도 불구하고 영가설을 기각할 때 생기는 오류).

출처: Rest 편저, 문용린 외 공역, 앞의 책, pp.66~67.

　　DIT C-지수와 정치적 태도의 관계에 관한 선행연구는 다양한 형태의 정치적 태도와 5, 6단계 상호간의 상관성을 탐구하는 것인데, 전통적 도덕주의, 월슨의 보수주의, 법과 질서 존중 등이 5, 6단계와 부적(-) 상관관계를 보이고 있고, 신흥좌익철학, 자유주의가치 지지 등과 5, 6단계와는 정적(+) 상관관계를 보이고 있다(<표 8>).

〈표 8〉 DIT C-지수와 정치적 태도의 관계에 관한 선행연구

| 연구 | 대상 | 연령/교육수준 | 태도 검사 | 5, 6단계 |
|---|---|---|---|---|
| Clouse(1979) | 371 | 대학생 | 자유/보수 | F=2,265.53 |
| Coder(1975) | 58 | 성인 | 급진/보수 | .13 |
| Crowder(1978) | 70 | 성인 | 정치적 관용도 | .04[a] |
| Elmer, Renwick, & Malone (1983) | 73 | 대학생 | 신규 승진 척도<br>전통적 도덕주의<br>마키아벨리 식 전략<br>마키아벨리 식 냉소주의<br>신흥좌익철학<br>혁명적 전략 | -.49***<br>-.42***<br>-.04<br>.39***<br>.09 |
| Eyler(1980) | 135 | 대학생 | Maj Rule: 높은 도덕 판단력=56% yes,<br>낮은 도덕 판단력=18% yes: 27.8**[b]<br>Min Rights: 높은 도덕 판단력=88% yes,<br>낮은 도덕 판단력=61% yes: 3.8*[b]<br>분리 분쟁: 높은 도덕 판단력=52% yes,<br>낮은 도덕 판단력=21% yes:4.7*[b] | |
| Fincham & Barling (1979) | 55 | 대학생 | 윌슨의 보수주의 | -.22* |
| Forsyth(1980) | 221 | 대학생 | 이상주의<br>상대주의 | -.1 |
| Getz(1985) | 105<br>67 | 성인<br>대학생 | 인권에 대한 태도 | .01 |
| Lonky, Reilman & Serlin (1981) | 287 | 중고생과 대학생 | Maj Rule<br>Min Rights<br>평등한 기회<br>시민의 자유<br>사회보장 | .45*<br>.52<br>.37<br>.42<br>.20 |
| Rest(1977) | 111 | 대학생과 성인 | 진보/보수<br>진보주의 정도에 대한 자기 평정치 | -.46*<br>.20 |
| Rest, Cooper, Coder, Masanz & Anderson (1974) | 329 | 중고생,<br>대학생,<br>성인 | 법과 질서<br>자유신봉주의 | -.23*<br>.37* |

[a] 유의도 수준은 보고되지 않음
[b] X2 분석 실시
[c] ANOVA 분석 실시
*p<.05, **p<.01, ***p<.001
출처: Rest 편저, 문용린 외 공역, 앞의 책, p.182.

DIT C-지수와 종교적 변인간의 관련성을 탐구하는 선행연구도 다양하다. 콜버그의 6단계와 연성의 7단계는 종교문제와 연계해서 이해될 수 있다. 도덕 판단력은 종교적 변인이 따라 영향을 받는 것으로 나타났다. 하지만 주어진 여건에 따라 그것이 정적 상관성과 부적 상관성을 일관되게 나타내지 않아 별도의 논의가 더 필요한 것으로 보인다(<표 9>). 특히 우리나라와 같이 다종교사회에서의 종교적 변인의 도덕 판단력에 미치는 영향은 더 복잡하게 작용할 것으로 보인다.

〈표 9〉 도덕 판단력과 종교적 변인 간의 관계에 관한 선행연구

| 연구 | 표본 | 평가내용 | 결과 |
|---|---|---|---|
| Ernsberger (1977); Ernsberger & Manaster (1981) | 교회에 다니는 성인 169명 | 관습적이거나 원리적인 4개의 교회 평가, 소속된 사람들 및 리더의 도덕 판단력 측정, 도덕 판단력과 종교적 동기와의 관계 측정 | • 보수주의적인 교회에 속한 사람들은 단계 4를 추구함 • 진보주의적인 교회의 멤버들은 원리적 추론을 선호함 • 리더들이 훨씬 더 선호함 |
| Lawrence (1979) | 29명의 9학년 학생, 30명의 철학박사 과정생, 16명의 근본주의 신학생 | 서로 다른 3개 그룹의 도덕 판단력 측정, 신학생들 사이의 논쟁 속에 숨겨진 사고과정 측정 | 9학년 학생과 박사과정생의 P점수는 일반적인 수준. 그러나 교회가 주장하는 논리 때문에 모순되는 답을 한 신학생들은 낮게 나옴 |
| Brown & Annis (1978) | 80명의 대학생 | 종교적 행동, 신념과 도덕 판단력과의 관계(또한, 내적-외적 동기; 아래를 보라) | 높은 P점수와 낮은 근본주의적 신념 간 유의미한 관계, P점수와 종교적 행동과는 유의미한 상관관계 없음 |
| Clouse(1979) | 371명의 대학생 | 도덕 판단력과 종교적인 신념, 정치적 이념과의 관계 | 높은 P점수와 진보주의 종교적 사고, 정치적인 사고와는 유의미한 관계임 |
| Cady(1982) | 57명의 성직자들 | 도덕 판단력과 진보주의, 보수주의적 교회 소속과 신념 | P점수에서의 유의미한 차이, 진보주의적 성직자와 융통성 있는 신념을 가진 성직자가 더 높음 |
| Harris(1981) | 438명의 11학년 학생들 | 도덕 판단력과 신념, 지식, 실행과의 관계 | 도덕 판단력과 신념, 실행과는 유의미한 성관관계 없음, 도덕 판단력과 지식과는 유의미한 관계임 |

| | | | |
|---|---|---|---|
| Stoop(1979) | 390명의 9학년과 12학년 학생들 | 도덕 판단력에서 종교교육(3가지 유형)과 공립교육과의 관계 | 모든 학교의 9학년 학생들의 P점수는 유의미하지 않았음. 루터교 학교의 12학년 학생들의 P점수에서 유의미한 차이가 있었음. 보수주의적 종교관을 가진 학교에서 4단계 점수가 유의미하게 더 높았음 |
| Wolf(1980) | 76명의 대학생 | 종교교육, 종교에의 헌신 수준, 도덕 판단력의 전환과의 관계 | 종교교육에 많이 노출된 학생들은 유의미하게 P점수가 낮았음. 종교교육에 많이 노출된 학생들과 높은 헌신을 가진 학생들은 P점수가 낮았음. 도덕 판단력의 전환과의 관계는 유의미하지 않음 |
| Blackner (1975) | 160명의 고등학교 방과 후 학교 9학년 학생 | 종교교육 포함 정도와 도덕 판단력과의 관계 | 종교교육과 도덕 판단력과는 유의미한 관계 없음 |
| Killeen(1977) | 7학년과 12학년 학생 | 가톨릭 종교교육과 도덕 판단력, 추상적 추론과의 관계 | 가톨릭 학교 학생은 공립학교 학생들보다 P점수가 유의미하게 더 높았고 추상적 추론에서도 더 높았음 |
| O'Gorman (1979) | 199명의 9학년 학생들 | 종교 지식과 도덕 추론과의 관계 | 높은 P점수와 높은 종교적 지식은 유의미한 관계임 |
| Miller(1979) | 40명의 여자 대학생 | 도덕 판단력과 종교적인 지식을 포함한 종교적인 모든 것의 수준(높음, 중간, 낮음)과의 관계 | 유의미한 카이자승 분포: P점수가 높은 학생들은 종교성은 낮게 나타내는 경향이 있음 |

출처: I. Getz (1984). The Relation of Moral Reasoning and Religion: A Review of the Literature. *Counseling and Values*, 28: 94-116, Rest 편저, 문용린 외 공역, 앞의 책, pp.157-158.

한편, MJT관련 연구는 Lind를 중심으로 다양하게 이루어지고 있다. 연인원 약 4명을 대상으로 실증연구를 실시한 것으로 보고되고 있다.[74]

---

74) MJT를 활용한 다양한 연구를 요목화해 둔 자료는 없다. 다만 다음의 자료가 있기는 하나 출처가 분명하지는 않다(G. Lind, "Review and Appraisal of the Moral Judgment Test", 미간행자료, 2003[2000], pp.5-6. 이 자료의 안내에 의하면 상세내용은 http://www.uni-konstanz.de/ag-moral(2010. 7. 21 검색)에서 더 참고할 수 있다고 한다. 하지만 거기에는 일반적인 자료 및 Lind의 파워포인트 참고자료 등이 있으며, 정리된 선행연구에 대한 소개는 없다.

## 나. 국내의 선행연구

한국 청소년의 도덕 판단력에 대한 실증연구와 관련하여 많은 선행연구들이 있었다.[75] 여기에는 실증연구의 검사도구 중 대표적인 MJT와 DIT 자체에 대한 소개 및 검증에 관한 것도 있고, 실제로 이 검사도구를 사용하여 도덕 판단력 발달을 실증적으로 연구한 내용도 있었다. 특히 DIT와 관련된 한국 청소년의 도덕 판단력 발달 실증연구에는 이 도구를 가지고 구체적으로 연구한 것이 많다. 그중에서도 문용린 교수는 이들의 연구를 모두 종합하여 다음과 같이 5가지로 분류하면서 청소년들의 도덕적 특성을 분석하고 있다.[76] 첫째는 연령 및 학력에 따른 실증연구와 관련하여 '한국 청소년의 도덕 판단력은 연령 및 학력에 따라 유의미하게 발달하는 경향을 나타낸다'고 했고, 둘째는 도덕 판단력 발달의 성차에 따른 연구를 통해 대부분의 경우

---

75) 도덕 판단력 실증연구 관련 선행연구는 다음과 같다: 박균열, 앞의 논문, 2006.; 박균열, 앞의 논문, 2007.; 이인재, 앞의 논문, 2007.; 이인재, 「영역에 적합한 초등 도덕교육의 실천 전략을 통한 초등학생들의 도덕성 함양 방안 연구」『초등도덕교육』제26집, 한국초등도덕교육학회, 2008.; 김상윤, 앞의 책; 문용린, 『한국청소년의 도덕성발달 진단을 위한 연구: 도덕 판단력 진단검사(DIT)를 위한 표준화연구』, 서울: 한국학술진흥재단, 1994.; 문용린 외, 「한국인의 도덕 판단력 발달에 관한 비교연구」, 『교육심리연구』제22권 제1호, 한국교육심리학회, 2008.; 문용린 외, 「한국 청소년의 도덕 판단력 발달 연구 개관」, 『청소년학연구』제1권 제1호, 한국청소년학회, 1993.; 김향인, 앞의 논문.

76) 이와 관련된 연구는 다음과 같다: 문용린 외, 「한국 청소년의 도덕 판단력 발달 연구 개관」, 『청소년학연구』제1권 제1호, 한국청소년학회, 1993. 여기서 분석한 10편의 논문은 다음과 같다. 고재혁, 한국청소년의 도덕성 발달과 그 교육적 함의: 콜버그 이론을 중심으로, 서울대학교 대학원 석사학위논문, 1987.; 김성기, 중학생의 도덕성 발달에 관한 연구, 단국대학교 대학원 석사학위논문, 1988.; 김선영, 우리나라 고등학생의 양성적 성역할 정체감과 자아실현성 및 도덕성 발달과의 관계, 고려대학교 대학원 석사학위논문, 1987.; 문영삼, 고등학교 학생의 도덕성 수준과 문제정의 검사에 의한 측정치와의 관계, 국민대학교 대학원 석사학위논문, 1988.; 박찬주, 한국인의 도덕판단과 행동선택에 관한 DIT 적용 연구, 건국대학교 대학원 박사학위논문, 1989.; 안영진, 청소년의 도덕성 발달 수준과 내외 통제성 측정에 관한 연구, 숙명여자대학교 대학원 석사학위논문, 1987.; 이정희, 대학생의 도덕판단에서의 성차에 관한 연구, 이화여자대학교 대학원 석사학위논문, 1988.; 정향인, 일반청소년과 비행청소년의 인지발달 수준과 도덕 판단력 비교연구, 연세대학교 대학원 석사학위논문, 1989.; 차행자, 시설아와 정상가정아의 도덕성 비교, 상명여자대학교 대학원 석사학위논문, 1988.; 하영란, 가정환경 변인과 도덕 판단력 발달에 관한 연구, 성신여자대학교 대학원 석사학위논문, 1990.

성차가 없거나 미약하다는 결론을 도출하고 있다. 그리고 세 번째는 지적 및 성격적 변인과 도덕 판단력 발달과의 관계에 관한 연구인데, 한국 청소년의 도덕 판단력 발달수준은 학업성적과 인지발달수준이 높을수록 그리고 내외통제성 점수가 낮을수록 더 높았다고 분석했고, 네 번째는 가정 및 사회적 변인과 도덕 판단력 발달에 관한 연구인데, 가정의 물리적 환경, 출생순위 등에 따라서는 차이가 없는 반면에 가정의 심리적 과정 변인과 더불어 이들이 시설아냐, 정상가정아냐에 따라서는 차이가 있는 것으로 분석했다. 그리고 다섯 번째로 기타 변인 즉 종교 유무를 비롯해서 비행청소년과 일반청소년과의 차이에 따른 도덕 판단력 실증연구에서는 종교 유무별에서는 비일관적 관계가 있었으나, 청소년의 비행에 따라서는 차이가 있어 비행청소년에 비해 일반청소년의 도덕 판단력 수준이 더 높았다고 종합정리하고 있다. 이러한 실증연구는 주로 한국 청소년들의 도덕 판단력에 대한 횡단연구를 통해서 현실태를 파악하는데 중점을 둔 것을 알 수 있다. 다시 말해서 청소년들의 연령별 교육수준별 집단의 도덕 판단력을 동일시간대에 설문을 통하여 실증연구하였고 그 사례들을 종합 분석한 것이다.

한편 박균열 교수는 한국군 장병의 도덕 판단력에 대한 실증연구를 남겼다. 이 연구는 인지발달론적 이론을 토대로 하고 동시에 이를 바탕으로 한 DIT 도구를 사용하여 도덕 판단력을 연구하면서도 연구대상은 종래의 학생 위주에서 탈피하여 군에 입대한 병사들을 대상으로 하여 도덕 판단력을 실증적으로 연구한 것이다.[77] 따라서 연구

---

77) 박균열, 앞의 논문, 2007.

가설도 지금까지는 조사대상자들의 인구통계적 변인을 연령이나 학력의 차이 또는 그 부모의 영향력에 큰 비중을 두었으나 박균열 교수는 입대 장병들의 자원입대여부, 계급별 차이, 그리고 애인유무 등 학생과는 다른 인구통계적 변인들에 의해 가설을 설정하여 연구하였다. 그 결과 자원입대여부 및 교육정도에 따라서는 도덕 판단력에 약간의 영향력을 미치고 있는 반면에, 계급별이나 애인의 유무 정도에 따라서는 유의한 차이를 보이는 것으로 분석하고 있다. 이 연구에서 박균열 교수는 최초 가설에서 '범죄경험이 있는 장병과 일반 장병의 도덕 판단력은 차이가 있을 것'이라고 가정했으나, 연구결과는 도덕 판단력의 차이를 보이지 않았다는 결론을 얻게 되는데 이 점은 특이하다.[78] 따라서 이를 중요한 시사점으로 받아들여 범죄자들을 미리부터 부도덕한 인물로 낙인하여 매도해서는 안 되며, 오히려 그들의 근무환경을 잘 배려해준다면 범죄율도 낮출 수 있다는 가능성을 보여주고 있다고 분석했다.

지금까지 분석한 연구들은 도덕 판단력 연구에 있어서 주로 동일 시간대에 조사하여 분석한 횡단연구에 중점을 둔 것이었다. 즉 초·중·고·대학생들을 대상으로 하되, 이들을 동일한 기간 동안에 주로 DIT 검사도구를 사용하여 연구한 것이다. 이에 비해 김상윤 교수는 특정의 연구대상자들을 동일 시간대가 아닌 2년간의 격차를 두고 재조사하는 이른바 도덕 판단력의 종단연구를 실시한 것이다.[79] 김상윤 교수는 콜버그의 이론을 배경으로 하였고, 초등학생 22명과 대학생 22명에게 검사도구 DIT를 이용하여 콜버그의 도덕발달수준 I과

---

78) 앞의 논문, p.147.
79) 김상윤, 앞의 책.

Ⅱ 그리고 수준Ⅱ와 Ⅲ 간의 이행에 대하여 2년간에 걸쳐 종단법에 의해 확인하고자 연구를 진행했다. 그 결과 초등학생 집단에서 수준 Ⅱ의 현저한 증가를 보였으나 22명 중 6명이 여전히 수준 Ⅰ에 머물고 있었으며, 대학생 집단에서는 수준Ⅲ의 현저한 증가를 보였으나 22명 중 9명이 하향 내지 상향 이동을 보여, 콜버그(L. Kohlberg)의 퇴행현상과 비슷한 결과를 얻었다고 분석했다. 이러한 종단연구의 결과를 토대로 김상윤 교수는 도덕판단의 발달적 변화에 있어서 콜버그가 주장하는 '언제나 상향, 언제나 한 단계씩'이라는 증거를 찾지 못했다는 레스트의 입장을 지지한다고 결론을 내리고 있다.

또한 김상윤 교수는 초등학교 4~6학년 학생들을 대상으로 한국 아동의 도덕발달의 수준Ⅰ과 수준Ⅱ 간의 결정적 이행기를 확인하기 위하여 6개월간 단계별 점수의 변화를 비교하는 등 종단연구를 시행한 결과, 다음과 같은 3가지의 결론을 얻고 있다. 첫째는 단계 2(본능적 욕구충족수단으로서의 도덕성)에 대한 선호경향이 초등학교 5학년에서 현저히 감소되는 현상을 보고 수준Ⅰ에서 수준Ⅱ에로의 결정적 이행은 대략 이 기간 중에 일어난다는 것이고, 둘째는 형식적 교육연한 즉 학력이 전적으로 도덕발달의 지표가 된다고 보기는 어렵고, 그보다는 교육의 질이나 내용이 더 밀접하게 관련된다는 것이다. 그리고 세 번째는 앞의 연구와 마찬가지로 콜버그가 주장하는 '언제나 한 단계씩의 상향이동'을 지지할만한 증거를 확보할 수 없었다는 것이다. 이러한 분석을 토대로 이 연구에서는 연구의 제한점으로서 도덕발달을 측정하는 도구들이 주로 언어를 통한 것임에도 불구하고 충분한 검토가 이루어지지 않아서, 설문내용을 번안하고 번역할 때 문화적 차이에서 오는 내용의 정확한 전달 및 이해의 어려움을 겪을

수밖에 없다고 지적하고 있다. 그러면서도 연구자가 강조하고 있는 것은 DIT를 초등학생들에게도 활용할 수 있도록 보완한 점이나 단계 2 문항에 대한 선호도가 다른 단계에 비해 뚜렷한 발달경향을 보인 점, 그리고 이에 근거하여 수준 I 과 수준 II 간의 결정적 이행기를 확인할 수 있었던 점 등을 통해서 나름대로의 성과를 거두었다고 분석하고 있다.[80]

다음은 도덕 판단력 측정도구 MJT 연구에 대해서 고찰해보기로 한다. MJT는 이 책의 핵심이 되는 설문조사 및 평가 도구로서 박균열 교수의 소개로 우리나라에 알려졌다.[81] 물론 그 이전에 김항인 교수에 의하여 MJT가 소개된 바는 있다.[82] 그러나 여기서는 MJT를 DIT와의 비교분석을 통해 상호간의 공통점과 차이점을 도출해내는데 중점을 두고 있었다. 이에 비해 박균열 교수는 DIT와의 비교분석 내용도 포함했지만, 이에 더하여 MJT에 대한 이론적 배경을 충분하게 다루었고, 또한 도덕적 태도 지수로서의 C-지수의 유용성과 이에 대한 구체적인 계산법을 제시하였으며, Excel 프로그램을 활용한 C-지수의 계산과정과 MJT 평가기준의 타당도 및 실용성 등을 상세하게 소개하고 안내함으로써 누구든지 이 도구를 활용하여 도덕 판단력을 조사 평가할 수 있도록 마련해놓았다는데 의미가 있다. 따라서 이 책도 바로 이렇게 소개된 MJT를 활용하여 한국 청소년의 도덕 판단력을 실증적으로 접근해보려는 것이다.

이와는 달리 이인재 교수는 앞에서 연구한 한국 청소년들의 도덕

---

80) 김상윤, 앞의 책, pp.124-125.

81) 박균열, 앞의 논문, 2006.

82) 김항인, 앞의 논문.

판단력 발달에 대한 실태분석보다는 오히려 도덕교육의 목표가 되고 있는 대상자들의 도덕성 함양방안에 대하여 더 큰 관심을 갖고 연구함으로써, 실증적이면서도 구체적인 결과를 도출해내고 있다.[83] 비록 연구대상이 한국 청소년 중 주로 초등학생들로 국한되어 있고 이론적 배경도 콜버그의 인지발달론적 접근이 아닌 사회인지적 영역이론(the social cognitive domain theory)에 근거를 두긴 했지만, 연구의 중점은 어떻게 하면 초등학생들의 도덕성을 보다 효과적으로 함양할 것인가에 초점을 맞추고 있다. 이인재 교수가 사회인지적 영역이론(the social cognitive domain theory)에 근거를 둔 이유는 이 영역이론이 콜버그의 인지발달이론에 비해 초등학생의 도덕적 발달 특성을 올바르게 이해하고, 이에 대한 교육적 실천을 강구하는데 크게 유익한 것으로 평가받고 있기 때문이다. 그리하여 이들의 도덕성 함양을 위해 그 영역에 적합한 도덕과 교수 및 학습모델을 직접 구안하고 교수 및 학습 자료도 연구자가 직접 구성하여 이를 초등 도덕수업에 실제로 적용하는 실험학습을 시행한 것이다. 여기서 특이한 것은 연구의 효율성을 높이기 위해서 연구자가 초등학교 교사와의 공동연구를 시행하였고, 이를 통해 초등 도덕수업 시간에 활용할 수 있는 도덕적 영역에 적합한 문제 상황 5개를 별도로 개발했다는 사실이다. 즉 사회인지적 영역이론에서 말하는 도덕적 영역인 도움주기(helping), 때리기(hitting), 훔치기(steal), 공정성(fairness) 등에 속하는 것 중 도움주기와 우정에 관하여 일상적으로 학생들이 고민할 수 있는 문제 상황을 구성하여 초등학교 바른생활 및 도덕 수업시간에 적용해본 것이다. 그

---

83) 이인재, 앞의 논문, 2008; 이인재, 앞의 논문, 2007.

결과 연구자가 구안한 학습모델이 학생들로 하여금 도덕적 문제에 대하여 깊은 관심을 보이도록 안내하는 계기가 되었고, 동시에 그들로 하여금 민감하게 반응할 수 있도록 자극도 줄 수 있다는 점을 발견하게 되었으며, 이러한 학습모델이 학생들의 도덕성 함양을 위해 중요한 관건이 된다는 점도 인지하게 되었다고 분석했다.

이외에도 이인재 교수는 층화표집된 초등학생 100명을 대상으로 영역구분 모형에 근거한 도덕 및 사회인습의 발달 특성을 연구하였다.[84] 이 연구는 영역구분 모형에 따라 3가지 영역, 즉 ① 도덕적 특성을 담고 있는 문제 상황, ② 사회인습적 특성을 담고 있는 문제 상황, ③ 도덕 및 사회인습적 특성이 중첩된 문제 상황 등 각 영역별로 세 가지씩 개발하여 이를 컴퓨터 프로그래밍한 후, 층화표집된 초등학생 100명이 자유롭게 반응하도록 하였다. 이러한 연구 결과는 다음과 같다. 도덕적 발달 특성에서는 학년별, 지역별, 남녀별 큰 차이가 없지만, 사회인습적 발달 특성은 차이가 있었고, 대신에 돕기, 공정성 등의 도덕적 특성이 부각된 문제 상황에서는 도덕적 관점을 지지하였으나 사회인습적 특성에 관한 학생들의 반응은 나이가 어릴수록, 그리고 남자일수록 전통적으로 지켜온 룰을 지켜야 한다는 반응을 나타냈고, 이와는 달리 남녀평등, 공정성, 권리 등이 인습과 갈등을 일으킬 때는 도덕적 가치를 우선하는 경우와 그렇지 않은 경우도 있다는 것이다. 이를 통해 이 연구는 학생들에게 인습의 불합리성을 일깨워 올바른 도덕판단을 할 수 있도록 도덕교육을 제안하고 있다.

---

84) 이인재, 앞의 논문, 2007.

**■■■ 제3장**　　실증연구 설계 및 진행

제3장

실증연구 설계 및 진행

## 1. 연구가설

조사도구 MJT의 이론적 기초가 되고 있는 인지적 도덕발달이론에서는, 도덕성이 일련의 질적으로 상이한 단계를 한 단계씩 상향 이동해감으로써 보편적으로 계열성을 이루는 발달경향성을 갖는다고 주장하고 있다. 이 경우 상위의 단계는 하위단계에 비해 여러 상황에서 보편적으로 적용될 수 있는 구조적 전체성을 가지며, 따라서 이전 단계보다 위계적으로 더욱 종합적이고 기능적으로 우세한 특성을 갖게 된다는 것이다. 그러나 여기서 논쟁이 되는 것은 도덕 판단력 발달단계 중 단계 3, 4는 비인지적 요인이 내포되어 있어서 이들이 계열적 이행을 방해하는 것으로 본다는 사실이다.[85] 즉 수준 I의 단계 2와 수준III의 단계 P는 인지적 요인을 포함하고 있지만 수준II의 단계 3, 4는 비인지적 요인을 포함하고 있다는 것이다.

---

85) 김상윤, 앞의 책, p.154.

이에 이 책도 이러한 인지적 도덕발달이론과 이와 관련된 논쟁에 유의하면서 다음과 같은 3개의 대연구가설과 그에 따른 소연구가설을 설정하였다.

가설 1. 도덕 판단력 측정도구인 KDIT에 의한 P-지수를 기준으로 본 조사대상자들의 도덕 판단력은 차이가 있을 것이다.

가설 1-1. 성별 도덕 판단력은 차이가 있을 것이다.

가설 1-2. 학령별 도덕 판단력은 차이가 있을 것이다.

가설 1-3. 부모 학력별 도덕 판단력은 차이가 있을 것이다.

가설 1-4. 부모 직업별 도덕 판단력은 차이가 있을 것이다.

가설 1-5. 도덕과목 수강여부에 따라 차이가 있을 것이다.

가설 1-6. 본인 종교 유무별 도덕 판단력은 차이가 있을 것이다.

가설 1-7. 부모 종교 유무별 도덕 판단력은 차이가 있을 것이다.

가설 1-8. 부모생존여부별 도덕 판단력은 차이가 있을 것이다.

가설 1-9. 친한 친구 수별 도덕 판단력은 차이가 있을 것이다.

가설 1-10. 부모와의 주거상태별 도덕 판단력은 차이가 있을 것이다.

가설 2. 도덕 판단력 측정도구인 MJT에 의한 C-지수를 기준으로 본 조사대상자들의 도덕 판단력은 차이가 있을 것이다.

가설 2-1. 성별 도덕 판단력은 차이가 있을 것이다.

가설 2-2. 학령별 도덕 판단력은 차이가 있을 것이다.

가설 2-3. 부모 학력별 도덕 판단력은 차이가 있을 것이다.

가설 2-4. 부모 직업별 도덕 판단력은 차이가 있을 것이다.

가설 2-5. 도덕과목 수강여부에 따라 차이가 있을 것이다.

가설 2-6. 본인 종교 유무별 도덕 판단력은 차이가 있을 것이다.

가설 2-7. 부모 종교 유무별 도덕 판단력은 차이가 있을 것이다.

가설 2-8. 부모생존여부별 도덕 판단력은 차이가 있을 것이다.

가설 2-9. 친한 친구 수별 도덕 판단력은 차이가 있을 것이다.

가설 2-10. 부모와의 주거상태별 도덕 판단력은 차이가 있을 것이다.

가설 3. 도덕 판단력 도구인 KDIT와 MJT에 의해 만들어진 P-지수
와 C-지수 간에 정적인(+) 상관관계가 있을 것이다.

## 2. 연구대상

이 연구는 경남지역 초·중·고등학생 각각 150명씩, 그리고 대학생 100명 등 총 550명을 대상으로 하였다. 대상자 선정 시 지역의 대표성을 고려하여 경남지역 거점 국립대학교인 진주교육대학교와 경상대학교의 부설 초등 및 중·고등학교 학생을 선정하였다. 그리고 대상별 등간성을 고려하여 초등학교 4, 5학년 학생, 중등학교 1, 2학년 학생, 고등학교 1, 2학년 학생, 대학생 등으로 구분하였다. 다만 초등학교의 경우 최초 4, 5학년을 대상자로 선정하여 시행하려 하였으나, 설문문항의 내용에 대한 이해가 부족하여 정확한 응답을 기대하기 어려워, 설문 도움역을 한 담당교사의 의견을 참고하여 6학년으로 조정하였다. 조사대상자들의 등간성 유지 측면에서 이 책은 약간의 제한점을 갖고 있다.

이와 같은 연구계획상의 연구대상을 토대로 예비조사와 본 조사를

순차적으로 실시했다. 예비조사의 경우 2010년 4월 5일부터 9일까지 1주일 동안 실시했으며, 최초 122명을 선정하여 설문조사를 하였으나, 부실하게 응답한 대상자 16명을 제외한 106명의 자료를 통해 이 연구의 타당도를 측정하였다. 그리고 본 조사는 2010년 5월 10일부터 14일까지 1주일 동안 실시했으며, 최초 계획대상자가 550명이었으나, 실제 학교별 설문조사 과정에서 누락된 인원을 고려하면 전체 415명이었고, 그중에서도 부실한 응답을 한 57명을 제외하여 최종 358명을 대상으로 연구결과분석을 실시하였다. 학교별 연구대상은 초등학생 95명, 중학생 88명, 고등학생 119명, 대학생 56명으로 각각 구성되었다. 예비조사 106명에 대한 인구통계학적 특성별 분포는 다음 <표 10>에서부터 <표 12>와 같다.

〈표 10〉 예비조사자의 성별, 학교급, 친구 수, 부모생존여부, 주거상태의 분포

| 특성 | 구분 | N | % |
|---|---|---|---|
| 성별 | 남자 | 52 | 49.1 |
| | 여자 | 54 | 50.9 |
| 학교급 | 초등학교 | 24 | 22.6 |
| | 중학교 | 25 | 23.6 |
| | 고등학교 | 29 | 27.4 |
| | 대학교 | 28 | 26.4 |
| 친구 수 | 거의 없다 | 3 | 2.8 |
| | 1~5명 | 23 | 21.7 |
| | 6~10명 | 28 | 26.4 |
| | 10~20명 | 24 | 22.6 |
| | 20명 이상 | 28 | 26.4 |
| 부모생존여부 | 양친 모두 생존 | 97 | 91.5 |
| | 부만 생존 | 4 | 3.8 |
| | 모만 생존 | 4 | 3.8 |
| | 양친 모두 부재 | 1 | 0.9 |

| | | | |
|---|---|---|---|
| 주거상태 | 부모와 함께 거주 | 82 | 77.4 |
| | 아버지와 거주 | 5 | 4.7 |
| | 어머니와 거주 | 10 | 9.4 |
| | 친척과 거주 | 7 | 6.6 |
| | 기타 | 2 | 1.9 |
| 전체 | | 106 | 100.0 |

　<표 10>에서 보는 바와 같이 예비조사에서는 총 106명 중 초·중·고·대학생의 학교별 분포를 유사하게 설정하였고, 각각 성별의 분포도 거의 동일하게 구성(남 52:여 54)하여 조사하였다. 인구변인별 특성 중 연구대상자의 친구 수를 보면 6명 이상과 사귀는 학생이 다수(75.5%)를 차지하고 있으며, 거의 없다는 2.8%에 불과하다. 그리고 부모의 생존여부를 보면 대부분(91.5%)이 양친 모두 생존해 있고, 편부모 학생은 7.6%, 양친 모두 결손인 학생은 1명밖에 없었다. 양친과의 주거상태도 부모와 함께 거주가 77.4%로써 매우 양호하게 나타나고 있다. 따라서 연구대상자의 교우관계를 비롯하여 부모생존, 양친과의 주거상태 등 일반적이고 객관적인 측면에서 보면 대체로 건전하다고 진단할 수 있다.

　예비조사대상자의 부모의 학력 및 직업 관련사항 분포를 보면, 부모의 학력은 고졸 및 대졸이 대부분(부: 80.2%, 모: 87.7%)을 차지하고 있고, 부모의 직업분포를 보면, 아버지의 경우 모든 직종에 골고루 분포되어 있으나, 어머니의 경우 서비스업과 전업주부에 많이(52.9%) 분포되어 있는 것을 알 수 있다(<표 11>).

<표 11> 예비조사자 부모의 학력, 직업 관련사항의 분포

| 특성 | 구분 | 아버지 | | 어머니 | |
|---|---|---|---|---|---|
| | | N | % | N | % |
| 학력 | 중졸 이하 | 7 | 6.6 | 6 | 5.7 |
| | 고졸 | 21 | 48.1 | 65 | 61.3 |
| | 전문대졸 | 5 | 4.7 | 3 | 2.8 |
| | 대졸 | 34 | 32.1 | 28 | 26.4 |
| | 대학원 | 9 | 8.5 | 4 | 3.8 |
| 직업 | 전문직 | 17 | 16.0 | 7 | 6.6 |
| | 기술직 | 18 | 17.0 | 4 | 3.8 |
| | 사무직 | 19 | 17.9 | 7 | 6.6 |
| | 서비스직 | 17 | 16.0 | 27 | 25.5 |
| | 판매직 | 10 | 9.4 | 9 | 8.5 |
| | 단순노무직 | 1 | 0.9 | 1 | 0.9 |
| | 기능조립직 | 8 | 7.5 | 2 | 1.9 |
| | 농어임업 종사자 | 4 | 3.8 | 3 | 2.8 |
| | 무직 | 4 | 3.8 | 9 | 8.5 |
| | 전업주부 | - | - | 29 | 27.4 |
| | 공무원/교사 | 8 | 7.5 | 8 | 7.5 |

다음 <표 12>의 예비조사자의 종교 관련 사항 분포를 보면, 부모
의 종교는 불교가 많으며(부: 52.8%, 모: 56.6%), 이는 학생 본인
(29.2%)보다 훨씬 많은 분포를 보이고 있다. 그리고 본인의 종교가 없
는 학생이(46.2%) 의외로 많다.

<표 12> 예비조사자의 종교관련사항 분포

| 구분 | 아버지 | | 어머니 | | 본인 | |
|---|---|---|---|---|---|---|
| | N | % | N | % | N | % |
| 기독교 | 11 | 10.4 | 19 | 17.9 | 23 | 21.7 |
| 천주교 | 2 | 1.9 | 2 | 1.9 | 3 | 2.8 |
| 불교 | 56 | 52.8 | 60 | 56.6 | 31 | 29.2 |
| 없음 | 37 | 34.9 | 25 | 23.6 | 49 | 46.2 |

본 조사에서의 학생 본인관련 변인으로 학교급별, 성별, 종교, 친구 수에 따른 분포는 <표 13>과 같다. 설문조사에서의 실제 연구대상자는 초등학생 95명, 중학생 88명, 고등학생 119명, 대학생 56명 등 총 358명이었다. 여기서 특히 초등학생은 6학년을 대상으로 조사를 하였으며, 중학생은 3학년, 고등학생은 1학년(29명), 2학년(30명), 3학년(60명) 모두 실시하였고, 대학생은 특정 교양과목 이수자로 1학년(4명), 2학년(18명), 3학년(11명), 4학년(23명)으로 각각 구성되었다. 연구대상자 본인의 종교를 살펴보면, 기독교는 17.9%, 천주교는 5.9%, 불교는 26.8%, 기타종교는 0.8%, 종교를 가지고 있지 않는 경우는 48.6%로 조사되었으며, 이를 보면 종교를 가지지 않은 학생이 의외로 많음을 알 수 있다. 이하 분석에서는 특정종교 구분 없이 종교유무로 분석하고자 한다. 친한 친구 수는, 거의 없다의 경우는 2.0%이며 1~5명은 14.8%, 6~10명은 31.6%, 10~20명은 17.3%, 20명 이상인 경우는 34.4%으로 구성되어 20명이상의 친구를 가지거나 6~10명 정도 친구를 보유하고 있는 대상이 가장 많았다. 그러나 학교급에 따라서는 초등학생들이 친구 수가 가장 많으며 학년이 높아질수록 친구 수가 줄어드는 경향이었고, 대학생의 경우는 10명이하의 친구를 가진 경우가 50% 수준에 가까웠다(<표 13>).

| | | | 초등학교 | 중학교 | 고등학교 | 대학교 | 전체 |
|---|---|---|---|---|---|---|---|
| 성별 | 남자 | | 48(50.5) | 40(45.5) | 50(42.0) | 44(78.6) | 182(50.8) |
| | 여자 | | 47(49.5) | 48(54.5) | 69(58.0) | 12(21.4) | 176(49.2) |
| 종교 | 유 | 기독교 | 15(15.8) | 14(15.9) | 23(19.3) | 12(21.4) | 64(17.9) |
| | | 천주교 | 9(9.5) | 2(2.3) | 8(6.7) | 2(3.6) | 21(5.9) |
| | | 불교 | 47(49.5) | 15(17.0) | 23(19.3) | 11(19.6) | 96(26.8) |
| | | 기타종교 | 1(1.1) | 1(1.1) | 0(0.0) | 1(1.8) | 3(0.8) |
| | 무 | 없음 | 23(24.2) | 56(63.6) | 65(54.6) | 30(53.6) | 174(48.6) |
| 친구 수 | 거의 없다 | | 1(1.1) | 1(1.1) | 3(2.5) | 2(3.6) | 7(2.0) |
| | 1-5명 | | 4(4.2) | 12(13.6) | 19(16.0) | 18(32.1) | 53(14.8) |
| | 6-10명 | | 14(14.7) | 23(26.1) | 54(45.4) | 22(39.3) | 113(31.6) |
| | 10-20명 | | 16(16.8) | 15(17.0) | 23(19.3) | 8(14.3) | 62(17.3) |
| | 20명 이상 | | 60(63.2) | 37(42.0) | 20(16.8) | 6(10.7) | 123(34.4) |

다음으로 부모관련변인 중 부모의 학력, 직업, 종교에 대해 살펴보면 다음과 같다. 아버지의 학력에 대해서는 중졸 이하는 26명(7.3%), 고졸은 124명(34.6%), 전문대졸은 21명(5.9%), 대졸은 151명(42.2%), 대학원은 36명(10.1%)으로 고졸 및 대졸이 대부분(76.8%)을 차지하고 있다. 어머니 학력은 중졸 이하는 20명(5.6%), 고졸은 157명(43.9%), 전문대졸은 17명(4.7%), 대졸은 138명(38.5%), 대학원은 26명(7.3%)으로 역시 고졸 및 대졸(82.4%)이 주류를 이루고 있었다, 이하 분석에서는 고졸 이하(중졸 이하+고졸), 대졸(전문대졸+대졸), 대학원으로 분류하여 분석하고자 한다. 학교급에 따른 부모의 학력의 분포를 살펴보면, 초등학교 학생들의 부모학력이 가장 높은 것으로 나타났다(대학 및 대학원졸 74.7%). 이는 초등학생의 경우 그 부모의 연령대가 대부분 30대 중반~40대 초반으로써 우리나라의 높은 교육열 분위기와 아울러 경제적 뒷받침까지 가능한 시기였음을 보여주고 있다.

부모 직업의 경우, 아버지 직업 중 전문직은 42명(11.7%), 기술직은 68명(19.0%), 사무직은 64명(17.9%), 서비스직은 50명(14.0%), 판매직은 23명(6.4%), 단순노무직은 7명(2.0%), 기능직은 9명(2.5%), 농어임업직은 29명(8.1%), 무직은 5명(1.4%), 공무원/교사는 61명(17.0%)이며, 어머니 직업 중 전문직은 14명(3.9%), 기술직은 5명(1.4%), 사무직은 39명(10.9%), 서비스직은 64명(17.9%), 판매직은 37명(10.3%), 단순노무직은 3명(0.8%), 기능직은 5명(1.4%), 농어임업직은 18명(5.0%), 무직은 15명(4.2%), 전업주부는 104명(29.1%), 공무원/교사는 54명(15.1%)으로 분포되어 이하 분석에서는 전문직과 기술직, 판매직과 서비스직, 단순노무직과 기능조립직은 합산하여 처리하여 분석하고자 한다.

부모 종교의 경우, 아버지의 종교 중 기독교는 37명(10.3%), 천주교는 18명(5.0%), 불교는 160명(44.7%), 기타종교는 6명(1.7%), 종교가 없는 경우는 137명(38.3%)으로 구성되었으며, 어머니의 종교 중 기독교는 56명(15.6%), 천주교는 22명(6.1%), 불교는 178명(49.7%), 기타종교는 6명(1.7%), 종교가 없는 경우는 96명(26.8%)으로 구성되었다. 이하 분석에서는 종교유무에 따라 분석 적용하고자 한다(<표 14>).

〈표 14〉 학교급별 부모관련변인 분포

| | | | 초등학교 | 중학교 | 고등학교 | 대학교 | 전체 |
|---|---|---|---|---|---|---|---|
| 학력 | 아버지 | 고졸 이하 | 24(25.3) | 40(45.5) | 52(43.7) | 34(60.7) | 150(41.9) |
| | | 대졸 | 56(58.9) | 43(48.9) | 56(47.1) | 17(30.4) | 172(48.0) |
| | | 대학원 | 15(15.8) | 5(5.7) | 11(9.2) | 5(8.9) | 36(10.1) |
| | 어머니 | 고졸 이하 | 29(30.5) | 43(48.9) | 64(53.8) | 41(73.2) | 177(49.4) |
| | | 대졸 | 57(60.0) | 39(44.3) | 48(40.3) | 11(19.6) | 155(43.2) |
| | | 대학원 | 9(9.5) | 6(6.8) | 7(5.9) | 4(7.1) | 26(7.3) |

| | | | | | | | |
|---|---|---|---|---|---|---|---|
| 직업 | 아버지 | 전문·기술직 | 26(27.4) | 34(38.6) | 31(26.1) | 19(33.9) | 110(30.7) |
| | | 사무직 | 25(26.3) | 20(22.7) | 15(12.6) | 4(7.1) | 64(17.9) |
| | | 판매·서비스직 | 19(20.0) | 14(15.9) | 27(22.7) | 13(23.2) | 73(20.4) |
| | | 단순·기능직 | 3(3.2) | 4(4.5) | 6(5.0) | 3(5.4) | 16(4.5) |
| | | 농어임업직 | 4(4.2) | · 5(5.7) | 13(10.9) | 7(12.5) | 29(8.1) |
| | | 무직 | 0(0.0) | 1(1.1) | 2(1.7) | 2(3.6) | 5(1.4) |
| | | 공무원/교사 | 18(18.9) | 10(11.4) | 25(21.0) | 8(14.3) | 61(17.0) |
| | 어머니 | 전문·기술직 | 3(3.2) | 4(4.5) | 7(5.9) | 5(8.9) | 19(5.3) |
| | | 사무직 | 15(15.8) | 10(11.4) | 13(10.9) | 1(1.8) | 39(10.9) |
| | | 판매·서비스직 | 30(31.6) | 18(20.5) | 37(31.1) | 16(28.6) | 101(28.2) |
| | | 단순·기능직 | 1(1.1) | 2(2.3) | 1(0.87) | 4(7.1) | 8(2.2) |
| | | 농어임업직 | 1(1.1) | 6(6.8) | 8(6.7) | 3(5.4) | 18(5.0) |
| | | 무직 | 7(7.4) | 4(4.5) | 2(1.7) | 2(3.6) | 15(4.2) |
| | | 전업주부 | 17(17.9) | 27(30.7) | 39(32.8) | 21(37.5) | 104(29.1) |
| | | 공무원/교사 | 21(22.1) | 17(19.3) | 12(10.1) | 4(7.1) | 54(15.1) |
| 종교 | 아버지 | 무 | 21(22.1) | 39(44.3) | 57(47.9) | 20(35.7) | 137(38.3) |
| | | 유 | 74(77.9) | 49(55.7) | 62(52.5) | 36(64.3) | 221(61.9) |
| | 어머니 | 무 | 18(18.9) | 27(30.7) | 41(34.5) | 10(17.9) | 96(26.8) |
| | | 유 | 77(81.9) | 61(69.3) | 78(65.5) | 46(82.1) | 262(73.4) |

부모의 생존여부와 부모와의 주거상태에 대해서 살펴보면, 양친 모두 생존한 경우가 93.6%로 대부분을 차지하고 있었으며 전체 대상자의 6.4%는 부/모 중 한 분만 생존한 경우로 나타났다. 또한 부모와의 주거상태를 살펴보면, 부모와 함께 거주하는 경우는 85.8%로 대부분을 차지하고 있었으며 부와 거주하는 경우는 3.1%, 모와 거주하는 경우는 8.1%, 친척과 거주하는 경우는 3.1%이었다(<표 15>).

<표 15> 학교급에 따른 부모생존여부와 부모와의 주거상태의 분포

| | | 초등학교 | 중학교 | 고등학교 | 대학교 | 전체 |
|---|---|---|---|---|---|---|
| 부모생존 여부 | 양친 모두 | 86(90.5) | 84(95.5) | 114(95.8) | 51(91.1) | 335(93.6) |
| | 부/모만 생존 | 9(9.5) | 4(4.5) | 5(4.2) | 5(8.9) | 23(6.4) |
| 부모와의 주거상태 | 부모와 함께 거주 | 79(83.2) | 82(93.2) | 99(83.2) | 47(83.9) | 307(85.8) |
| | 부와 거주 | 3(3.2) | 2(2.3) | 5(4.2) | 1(1.8) | 11(3.1) |
| | 모와 거주 | 10(10.5) | 3(3.4) | 10(8.4) | 6(10.7) | 29(8.1) |
| | 친척과 거주 | 3(3.2) | 12(1.1) | 5(4.2) | 2(3.6) | 11(3.1) |

학교에서 윤리 및 도덕관련 과목 학습경험을 알아본 결과 <표 15>에서 제시한 바와 같이 5.0%는 전혀 학습한 경험이 없다는 의견이었으며 대부분의 학생들은 학습경험이 있는 것으로 나타났다. 특히 초등학생과 중학생 들 중에서 윤리나 도덕관련 과목을 학습한 경험이 없는 대상이 각각 8.4%, 11.4% 수준이었다. 윤리나 도덕관련 과목을 받은 경험 대상자의 과목 흥미도를 살펴보면, 전혀 흥미가 없다는 4.4%, 흥미 없다는 경우는 13.5%, 보통은 52.9%, 흥미 있다는 경우는 24.1%, 매우 흥미 있다는 경우는 5.0%이었다. 이는 학교급에 따라서는 초등학생들의 흥미도가 가장 낮았으며 학력이 높아질수록 흥미도가 높아지는 것으로 나타났다(<표 16>).

<표 16> 학교급에 따른 국민윤리과목 학습경험 및 경험자의 과목 흥미도

| | | 초등학교 | 중학교 | 고등학교 | 대학교 | 전체 |
|---|---|---|---|---|---|---|
| 학습 경험 | 없다 | 8(8.4) | 10(11.4) | 0(0.0) | 0(0.0) | 18(5.0) |
| | 있다 | 87(91.6) | 78(88.6) | 119(100.0) | 56(100.0) | 340(95.0) |
| 과목 흥미도 | 전혀 흥미 없다 | 6(6.9) | 3(3.8) | 6(5.0) | 0(0.0) | 15(4.4) |
| | 흥미 없다 | 7(8.0) | 10(12.8) | 21(17.6) | 8(14.3) | 46(13.5) |
| | 보통 | 37(42.5) | 51(65.4) | 66(55.5) | 26(46.4) | 180(52.9) |
| | 흥미 | 28(32.2) | 12(15.4) | 26(21.8) | 16(28.6) | 82(24.1) |
| | 매우 흥미 | 9(10.3) | 2(2.6) | 0(0.0) | 6(10.7) | 17(5.0) |

# 3. 조사도구

조사 및 평가도구로써 이 책은 앞의 이론적 배경에서 논의되었던 MJT(Moral Judgement Test)를 사용하였다. 이 MJT는 독일의 린트가 개발한 것으로써, 콜버그의 인지적 도덕발달이론에 그 토대를 두고 있다. 다만 린트는 콜버그 식 측정방식인 MJI가 채점자의 능력과 주관에 따라 평정이 달라질 수 있다는 문제점을 고려하여 새롭게 개발한 도구를 사용하고 있다. 즉 콜버그의 방식이 측정의 신뢰도와 타당도를 확보하는데 어려움이 있다는 난점 때문에 객관식 조사도구인 MJT를 개발한 것이다. 이런 면에서 MJT는 콜버그의 단계이론에 기초하면서도 평가방법을 합리적으로 개선시킨 객관식 선다형 측정으로 그 유용성이 높다. 이 MJT는 앞에서도 언급했듯이 현재 세계 70여 개국의 연구자들이 활용하고 있고, 웹사이트에 하루 2,000명 이상이 접속하고 있는 것으로 알려져 있다. 그러나 이 MJT는 주로 유럽 및 남미권에서 많이 활용되고 있는 반면에 한국에서는 현재까지 활용된 사례가 없는 상태이다([부록 1~2]). 따라서 이 도구의 신뢰도와 타당도의 확보를 위해서 동일집단을 대상으로 DIT(Defining Issues Test)와 병행하여 예비조사를 실시하였다. 미국에서 개발된 DIT가 여러 언어로 번역되고 사용되면서 발견된 중요한 사실 중 하나는 DIT 점수에서 나타나는 연령별, 교육수준별 발달경향이 언어와 문화의 차이에도 불구하고 거의 유사한 경향성을 나타낸다는 점이다. 이러한 경향성은 인습이후수준의 사고가 보편적으로 존재하고 있는 것은 물론 도덕판단의 발달도 동시에 일어나고 있다는 콜버그의 주장을 경험적으로 뒷받침하는 강력한 증거가 되고 있다. 이러한 인지발달이론과 이를 토대로 한 조사도구 DIT의 신뢰성 및 타당성은 한국에서도 문용린 등에 의해 이미 검증된 상태이다.

1986년에 문용린은 레스트에 의해 개발된 DIT를 한국에서 처음으로 번안하여 사용하였다.[86] 이것이 <생활문제 설문지>라는 이름으로 알려진 한국판 DIT이다([부록 3]). 그 후 서울대 도덕심리연구실에서 이 한국판 DIT를 수정·보완하여 2004년에 초등학생에게도 실시가 가능한 KDIT를 개발하였다.[87] KDIT는 기존 검사의 딜레마 내용 및 문항이 갖고 있는 언어적 난이도를 대폭 낮추어 초등학교 3학년까지도 적용할 수 있도록 하였다. 따라서 KDIT는 중학교 3학년 또는 14세 이상에서만 사용 가능했던 기존 DIT의 한계를 보완하기 위해 개발된 검사라고 할 수 있다.

조사도구의 신뢰도 확보를 위해 예비조사를 실시했는데, 우선 KDIT 검사지의 경우 Cronbach's Alpha=.827이며 이 중 응답의 신뢰도가 낮을 것으로 추정되는 초등학생을 세외한 경우 오히려 Cronbach's Alpha=.815로 낮아졌다. 하지만 여전히 신뢰도 정도는 높다. 또한 MJT 검사지의 경우 Cronbach's Alpha=.801이었으며 이 중 초등학생을 제외한 신뢰도에서는 Cronbach's Alpha=.796로 소폭 낮아졌다(<표 17>).

---

86) James R. Rest 편저, 문용린 외 공역, 앞의 책, pp.232-233.
87) 이 책은 초등학생부터 대학생을 동시에 조사하는 것이기 때문에 동일 설문지를 사용했다. 초등학생 저학년부터 중학생까지 조사 가능한 도구는 다음: 이병희, 「한국판 초등용 DIT 개발 연구」, 서울대학교 대학원 석사학위논문, 2004.

<표 17> 예비조사도구의 신뢰도

| | Cronbach's Alpha | |
|---|---|---|
| | 전체 대상 신뢰도 | 초등학생 제외한 신뢰도 |
| KDIT | .801 | .796 |
| MJT | .827 | .815 |

따라서 사전검사에 의해 조사된 대상을 중심으로 MJT와 KDIT의 도덕 판단력 점수를 학교급(초등학교, 중학교, 고등학교, 대학교)에 따라서 점수 차이를 살펴본 결과 <표 18>에서 제시된 바와 같이 MJT는 평균 17.40%이었으며 KDIT는 평균 32.86 수준이었다. 그러나 두 검사지가 동일한 측정이 아니기 때문에 비록 KDIT의 평균 점수가 높았으나 MJT의 2배 정도의 수준이라고 말할 수는 없다.

MJT의 경우는 학교급에 따라서는 초등학교는 평균 12.72, 중학교는 평균 18.37, 고등학교는 평균 18.57, 대학교는 평균 19.33으로 나타났다. 여기서 초등학생들의 수준이 가장 낮았으며 중·고·대학생들은 비교적 비슷한 수준이었다. 그러나 유의수준 5%에서는 통계적으로 유의한 인식의 차이는 없는 것으로 나타났다.

반면에 KDIT는 학교급에 따라서는 초등학교는 평균 32.92, 중학교는 평균 28.13, 고등학교는 평균 30.00, 대학교는 평균 40.00으로 나타났다. MJT와는 달리 KDIT에서는 중학생의 도덕 판단력 수준이 가장 낮았으며 고등학생보다도 초등학생들의 도덕 판단력 수준이 높은 것으로 나타났다. 또한 대학생들의 도덕 판단력 수준이 월등히 높은 것으로 나타났다.

| | | N | Mean | Std. Deviation |
|---|---|---|---|---|
| C-지수<br>(%) | 초등학교 | 24 | 12.72 | 9.26 |
| | 중학교 | 25 | 18.37 | 11.87 |
| | 고등학교 | 29 | 18.57 | 13.71 |
| | 대학교 | 28 | 19.33 | 13.26 |
| | 전체 | 106 | 17.40 | 12.37 |
| P-지수<br>(%) | 초등학교 | 24 | 32.92 | 15.91 |
| | 중학교 | 25 | 28.13 | 15.93 |
| | 고등학교 | 29 | 30.00 | 15.31 |
| | 대학교 | 28 | 40.00 | 13.40 |
| | 전체 | 106 | 32.86 | 15.60 |

이 책의 본 조사에서 KDIT검사와 MJT검사 결과의 신뢰도는 KDIT 자체 검사에서 응답신뢰도를 나타내는 계수인 NoDIF, MISRT, MISRK, RtXRk 등을 통해 표현되고 있다. 먼저 응답성실성(NoDIF: non-diffe-rentiation of rates or ranks) 정도이다. NoDIF는 각 사례에 포함된 12개의 평정문항에 모두 같은 값을 평정했는지(예, 3, 3, 3, 3, 3...), 또는 4개의 순위평정 문항에 같은 문항이 기입되지 않았는지의 여부를 보여준 결과로 12개의 문항에 적어도 서로 다른 두 가지 점수를 사용하여 평정하고 순위평정에 포함된 4개의 문항이 모두 서로 다르면 'PASS', 이를 만족시키지 못하면 'FAIL'로 표시된다. 본 연구에서는 FAIL로 판단된 대상자는 모두 제외하고 분석하였다.

둘째, 중요도평정-무응답지수(MISRT: missing rate)이다. MISRT는 36(12문항*3사례)개의 평정문항 중 응답하지 않은 문항 개수의 합을 의미하며 이 값이 9 이상이면 해당하는 사람의 응답이 신뢰할 수 없는 것으로 해석한다. 즉, 각 사례별로 12문항 중 적어도 9문항 이상에

rating을 해야 신뢰할 수 있다. 따라서 본 연구대상자는 9 이상의 값을 가진 대상은 제외되었다.

셋째, 순위평정-무응답지수(MISRK: missing ranks)이다. MISRK는 12(4문항*3사례)개의 순위평정 문항 중 응답하지 않은 문항 개수의 합을 의미하며, 이 값이 6 이상이면 해당하는 사람의 응답이 신뢰할 수 없는 것으로 해석한다. 즉, 각 사례별로 적어도 3개 이상의 문항에 순위를 매겨야 신뢰할 수 있다. 따라서 본 연구에서는 6 이상인 대상은 제외되었다.

넷째, 평정-순위 일치도(RtXRk: rate and rank consistency)이다.[88] RtXRk는 1, 2, 3으로 구성되었으며 각 사례별로 12개의 문항에 평정한 값과 4개의 순위평정이 일치하는 정도를 계산한 값이다. 계산방법은 rating에 의해 정해지는 순위와 응답자가 ranking을 통해 부여한 순위 사이에 존재하는 차의 절댓값의 합으로 계산되었으며 이 값은 이야기별로 제시된다(RtXRk1, 2, 3). 세 값의 합이 50을 초과하면 해당하는 사람의 응답이 신뢰할 수 없는 것으로 해석한다.

따라서 종합해보면 KDIT 계산 결과에서 얻을 수 있는 응답신뢰도 지수는 다음과 같은 제약을 만족하는 대상만이 신뢰성을 충분히 갖춘 것으로 볼 수 있다. 따라서 이 조건을 적어도 하나라도 만족하지 못하면 대상 통계적 분석에서 제외된다(<표 19>).

〈표 19〉 KDIT에 의한 응답신뢰도 지수

| 지수 | NODIF | MISRT | MISRK | RtXRk1+2+3 |
|---|---|---|---|---|
| 기준 | FAIL | 9 이상 | 6 이상 | 50 초과 |

---

88) $RtXRk = \sum_{i=1}^{4} |i - I_i|$. $I_i$: Ranking에서 $i$번째로 중요하다고 생각한 문항이 Rating에 따라 차지한 순위임.

다음으로 Cronbach's Alpha 내적 일치도를 통한 측정도구의 신뢰도를 검증하였다. 신뢰도는 동일한 측정수단을 둘 이상의 연구자가 사용하든가 동일한 연구자가 같은 측정수단을 두 번 이상 사용했을 경우 동일하고 일관된 결과를 얻는 정도를 지칭하는 개념이다. 따라서 측정이 신뢰성을 갖는다는 말은 측정이 안정성과 예측성을 갖는다는 것을 의미한다. 또한 신뢰도는 비교 가능한 독립된 측정방법에 의해 특정 대상을 측정하는 경우, 결과가 비슷하게 나타나야 하는 것으로 Nunnally과 Bernstein[89])의 주장에 따르면 이 계수가 0.6 이상이 되면 구성개념별 측정항목 간 내적 일관성이 양호한 것으로 해석된다. Cronbach's α계수는 0과 1 사이의 값을 가지며 사회과학자료의 경우에는 0.7 이상이면 신뢰성이 높은 것으로 볼 수 있다.

본 연구의 조사에 대한 검사지의 신뢰도를 살펴본 결과 KDIT는 Cronbach's Alpha=.813이며, MJT는 Cronbach's Alpha=.744로 조사되어 비교적 높은 신뢰도를 나타나는 것으로 조사되었다(<표 20>).

〈표 20〉 본 조사 검사지의 신뢰도 계수

| | Cronbach's Alpha | |
|---|---|---|
| | 전체 신뢰도 | 초등학생을 제외한 신뢰도 |
| KDIT | .813 | .736* |
| MJT | .744 | .671 |

주) '*' 표시의 KDIT의 신뢰도는 선행연구에서 세 가지 일화에 의한 신뢰도가 .76인데 비하면 상대적으로 높게 나타났음.

또한 비교적 응답의 신뢰성이 떨어질 개연성이 있는 초등학생을 제외한 경우 KDIT의 신뢰도는 Cronbach's Alpha=.736이었으며, MJT

---

89) J. C. Nunnally and I. H. Bernstein (1994). *Psychometric Theory*, New York: McGraw-Hill.

는 Cronbach's Alpha=.671로 조사되어 본 연구에 이용된 본 검사지의
신뢰도는 비교적 높음을 알 수 있다(<표 21>).

〈표 21〉 P-지수의 신뢰도와 내적 합치도

| 연구와 국가 | 검사-재검사 신뢰도 | | 내적 합치도 | |
|---|---|---|---|---|
| | 6개의 일화 | 3개의 일화 | 6개의 일화 | 3개의 일화 |
| Rest(1979b), 미국 | .82 | .77 | .77 | .76 |
| Dickinsom(1979), 호주 | .98 | | .66 | |
| Bzuneck(1978), 브라질 | | .39 | | |
| Park&Johnson(1983), 한국 | | .69 | | |
| Hau(1983), 홍콩 | .32/.37(D점수) | | .50 | |

출처: Rest 편저, 문용린 외 공역, 앞의 책, p.139.


# 4. KDIT와 MJT의 채점과정

## 가. KDIT 채점과정 및 자료변환방법

KDIT 검사결과를 채점하기 위해서는 현재 서울대학교 사범대학
교육학과에서 운영하는 도덕심리발달연구실에 의뢰하여 PC용 채점
프로그램인 FORTRAN을 이용하여 채점하였다. 그러나 이를 위해서
는 각 연구자들이 그 프로그래밍 프로그램에서 설정된 대로 입력해
서 보내야 한다.

다음은 코딩 포맷에 따른 자료입력의 예이며 구체적으로 자료를
입력하는 방법이다.

| 11011 | 3413515511355502050809 | 3155135153555512070401 | 01 |
| 11011 | 3551555534125031004405 | | 02 |
| 11015 | 1325224234421120511102 | 3135145235445010040708 | 01 |
| 11015 | 2341253232143100304112 | | 02 |
| 11016 | 1231553355231120301100 | 3222233415322080020104 | 01 |
| 11016 | 1321222332323030504002 | | 02 |
| 11022 | 2433424432223111009005 | 3121123234345010040306 | 01 |
| 11022 | 1231222432444050090306 | | 02 |
| 11103 | 1521524255553030212006 | 2355333135254071008004 | 01 |
| 11103 | 3332343454545030102004 | | 02 |
| 11104 | 3121342155215011107003 | 3125523111141081000105 | 01 |
| 11104 | 1112131441213010611102 | | 02 |

그리고 다음은 KDIT의 컴퓨터 자료코딩 포맷에 대한 설명이다. 코딩 양식의 둘째 줄에 해당되는 내용이다(<표 22>).

〈표 22〉 KDIT 컴퓨터 자료 코딩 포맷 내용

| 1-5 | 응시자 일련번호 | | |
|---|---|---|---|
| 6 | 검사자 마음대로 사용(혹은 빈칸) | | |
| 7 | 검사(예; 사전검사=1, 사후검사=2) | | |
| 8-12 | 검사자 마음대로 사용(혹은 빈칸) | | |
| 13 | 「환자의 애원」: 행동 선택 | 들어준다=1, 모르겠다=2, 들어주면 안 된다=3 | |
| 14-25 | 「의사와 환자」: 문항 평정 | 매우 중요하다=1, 대체로 중요하다=2, 약간 중요하다=3, 별로 중요하지 않다=4, 전혀 중요하지 않다=5 | |
| 26-27 | 「의사와 환자」: 순위 매김 | 가장 중요한 질문=(질문 번호) | 예; 12 |
| 28-29 | | 둘째로 중요한 질문 | 03 |
| 30-31 | | 셋째로 중요한 질문 | 10 |
| 32-33 | | 넷째로 중요한 질문 | 06 |
| 34-78 | 빈칸 | | |
| 79-80 | 02 (카드 번호) | | |

자료를 보낼 때는 특수문자나 표제를 삽입해서는 안 되며 빈칸도 정확히 지켜줘야 한다. 코딩된 파일은 가능하면 텍스트 파일 형식으로 저장하는 것이 더 편리했다. 한글이나 MS-WORD로 작성하는 경우에는 글자마다 폰트의 크기에서 다소 차이가 있어서 연구자가 빈칸을 정확히 맞추었지만 연구소의 모양대로 나타나지 않는 경우가 많아서 본 연구자도 여러 차례의 시행착오를 거듭해서 가능하면 메모장을 이용하여 텍스트 파일로 작성하는 것이 가장 편리한 방법이었다([그림 3]).

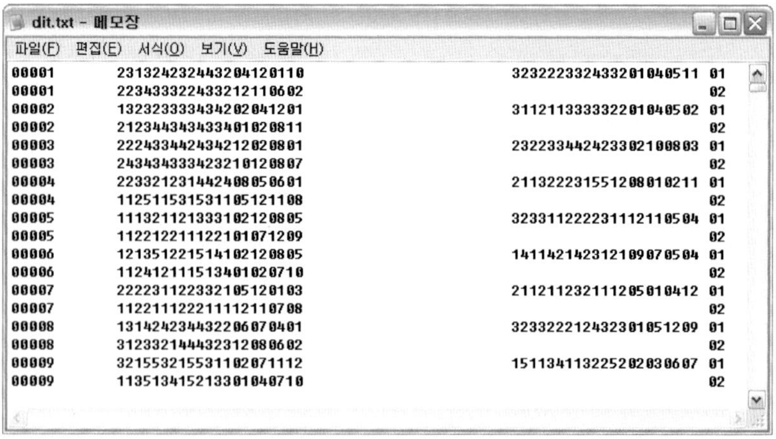

```
dit.txt - 메모장
파일(F) 편집(E) 서식(O) 보기(V) 도움말(H)
00001      2313242324432041200110      323222332433201040511 01
00001      2234333224332121106O2                                 02
00002      132323333434202041201       311211333332201040502 01
00002      212344343433401020811                                 02
00003      222433442434212020801       232233442423302100803 01
00003      243434333423210120807                                 02
00004      223321231442408050601       211322231551208010211 01
00004      112511531531105121108                                 02
00005      111321121333102120805       323311222231112110504 01
00005      112212211122101071209                                 02
00006      121351221514102120805       141142142312109070504 01
00006      112412111513401020710                                 02
00007      222231122332105120103       211211232111205010412 01
00007      112211122211112110708                                 02
00008      131424234432206070401       323322212432301051209 01
00008      312332144432312080602                                 02
00009      321553215531102071112       151134113225202030607 01
00009      113513415213301040710                                 02
```

[그림 3] 메모장을 이용한 텍스트 파일 형식

이렇게 자료를 보내면 서울대학교 교육학과의 도덕심리발달연구실에서 결과를 텍스트파일 형식으로 결과를 보내준다. 다음의 그림이 도덕심리발달연구실에서 보내준 결과파일의 형식이다. 이 파일을 그대로 사용할 수는 없기 때문에 본 연구자는 먼저 엑셀을 이용하여 자료를 읽었다. 엑셀에는 텍스트를 읽어줄 때 도움이 되는 텍스트 마법사가 있다. 전체 3단계로 구성되어 있는데 이 중 1단계는 데이터가 구분기호로 분리되는지 너비로 분리가 되는지를 확인하는 단계이다. 도덕심리발달연구실에서 보내준 결과는 모두 탭(TAB)으로 구분되어 있기 때문에 구분기호로 분리됨에 체크를 하면 된다. 3단계 중 2단계는 데이터의 구분기호를 설정하는 단계로 구분기호가 탭이기 때문에 탭 부분에 체크를 해주면 아래에 데이터미리보기 화면에 엑셀에 열로 구분되는 모습을 볼 수 있다. 3단계 중 3단계는 각 열을 선택하여 데이터 서식을 지정하는 단계로 열 데이터 서식을 일반이나 텍스트 등으로 지정할 수 있다. 본 연구자는 이 부분에는 다른 설정을 하지 않고 <마침>을 클릭해서 엑셀파일로 저장하였다. 이 중 불필요한 열은 삭제하고 사용하면 된다. 아래에 각 3단계의 텍스트 마법사의 과정을 제시하였다. 본 연구에서는 이를 다시 SPSS 파일로 변환하여 분석에 이용하였다([그림 4]~[그림 7]).

| ID | 1 | 2 | 3 | 4 | 5A | 5B | 6 | P(%) | NoDIF | MISRT | MISRK | RtXRk1 | RtXRk2 | RtXRk3 |
|---|---|---|---|---|---|---|---|---|---|---|---|---|---|---|
| 00001 | 20.0 | 0.0 | 13.3 | 30.0 | 30.0 | 0.0 | 6.7 | 36.7 | PASS | 0 | 0 | 15.5 | 9.5 | 15.0 |
| 00002 | 10.0 | 0.0 | 40.0 | 30.0 | 6.7 | 0.0 | 13.3 | 20.0 | PASS | 0 | 0 | 5.0 | 4.0 | 3.0 |
| 00003 | 3.3 | 0.0 | 13.3 | 33.3 | 23.3 | 13.3 | 13.3 | 50.0 | PASS | 0 | 0 | 4.0 | 4.0 | 5.0 |
| 00004 | 0.0 | 0.0 | 20.0 | 36.7 | 26.7 | 0.0 | 16.7 | 43.3 | PASS | 0 | 0 | 3.0 | 4.0 | 5.0 |
| 00005 | 0.0 | 0.0 | 40.0 | 6.7 | 40.0 | 0.0 | 13.3 | 53.3 | PASS | 0 | 0 | 5.0 | 4.0 | 5.0 |
| 00006 | 0.0 | 0.0 | 60.0 | 13.3 | 10.0 | 3.3 | 13.3 | 26.7 | PASS | 0 | 0 | 4.0 | 28.0 | 9.0 |
| 00007 | 0.0 | 3.3 | 30.0 | 23.3 | 26.7 | 0.0 | 16.7 | 43.3 | PASS | 0 | 0 | 7.0 | 11.5 | 18.0 |
| 00008 | 23.3 | 0.0 | 16.7 | 20.0 | 20.0 | 0.0 | 20.0 | 40.0 | PASS | 0 | 0 | 11.0 | 20.5 | 17.0 |
| 00009 | 26.7 | 10.0 | 43.3 | 13.3 | 3.3 | 3.3 | 0.0 | 6.7 | PASS | 0 | 0 | 4.0 | 4.0 | 4.0 |
| 00010 | 0.0 | 0.0 | 43.3 | 36.7 | 16.7 | 0.0 | 3.3 | 20.0 | PASS | 0 | 0 | 19.0 | 29.5 | 24.5 |
| 00011 | 0.0 | 3.3 | 40.0 | 23.3 | 16.7 | 0.0 | 16.7 | 33.3 | PASS | 0 | 0 | 10.0 | 14.0 | 12.0 |
| 00012 | 13.3 | 3.3 | 20.0 | 23.3 | 13.3 | 3.3 | 23.3 | 40.0 | PASS | 0 | 0 | 14.0 | 14.0 | 6.0 |
| 00013 | 36.7 | 16.7 | 0.0 | 36.7 | 10.0 | 0.0 | 0.0 | 10.0 | PASS | 0 | 0 | 17.0 | 23.0 | 24.5 |
| 00014 | 0.0 | 13.3 | 10.0 | 6.7 | 53.3 | 0.0 | 16.7 | 70.0 | PASS | 0 | 0 | 4.0 | 5.0 | 5.0 |
| 00015 | 3.3 | 0.0 | 20.0 | 43.3 | 16.7 | 0.0 | 16.7 | 33.3 | PASS | 0 | 0 | 4.0 | 9.0 | 4.0 |
| 00016 | 26.7 | 3.3 | 46.7 | 6.7 | 16.7 | 0.0 | 0.0 | 16.7 | FAIL | 0 | 0 | 16.0 | 6.0 | 5.0 |
| 00017 | 33.3 | 6.7 | 16.7 | 33.3 | 10.0 | 0.0 | 0.0 | 10.0 | PASS | 0 | 0 | 5.0 | 6.0 | 8.0 |
| 00018 | 0.0 | 6.7 | 40.0 | 23.3 | 20.0 | 0.0 | 10.0 | 30.0 | PASS | 0 | 0 | 20.0 | 11.5 | 8.0 |
| 00019 | 3.3 | 0.0 | 30.0 | 26.7 | 30.0 | 0.0 | 10.0 | 40.0 | FAIL | 0 | 0 | 2.0 | 4.0 | 5.0 |
| 00020 | 0.0 | 3.3 | 26.7 | 23.3 | 33.3 | 0.0 | 13.3 | 46.7 | PASS | 0 | 0 | 12.0 | 10.0 | 18.0 |
| 00021 | 6.7 | 0.0 | 30.0 | 36.7 | 16.7 | 3.3 | 6.7 | 26.7 | PASS | 0 | 0 | 17.0 | 6.0 | 8.0 |
| 00022 | 6.7 | 0.0 | 36.7 | 26.7 | 30.0 | 0.0 | 0.0 | 30.0 | PASS | 0 | 0 | 14.0 | 8.5 | 16.5 |
| 00023 | 33.3 | 0.0 | 0.0 | 43.3 | 23.3 | 0.0 | 0.0 | 23.3 | PASS | 0 | 0 | 12.0 | 5.0 | 19.5 |
| 00024 | 10.0 | 10.0 | 43.3 | 16.7 | 10.0 | 3.3 | 6.7 | 20.0 | PASS | 0 | 0 | 4.0 | 4.0 | 4.0 |
| 00025 | 13.3 | 0.0 | 20.0 | 26.7 | 40.0 | 0.0 | 0.0 | 40.0 | PASS | 0 | 0 | 7.0 | 3.5 | 7.5 |
| 00026 | 3.3 | 0.0 | 46.7 | 26.7 | 0.0 | 3.3 | 20.0 | 23.3 | PASS | 0 | 0 | 4.0 | 4.0 | 4.0 |
| 00027 | 0.0 | 16.7 | 6.7 | 20.0 | 23.3 | 10.0 | 23.3 | 56.7 | PASS | 0 | 0 | 11.5 | 6.5 | 4.5 |
| 00028 | 20.0 | 6.7 | 36.7 | 10.0 | 26.7 | 0.0 | 0.0 | 26.7 | PASS | 0 | 0 | 11.0 | 24.0 | 11.5 |
| 00029 | 0.0 | 3.3 | 50.0 | 13.3 | 16.7 | 0.0 | 16.7 | 33.3 | PASS | 0 | 0 | 5.0 | 2.0 | 3.0 |
| 00030 | 23.3 | 16.7 | 26.7 | 33.3 | 0.0 | 0.0 | 0.0 | 0.0 | PASS | 0 | 0 | 12.0 | 20.0 | 18.0 |
| 00031 | 20.0 | 0.0 | 30.0 | 13.3 | 3.3 | 0.0 | 33.3 | 36.7 | PASS | 0 | 0 | 4.0 | 7.0 | 2.5 |

**[그림 4]** 서울대학교 도덕심리발달연구실의 계산 형식

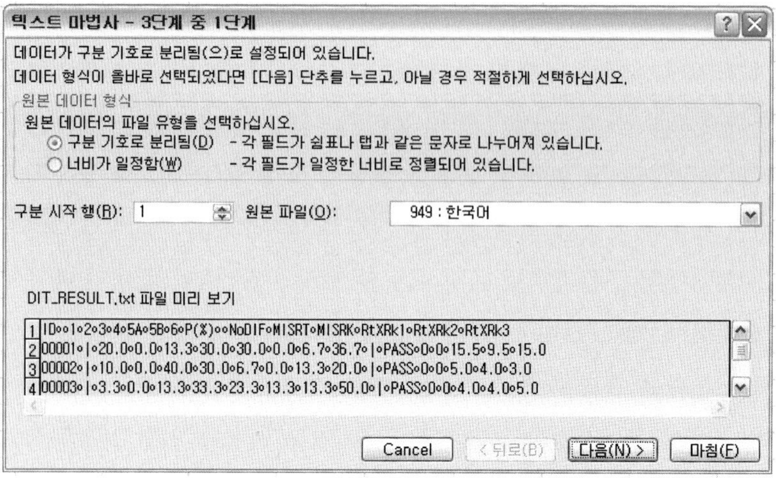

텍스트 마법사 - 3단계 중 1단계   ? ⊠

데이터가 구분 기호로 분리됨(으)로 설정되어 있습니다.
데이터 형식이 올바로 선택되었다면 [다음] 단추를 누르고, 아닐 경우 적절하게 선택하십시오.

원본 데이터 형식
　원본 데이터의 파일 유형을 선택하십시오.
　　⦿ 구분 기호로 분리됨(D)   - 각 필드가 쉼표나 탭과 같은 문자로 나누어져 있습니다.
　　○ 너비가 일정함(W)   - 각 필드가 일정한 너비로 정렬되어 있습니다.

구분 시작 행(R): 1 ⬍   원본 파일(O):   949 : 한국어 ⌄

DIT_RESULT.txt 파일 미리 보기

```
1 ID∘∘1∘2∘3∘4∘5A∘5B∘6∘P(%)∘∘NoDIF∘MISRT∘MISRK∘RtXRk1∘RtXRk2∘RtXRk3
2 00001∘|∘20.0∘0.0∘13.3∘30.0∘30.0∘0.0∘6.7∘36.7∘|∘PASS∘0∘0∘15.5∘9.5∘15.0
3 00002∘|∘10.0∘0.0∘40.0∘30.0∘6.7∘0.0∘13.3∘20.0∘|∘PASS∘0∘0∘5.0∘4.0∘3.0
4 00003∘|∘3.3∘0.0∘13.3∘33.3∘23.3∘13.3∘13.3∘50.0∘|∘PASS∘0∘0∘4.0∘4.0∘5.0
```

Cancel   < 뒤로(B)   다음(N) >   마침(F)

[그림 5] 텍스트 마법사의 각 단계별 과정(3-1)

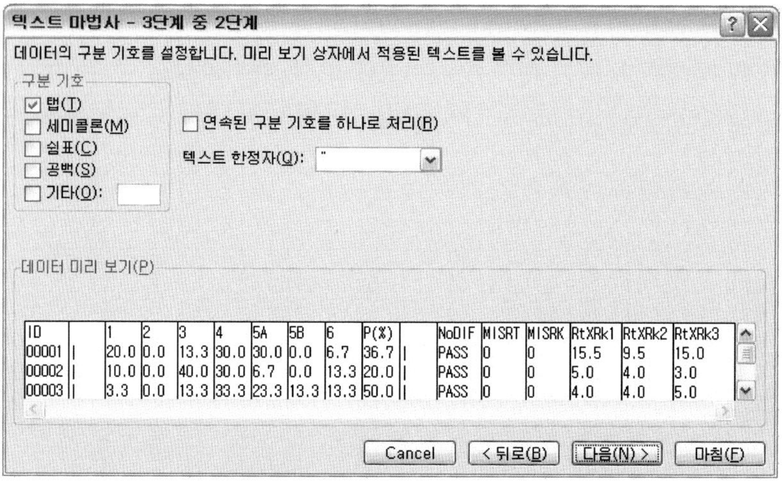

---

텍스트 마법사 - 3단계 중 2단계   ? ⊠

데이터의 구분 기호를 설정합니다. 미리 보기 상자에서 적용된 텍스트를 볼 수 있습니다.

구분 기호
　☑ 탭(T)
　☐ 세미콜론(M)　　☐ 연속된 구분 기호를 하나로 처리(R)
　☐ 쉼표(C)
　☐ 공백(S)　　텍스트 한정자(Q): " ⌄
　☐ 기타(O):

데이터 미리 보기(P)

| ID | 1 | 2 | 3 | 4 | 5A | 5B | 6 | P(%) | | NoDIF | MISRT | MISRK | RtXRk1 | RtXRk2 | RtXRk3 |
|----|----|----|----|----|----|----|----|----|----|----|----|----|----|----|----|
| 00001 | 20.0 | 0.0 | 13.3 | 30.0 | 30.0 | 0.0 | 6.7 | 36.7 | | PASS | 0 | 0 | 15.5 | 9.5 | 15.0 |
| 00002 | 10.0 | 0.0 | 40.0 | 30.0 | 6.7 | 0.0 | 13.3 | 20.0 | | PASS | 0 | 0 | 5.0 | 4.0 | 3.0 |
| 00003 | 3.3 | 0.0 | 13.3 | 33.3 | 23.3 | 13.3 | 13.3 | 50.0 | | PASS | 0 | 0 | 4.0 | 4.0 | 5.0 |

Cancel   < 뒤로(B)   다음(N) >   마침(F)

[그림 6] 텍스트 마법사의 각 단계별 과정(3-2)

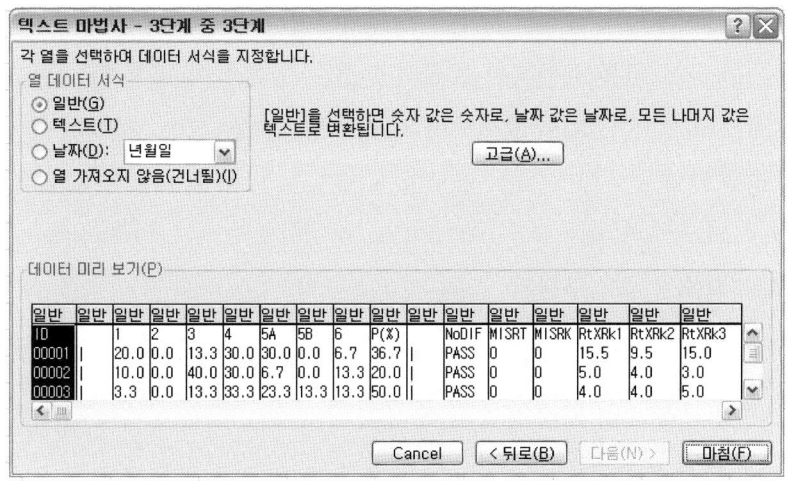

[그림 7] 텍스트 마법사의 각 단계별 과정(3-3)

## 나. MJT 채점과정 및 자료변환방법

MJT 검사지의 채점을 위해서는 Lind(1978; 2004)의 선행연구를 참고해야 한다([부록 4]). 각 단계별 할당된 번호의 자리에는 계산자가 미리 입력되어 있다. 즉 노동자의 딜레마에선 각 단계에 찬성 쪽에 여섯 개(1, 5, 3, 2, 6, 4번)의 문항이, 반대쪽에도 여섯 개(12, 9, 11, 7, 10, 8)의 문항이 배치되어 있다. 의사의 딜레마 문항에서도 찬성 쪽에 3, 4, 6, 5, 2, 1번의 문항이, 반성 쪽에 10, 11, 7, 12, 8, 9번의 문항이 배치되어 있다.

박균열 교수(2006)는 Lind 교수의 가이드라인을 토대로 C-지수 계산을 위한 자체 Excel 프로그램을 개발했다. 그 계산식은 다음과 같다([부록 5~6]).

그러나 본 연구에서는 MJT를 다시 SPSS상에서 구현해야 했기 때문에 Syntax를 이용하여 계산을 실시하였다. 각 문항의 변수명을 '근로자의 딜레마'는 X로 부여하며 찬성부분을 XA1-XA5, 반대부분은 XB1-XB5로 부여하였으며 '의사의 딜레마'는 Y로 부여하여 찬성부분을 YA1-YA5, 반대부분은 YB1-YB5로 부여하였다. 다음의 그림을 실제로 SPSS상에서 구현된 모습이다([그림 8]).

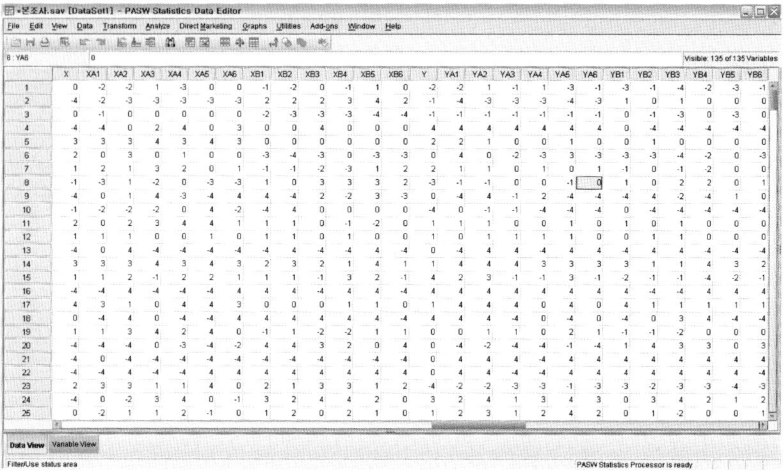


| | X | XA1 | XA2 | XA3 | XA4 | XA5 | XA6 | XB1 | XB2 | XB3 | XB4 | XB5 | XB6 |
|---|---|---|---|---|---|---|---|---|---|---|---|---|---|
| 1 | 0 | -2 | -2 | 1 | -3 | 0 | 0 | -1 | -2 | 0 | -1 | 1 | 0 |
| 2 | -4 | -2 | -3 | -3 | -3 | -3 | -3 | 2 | 2 | 2 | 3 | 4 | 2 |
| 3 | 0 | -1 | 0 | 0 | 0 | 0 | 0 | -2 | -3 | -3 | -3 | -4 | -4 |
| 4 | -4 | -4 | 0 | 2 | 4 | 0 | 3 | 0 | 0 | 4 | 0 | 0 | 0 |
| 5 | 3 | 3 | 3 | 4 | 3 | 4 | 3 | 0 | 0 | 0 | 0 | 0 | 0 |
| 6 | 2 | 0 | 3 | 0 | 1 | 0 | 0 | -3 | -4 | -3 | 0 | -3 | -3 |
| 7 | 1 | 2 | 1 | 3 | 2 | 0 | 1 | -1 | -1 | -2 | -3 | 1 | 2 |
| 8 | -1 | -3 | 1 | -2 | 0 | -3 | -3 | 1 | 0 | 3 | 3 | 3 | 2 |
| 9 | -4 | 0 | 1 | 4 | -3 | -4 | 4 | 4 | -4 | 2 | -2 | 3 | -3 |
| 10 | -1 | -2 | -2 | -2 | 0 | 4 | -2 | -4 | 4 | 0 | 0 | 0 | 0 |
| 11 | 2 | 0 | 2 | 3 | 4 | 4 | 1 | 1 | 1 | 0 | -1 | -2 | 0 |
| 12 | 1 | 1 | 1 | 0 | 0 | 1 | 0 | 1 | 1 | 0 | 1 | 0 | 0 |
| 13 | -4 | 0 | 4 | -4 | -4 | -4 | -4 | -4 | 4 | -4 | -4 | 4 | -4 |
| 14 | 3 | 3 | 3 | 4 | 3 | 4 | 3 | 2 | 3 | 2 | 1 | 4 | 1 |
| 15 | 1 | 1 | 2 | -1 | 2 | 2 | 1 | 1 | 1 | -1 | 3 | 2 | -1 |
| 16 | -4 | -4 | 4 | -4 | -4 | -4 | 4 | 4 | 4 | -4 | 4 | 4 | -4 |
| 17 | 4 | 3 | 1 | 0 | 4 | 4 | 3 | 0 | 0 | 0 | 1 | 1 | 0 |
| 18 | 0 | -4 | 4 | 0 | -4 | -4 | 4 | 4 | 4 | 4 | 4 | 4 | -4 |
| 19 | 1 | 1 | 3 | 4 | 2 | 4 | 0 | -1 | 1 | -2 | -2 | 1 | 1 |
| 20 | -4 | -4 | -4 | 0 | -3 | -4 | -2 | 4 | 4 | 3 | 2 | 0 | 4 |
| 21 | -4 | 0 | -4 | -4 | -4 | -4 | -4 | -4 | -4 | -4 | -4 | -4 | -4 |
| 22 | -4 | -4 | 4 | -4 | -4 | 4 | 4 | 4 | 4 | 4 | 4 | 4 | 4 |
| 23 | 2 | 3 | 3 | 1 | 1 | 4 | 0 | 2 | 1 | 3 | 3 | 1 | 2 |
| 24 | -4 | 0 | -2 | 3 | 4 | 0 | -1 | 3 | 2 | 4 | 4 | 2 | 0 |
| 25 | 0 | -2 | 1 | 1 | 2 | -1 | 0 | 1 | 2 | 0 | 2 | 1 | 0 |

| | Y | YA1 | YA2 | YA3 | YA4 | YA5 | YA6 | YB1 | YB2 | YB3 | YB4 | YB5 | YB6 |
|---|---|---|---|---|---|---|---|---|---|---|---|---|---|
| 1 | -2 | -2 | 1 | -1 | 1 | -3 | -1 | -3 | -1 | -4 | -2 | -3 | -1 |
| 2 | -1 | -4 | -3 | -3 | -3 | -4 | -3 | 1 | 0 | 1 | 0 | 0 | 0 |
| 3 | -1 | -1 | -1 | -1 | -1 | -1 | -1 | 0 | -1 | -3 | 0 | -3 | 0 |
| 4 | 4 | 4 | 4 | 4 | 4 | 4 | 4 | 0 | -4 | -4 | -4 | -4 | -4 |
| 5 | 2 | 2 | 1 | 0 | 0 | 1 | 0 | 0 | 1 | 0 | 0 | 0 | 0 |
| 6 | 0 | 4 | 0 | -2 | -3 | 3 | -3 | -3 | -3 | -4 | -2 | 0 | -3 |
| 7 | 2 | 1 | 1 | 0 | 1 | 0 | 1 | -1 | 0 | -1 | -2 | 0 | 0 |
| 8 | -3 | -1 | -1 | 0 | 0 | -1 | 0 | 1 | 0 | 2 | 2 | 0 | 1 |
| 9 | 0 | -4 | 4 | -1 | 2 | -4 | -4 | -4 | 4 | -2 | -4 | 1 | 0 |
| 10 | -4 | 0 | -1 | -1 | -4 | -4 | -4 | 0 | -4 | -4 | -4 | -4 | -4 |
| 11 | 1 | 1 | 1 | 0 | 0 | 1 | 0 | 1 | 0 | 1 | 0 | 0 | 0 |
| 12 | 1 | 0 | 1 | 1 | 1 | 1 | 0 | 0 | 1 | 1 | 0 | 0 | 0 |
| 13 | 0 | -4 | 4 | 4 | -4 | 4 | 4 | -4 | 4 | 4 | -4 | -4 | -4 |
| 14 | 1 | 4 | 4 | 4 | 3 | 3 | 3 | 3 | 1 | 1 | 4 | 3 | 2 |
| 15 | 4 | 2 | 3 | -1 | -1 | 3 | -1 | -2 | -1 | -1 | -4 | -2 | -1 |
| 16 | 4 | 4 | 4 | 4 | 4 | 4 | 4 | 4 | -4 | -4 | 4 | 4 | 4 |
| 17 | 1 | 4 | 4 | 4 | 0 | 4 | 0 | 4 | 1 | 1 | 1 | 1 | 1 |
| 18 | 4 | 4 | 4 | -4 | 0 | -4 | 0 | -4 | 0 | 3 | 4 | -4 | -4 |
| 19 | 0 | 0 | 1 | 1 | 0 | 2 | 1 | -1 | -1 | -2 | 0 | 0 | 0 |
| 20 | 0 | -4 | -2 | -4 | -4 | -1 | -4 | 1 | 4 | 3 | 3 | 0 | 3 |
| 21 | 0 | 4 | 4 | 4 | -4 | 4 | 4 | 4 | 4 | 4 | 4 | 4 | 4 |
| 22 | 0 | 4 | 4 | -4 | -4 | 4 | 4 | 4 | 4 | 4 | 4 | 4 | -4 |
| 23 | -4 | -2 | -2 | -3 | -3 | -1 | -3 | -3 | -2 | -3 | -3 | -4 | -3 |
| 24 | 3 | 2 | 4 | 1 | 3 | 4 | 3 | 0 | 3 | 4 | 2 | 1 | 2 |
| 25 | 1 | 2 | 3 | 1 | 2 | 4 | 2 | 0 | 1 | -2 | 0 | 0 | 1 |



[그림 8] SPSS 상에서 MJT검사지의 변수명 및 입력형식 예

이렇게 입력한 후에 다음의 문장을 Syntax파일로 작성하여 실행을 시키면 해당변수들을 모두 산출한다. 특히 박균열 교수(2006)는 각 단계별 결과를 제시하지 않았으나 SPSS에서는 이 또한 포함하여 작성한 예이다. 본 연구에서는 KDIT와 혼동을 막기 위해서 각 단계의 점수에는 앞에 'C_'를 붙였다. 이렇게 작성된 수치 중에서 본 연구에서 신뢰할만한 자료만 이용하여 분석한 것이다.

COMPUTE SS_Mean = sum(XA1, XA2, XA3, XA4, XA5, XA6, XB1, XB2, XB3, XB4, XB5, XB6, YA1, YA2 , YA3, YA4, YA5, YA6, YB1, YB2, YB3, YB4, YB5, YB6)\*\*2/24 .
EXECUTE .
COMPUTE SUM_X2_1 = sum(XA1 \*\* 2,XA2 \*\* 2,XA3 \*\* 2, XA4 \*\* 2 ,XA5 \*\* 2, XA6 \*\* 2) .
EXECUTE .
COMPUTE SUM_X2_2 = sum(XB1 \*\* 2,XB2 \*\* 2,XB3 \*\* 2, XB4 \*\* 2 ,XB5 \*\* 2, XB6 \*\* 2) .
EXECUTE .
COMPUTE SUM_X2_3 = sum(YA1 \*\* 2,YA2 \*\* 2,YA3 \*\* 2, YA4 \*\* 2 ,YA5 \*\* 2, YA6 \*\* 2) .
EXECUTE .
COMPUTE SUM_X2_4 = sum(YB1 \*\* 2,YB2 \*\* 2,YB3 \*\* 2, YB4 \*\* 2 ,YB5 \*\* 2, YB6 \*\* 2) .
EXECUTE .
COMPUTE SS_DEV = sum(SUM_X2_1,SUM_X2_2,SUM_X2_3, SUM_X2_4)-SS_Mean .
EXECUTE .
COMPUTE SS_STAGE = SUM(sum(XA1,XB1,YA1,YB1)\*\*2,sum (XA2,XB2,YA2,YB2)\*\*2,sum(XA3,XB3,YA3,YB3)\*\*2, sum(XA4,XB4,YA4,YB4)\*\*2,sum(XA5,XB5,YA5,YB5)\*\*2, sum(XA6,XB6,YA6,YB6)\*\*2)/4-SS_Mean .
EXECUTE .
COMPUTE C_Stage1 = sum(XA1, XB1, YA1, YB1)\*\*2/4 .
EXECUTE .
COMPUTE C_Stage2 = sum(XA2, XB2, YA2, YB2)\*\*2/4 .
EXECUTE .
COMPUTE C_Stage3 = sum(XA3, XB3, YA3, YB3)\*\*2/4 .
EXECUTE .
COMPUTE C_Stage4 = sum(XA4, XB4, YA4, YB4)\*\*2/4 .
EXECUTE .

```
COMPUTE C_Stage5 = sum(XA5, XB5, YA5, YB5)**2/4 .
EXECUTE .
COMPUTE C_Stage6 = sum(XA6, XB6, YA6, YB6)**2/4 .
EXECUTE .
COMPUTE C = SS_STAGE/SS_DEV .
EXECUTE .
```

## 5. 조사분석 절차

본 연구는 한국 청소년의 도덕 판단력을 측정·평가하기 위한 것
으로써, 예비조사와 본 조사를 구분하여 실시하였다. 먼저 예비조사
는 2010년 4월 5일(월)부터 9일(금)까지 일주일동안 초·중·고·대학
생 122명을 대상으로 하였으며, 조사도구로는 KDIT와 MJT를 사용하
였다. 이는 MJT가 아직 한국에서 실증연구를 시행한 사례가 없기 때
문에 이 도구에 대한 신뢰성과 타당성을 확보하기 위하여 이미 한국
에서 충분히 검증받은 KDIT와 병행하여 측정·평가하였다. 그리고 본
조사는 2010년 5월 10일(월)부터 14일(금)까지 일주일 동안 초·중·
고·대학생 550명을 대상으로 하였으며 조사도구로는 MJT와 KDIT를
사용하였다. 본 연구를 위하여 다음과 같이 자료처리를 실시하였다.

- 모든 분석은 SPSS PASW Statistics 18.0을 통해 이루어졌다.
- 도덕 판단력을 측정하는 도구인 KDIT와 MJT의 검사지의 신뢰도
  를 알아보기 위하여 두 측정결과에 따른 상관성을 분석하였으며,
  각 측정지의 영역별 검사지의 내적 일치도를 나타내는 Cronbach's
  Alpha 계수를 산출하였다.
- 연구대상자의 인구통계학적 특성 및 부모관련변인, 도덕윤리교육

경험과 과목흥미도를 측정하였으며 빈도분석을 실시하였다.
- 도덕 판단력 측정도구인 KDIT와 MJT의 각 도덕 판단력 지수(P-지수90), C-지수) 및 각 단계별 점수를 산출하여, 인구통계학적 특성 및 부모관련변인, 도덕윤리 교육경험과 과목흥미도에 따른 인식차이를 독립표본 t 검정과 일원변량분석을 실시하였으며 유의성이 조사된 경우에는 Scheffe의 다중비교에 의한 사후검정을 실시하였다.
- KDIT와 MJT 검사지를 통해 측정된 도덕 판단력 지수와 각 단계별 점수에 향상효과를 부여하는 원인요인을 찾아보기 위하여 인구통계학적 특성과 가정의 부모관련변인, 도덕윤리교육 경험과 과목흥미도의 변인을 독립변인으로 투입하여 다중회귀분석을 실시하였다.
- 모든 분석의 유의수준 α=.05이다.

---

90) 본 연구에서의 P-지수는 원점수이다. 95점 만점의 P(%)지수로 변화하게 되면, 사실상 최상위 점수가 50점인 C-지수와의 비교 시 더 격차가 나기 때문이다.

■■■ **제4장** 조사결과 및 해석

제4장
●
●
# 조사결과 및 해석

## 1. KDIT에 의한 조사결과

### 가. 인구통계변인별 KDIT의 결과

현재 도덕 판단력 검사로 가장 많이 활용되고 있는 KDIT에 의해 측정된 단계(%)점수(1, 2, 3, 4, 5A, 5B, 6), P(%) 점수에 대해서 다음과 같은 분석을 실시하였다.

보통 P-점수는 0점에서 95점까지 분포하지만 본 연구대상자들은 0점에서 80점까지 분포하였으며 평균 36.35로 조사되었고, 각 단계점수는 Stage1은 평균 9.53이며, Stage2는 평균 2.88, Stage3은 평균 30.02, Stage4는 평균 21.36, Stage5A는 평균 21.19이며, Stage5B는 평균 3.95이며, Stage6은 평균 11.05로 조사되어 비교적 Stage3, 4, 5A의 수준이 높았으며 Stage2, 5B의 수준이 가장 낮은 것으로 나타났다.

학교급별로 각 단계별 점수의 차이를 살펴보면 다음과 같다. 전체적인 P-점수에서는 초등학교(M＝31.10)와 중학교(M＝36.58)는 비슷한 수준이었으며 대학생(M=41.09)이 가장 높게 나타났다(p<.01). 각 단계별 수준에서는 Stage1은 고등학교(M=7.86)가 가장 낮은 수준이었으며 초등학교(M=11.13)가 가장 높게 나타났다(p<.05). Stage2의 경우는 대학생(M=1.47)이 가장 낮은 수준이었으며 중학교(M=4.22)가 가장 높았다. 그러나 대학생과 초등학교 간, 대학생과 중학생 간에 유의한 차이가 나타났으며, 고등학생과 초등학생 간에도 유의한 차이가 나타났다(p<.01). Stage3의 경우는 모든 학교급에 따라서 비슷한 수준으로 통계적으로 유의한 차이는 없는 것으로 나타났다. Stage4의 경우는 대학교(M=18.76)는 가장 낮은 수준이며, 초등학교(M=24.05)가 가장 높은 수준이었다(p<.05). Stage5A는 초등학교(M=18.86)와 중학교(M=20.16)는 낮은 수준이었으며, 대학생(M=26.67)이 가장 높게 나타났다(p<.01). Stage5B의 경우는 초등학교(M=2.16)와 중학교(M=2.70)가 비슷하며, 고등학교(M=5.24)와 대학생(M=6.43)이 비슷한 수준이었다. Stage6은 대학교가 비교적 낮게 나타났으나 학교급에 따라서는 대체로 비슷한 수준이었다(<표 23>).

〈표 23〉 각 학교급별 KDIT 점수단계별 점수 차이

|  | Stage1 | | Stage2 | | Stage3 | | Stage4 | | Stage5A | | Stage5B | | Stage6 | | P-지수 | |
|---|---|---|---|---|---|---|---|---|---|---|---|---|---|---|---|---|
|  | M | SD | M | SD | M | SD | M | SD | M | SD | M | SD | M | SD | M | SD |
| 초등학교 | 11.13 b | 10.11 | 3.56 bc | 5.74 | 30.15 | 12.08 | 24.05 b | 10.63 | 18.86 a | 13.99 | 2.16 a | 3.75 | 10.08 | 8.49 | 31.10 a | 17.05 |
| 중학교 | 10.84 ab | 9.95 | 4.22 c | 5.74 | 30.76 | 13.42 | 19.49 ab | 12.25 | 20.16 a | 12.58 | 2.70 a | 4.46 | 11.81 | 9.44 | 36.58 a | 18.99 |
| 고등학교 | 7.86 a | 8.02 | 1.99 ab | 3.69 | 29.66 | 10.64 | 21.56 ab | 11.05 | 21.62 ab | 10.80 | 5.24 b | 5.36 | 12.05 | 8.60 | 37.92 ab | 13.73 |
| 대학교 | 8.37 ab | 7.50 | 1.47 a | 3.43 | 29.38 | 9.52 | 18.76 a | 10.82 | 26.67 b | 13.33 | 6.43 b | 5.41 | 8.92 | 6.41 | 41.09 b | 14.88 |
| 전체 | 9.53 | 9.13 | 2.88 | 4.91 | 30.02 | 11.59 | 21.36 | 11.33 | 21.19 | 12.66 | 3.95 | 5.01 | 11.05 | 8.57 | 36.35 | 16.43 |
| F(p) | 3.038* (.029) | | 5.146** (.002) | | .193 (.901) | | 3.205* (.023) | | 4.003** (.008) | | 12.687*** (.000) | | 2.022 (.111) | | 5.064** (.002) | |

a, b, c: Scheffe's Multiple Comparison(a<b<c, α=.05)
* p<.05 ** p<.01 *** p<.001.

다음 [그림 9]은 각 발달단계별 학령별 KDIT의 점수 차이를 나타내고 있다. 전체적 P-지수에서는 Stage1과 Stage2에서 특이사항이 많이 발생하였으며, 초등학생의 경우는 Stage2와 Stage5B에서, 중학생은 Stage1과 Stage5B에서, 고등학생은 Stage5A, 5B를 제외한 모든 단계에서 특이사항이 발생하였으며, 대학생은 Stage2는 대부분이 극히 낮은 수준이었으나 특이사항이 많았으며, Stage4와 Stage6에서 특이사항이 많이 발생하였다.

평균점수에 대한 그림에서는 초등학생은 3단계부터는 다소 떨어지는 양상이지만, 중·고등·대학생은 Stage4에서 떨어진 수준이 Stage5A에서 다시 향상되는 모습이며, 다시 Stage5B에서 큰 폭으로 감소하는 패턴이었다가 다시 Stage6에서 큰 폭으로 상승하는 것을 알 수 있다.

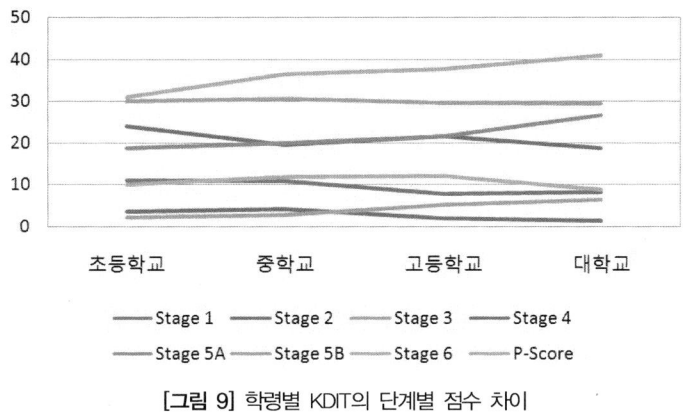

[그림 9] 학령별 KDIT의 단계별 점수 차이

먼저 인구통계학적 특성 차이를 살펴보았다. <표 24>은 성별에 따른 KDIT의 각 단계별 점수와 P-지수의 차이를 살펴본 것으로 성별에 따라서는 남자는 평균 33.22, 여자는 평균 39.58로 여자들의 도덕 판단력 수준이 높은 것으로 나타났다(p<.001). 각 단계별 점수를 살펴보면, Stage6을 제외한 각 단계의 점수는 성별 간에는 유의한 차이가 없는 것으로 나타났으며 Stage6은 남자는 평균 9.16, 여자는 평균 12.92로 조사되어 여자의 수준이 높은 것으로 나타났다(p<.001).

〈표 24〉 성별에 따른 KDIT를 통한 도덕 판단력 수준 차이

|  | Stage1 | | Stage2 | | Stage3 | | Stage4 | | Stage5A | | Stage5B | | Stage6 | | P-지수 | |
|---|---|---|---|---|---|---|---|---|---|---|---|---|---|---|---|---|
|  | M | SD | M | SD | M | SD | M | SD | M | SD | M | SD | M | SD | M | SD |
| 남자 | 10.10 | 9.49 | 2.99 | 4.95 | 30.51 | 11.28 | 22.19 | 11.47 | 20.94 | 12.93 | 4.11 | 5.07 | 9.16 | 8.26 | 33.22 | 16.93 |
| 여자 | 8.96 | 8.75 | 2.78 | 4.89 | 29.53 | 11.89 | 20.55 | 11.16 | 21.44 | 12.42 | 3.80 | 4.97 | 12.92 | 8.49 | 39.58 | 15.28 |
| t(p) | 1.128 (.260) | | .375 (.708) | | .767 (.444) | | 1.313 (.190) | | -.356 (.722) | | .556 (.579) | | -4.060*** (.000) | | -3.637*** (.000) | |

a, b: Scheffe's Multiple Comparison(a<b, α=.05)
*** p<.001

<표 25>는 친한 친구 수에 따른 KDIT의 각 단계별 점수와 P-지수의 차이를 살펴본 것으로 거의 없다는 경우는 평균 39.53, 1~5명은 평균 42.50, 6~10명은 평균 34.97, 10~20명은 평균 38.15, 20명 이상은 평균 33.82%으로 조사되어 1~5명의 친한 친구가 있는 경우 가장 높은 도덕 판단력 수준을 가졌으며 친구 수가 많을수록 도덕 판단력 수준이 떨어지는 것으로 나타났다.

〈표 25〉 친한 친구의 수에 따른 KDIT를 통한 도덕 판단력 수준 차이

|  | Stage1 | | Stage2 | | Stage3 | | Stage4 | | Stage5A | | Stage5B | | Stage6 | | P-지수 | |
|---|---|---|---|---|---|---|---|---|---|---|---|---|---|---|---|---|
|  | M | SD | M | SD | M | SD | M | SD | M | SD | M | SD | M | SD | M | SD |
| 거의없다 | 4.76 | 8.99 | .47 | 1.25 | 37.13 | 18.09 | 18.57 | 8.36 | 24.29 | 18.45 | 5.24 | 5.39 | 9.51 | 7.57 | 39.53 ab | 16.38 |
| 1-5명 | 8.59 | 7.93 | 2.22 | 5.27 | 31.56 | 11.56 | 21.03 | 12.10 | 21.26 | 11.49 | 4.00 | 4.69 | 11.33 | 7.42 | 42.50 b | 14.28 |

| | | | | | | | | | | | | | | | |
|---|---|---|---|---|---|---|---|---|---|---|---|---|---|---|---|
| 6-10명 | 9.71 | 9.50 | 3.33 | 5.04 | 30.13 | 11.10 | 21.04 | 11.28 | 20.47 | 12.26 | 3.93 | 5.01 | 11.36 | 8.40 | 34.97 a | 15.77 |
| 10-20명 | 9.99 | 9.64 | 2.00 | 4.14 | 28.55 | 10.50 | 21.39 | 10.63 | 23.64 | 13.40 | 4.66 | 5.31 | 9.76 | 9.12 | 38.15 ab | 16.68 |
| 20명이상 | 9.80 | 9.03 | 3.30 | 5.06 | 29.59 | 12.05 | 21.94 | 11.67 | 20.46 | 12.76 | 3.53 | 5.01 | 11.36 | 8.99 | 33.82 a | 17.22 |
| F(p) | .664 (.617) | | 1.509 (.199) | | 1.120 (.347) | | .210 (.933) | | .797 (.528) | | .591 (.670) | | .450 (.772) | | 3.000* (.019) | |

a, b: Scheffe's Multiple Comparison(a⟨b, α=.05)
* p⟨.05 *** p⟨.001

<표 26>는 본인의 종교에 따른 KDIT의 각 단계별 점수와 P-지수의 차이를 보여주고 있다. P-지수는 본인의 종교별 도덕 판단력 수준의 차이가 없음을 보이고 있다. 유무별 더미(dummy)화된 변수로도 차이가 보이지 않는다.

〈표 26〉 본인의 종교에 따른 KDIT를 통한 도덕 판단력 수준 차이

| | Stage1 | | Stage2 | | Stage3 | | Stage4 | | Stage5A | | Stage5B | | Stage6 | | P-지수 | |
|---|---|---|---|---|---|---|---|---|---|---|---|---|---|---|---|---|
| | M | SD | M | SD | M | SD | M | SD | M | SD | M | SD | M | SD | M | SD |
| 기독교 | 8.75 | 7.81 | 2.82 | 4.54 | 30.84 | 10.79 | 20.00 | 11.51 | 22.71 | 13.26 | 3.56 | 4.41 | 11.30 | 9.45 | 37.11 | 16.64 |
| 천주교 | 8.00 | 7.04 | 2.33 | 4.60 | 31.00 | 13.93 | 19.49 | 8.60 | 23.67 | 15.02 | 4.00 | 5.46 | 11.51 | 7.98 | 32.53 | 15.06 |
| 불교 | 11.78 | 10.61 | 3.49 | 5.62 | 29.23 | 12.68 | 23.99 | 11.38 | 17.71 | 11.87 | 3.91 | 4.98 | 9.88 | 8.36 | 33.75 | 18.00 |
| 기타종교 | 5.53 | 6.93 | 3.33 | 5.77 | 36.70 | 10.00 | 16.67 | 8.84 | 21.10 | 21.67 | 3.33 | 3.35 | 13.33 | 6.65 | 27.77 | 13.85 |
| 없음 | 8.87 | 8.86 | 2.64 | 4.68 | 29.90 | 11.03 | 20.78 | 11.44 | 22.20 | 12.17 | 4.12 | 5.25 | 11.49 | 8.48 | 38.11 | 15.52 |
| F(p) | 1.923 (.106) | | .498 (.737) | | .461 (.764) | | 1.759 (.137) | | 2.316 (.057) | | .151 (.963) | | .580 (.677) | | 1.568 (.183) | |
| 없음 | 8.87 | 8.86 | 2.64 | 4.68 | 29.90 | 11.03 | 20.78 | 11.44 | 22.20 | 12.17 | 4.12 | 5.25 | 11.49 | 8.48 | 38.11 | 15.52 |
| 있음 | 10.15 | 9.36 | 3.11 | 5.12 | 30.14 | 12.12 | 21.92 | 11.23 | 20.24 | 13.07 | 3.79 | 4.79 | 10.63 | 8.66 | 34.66 | 17.12 |
| t(p) | -1.274 (.203) | | -.876 (.382) | | -.190 (.849) | | -.914 (.362) | | 1.403 (.161) | | .607 (.543) | | .898 (.370) | | 1.940 (.053) | |

그리고 <표 27>은 아버지의 종교에 따른 KDIT의 각 단계별 점수와 P-지수현황이다. 아버지의 종교별 도덕 판단력의 차이가 없으며, 유무별 더미화된 변수로도 차이가 보이지 않는다.

〈표 27〉 아버지의 종교에 따른 KDIT를 통한 도덕 판단력 수준 차이

|  | Stage1 | | Stage2 | | Stage3 | | Stage4 | | Stage5A | | Stage5B | | Stage6 | | P-지수 | |
|---|---|---|---|---|---|---|---|---|---|---|---|---|---|---|---|---|
|  | M | SD | M | SD | M | SD | M | SD | M | SD | M | SD | M | SD | M | SD |
| 기독교 | 9.49 | 8.43 | 2.63 | 4.62 | 29.39 | 11.01 | 19.79 | 11.90 | 25.65 | 13.86 | 2.62 | 3.89 | 10.41 | 8.73 | 39.71 | 16.48 |
| 천주교 | 8.33 | 7.60 | 2.91 | 5.81 | 30.41 | 15.72 | 18.54 | 6.99 | 24.38 | 16.32 | 3.96 | 5.19 | 11.46 | 7.19 | 31.95 | 14.10 |
| 불교 | 10.79 | 10.12 | 3.06 | 5.08 | 29.60 | 11.33 | 22.74 | 11.29 | 19.32 | 11.62 | 4.24 | 5.23 | 10.25 | 8.63 | 35.67 | 17.30 |
| 기타종교 | 12.22 | 12.07 | 5.00 | 5.48 | 32.23 | 11.86 | 17.78 | 7.22 | 21.10 | 18.81 | 2.77 | 2.52 | 8.88 | 7.20 | 27.78 | 18.57 |
| 없음 | 8.08 | 7.93 | 2.64 | 4.68 | 30.53 | 11.57 | 20.69 | 11.73 | 21.81 | 12.46 | 4.02 | 5.08 | 12.21 | 8.66 | 37.26 | 15.43 |
| F(p) | 1.704 (.149) | | .426 (.790) | | .192 (.942) | | 1.215 (.304) | | 2.187 (.070) | | .784 (.537) | | 1.044 (.384) | | 1.236 (.295) | |
| 없음 | 8.08 | 7.93 | 2.64 | 4.68 | 30.53 | 11.57 | 20.69 | 11.73 | 21.81 | 12.46 | 4.02 | 5.08 | 12.21 | 8.66 | 37.26 | 15.43 |
| 있음 | 10.43 | 9.72 | 3.04 | 5.05 | 29.71 | 11.61 | 21.78 | 11.08 | 20.81 | 12.80 | 3.91 | 4.99 | 10.33 | 8.46 | 35.79 | 17.02 |
| t(p) | -2.382 (.018) | | -.715 (.475) | | .627 (.531) | | -.844 (.399) | | .698 (.486) | | .203 (.839) | | 1.935 (.054) | | .797 (.426) | |

<표 28>은 어머니의 종교에 따른 KDIT의 각 단계별 점수와 P-지수이다. 어머니의 종교에 따라서 KDIT의 각 단계별 점수와 P-지수는 통계적으로 유의한 차이는 없는 것으로 나타났다. 또한 어머니의 종교별 도덕 판단력의 차이가 없으며, 유무별 더미화된 변수로도 차이가 보이지 않는다.

〈표 28〉 어머니의 종교에 따른 KDIT를 통한 도덕 판단력 수준 차이

|  | Stage1 | | Stage2 | | Stage3 | | Stage4 | | Stage5A | | Stage5B | | Stage6 | | P-지수 | |
|---|---|---|---|---|---|---|---|---|---|---|---|---|---|---|---|---|
|  | M | SD | M | SD | M | SD | M | SD | M | SD | M | SD | M | SD | M | SD |
| 기독교 | 9.17 | 8.38 | 2.56 | 4.55 | 30.06 | 10.49 | 19.48 | 11.83 | 24.61 | 12.72 | 2.82 | 4.04 | 11.28 | 8.91 | 37.78 | 15.43 |
| 천주교 | 9.37 | 8.15 | 2.21 | 3.38 | 32.07 | 11.94 | 19.67 | 8.81 | 22.22 | 12.03 | 4.60 | 5.42 | 9.85 | 8.20 | 33.93 | 13.71 |
| 불교 | 10.04 | 9.69 | 3.25 | 5.22 | 29.63 | 11.72 | 23.02 | 11.89 | 19.50 | 12.08 | 4.27 | 5.24 | 10.29 | 8.47 | 36.11 | 17.72 |
| 기타종교 | 9.98 | 9.90 | 3.88 | 4.91 | 33.35 | 10.54 | 18.32 | 9.37 | 20.55 | 17.31 | 2.22 | 2.73 | 11.67 | 8.86 | 33.33 | 20.86 |
| 없음 | 8.83 | 8.82 | 2.50 | 4.88 | 30.00 | 12.10 | 20.08 | 10.36 | 22.05 | 13.24 | 4.01 | 5.10 | 12.53 | 8.61 | 36.74 | 14.99 |
| F(p) | .279 (.891) | | .572 (.683) | | .331 (.857) | | 1.738 (.141) | | 1.825 (.124) | | 1.091 (.361) | | 1.094 (.359) | | .291 (.884) | |
| 없음 | 8.83 | 8.82 | 2.50 | 4.88 | 30.00 | 12.10 | 20.08 | 10.36 | 22.05 | 13.24 | 4.01 | 5.10 | 12.53 | 8.61 | 36.74 | 14.99 |
| 있음 | 9.79 | 9.25 | 3.03 | 4.93 | 30.03 | 11.42 | 21.84 | 11.65 | 20.88 | 12.45 | 3.93 | 4.99 | 10.50 | 8.51 | 36.21 | 16.94 |
| t(p) | -.846 (.398) | | -.863 (.389) | | -.021 (.984) | | -1.246 (.214) | | .743 (.458) | | .132 (.895) | | 1.908 (.057) | | .260 (.795) | |

아버지의 학력에 따른 P-지수 차이는, 고졸 이하의 경우 평균 35.75, 대졸은 평균 36.36, 대학원은 평균 38.95으로 고졸 이하와 대졸은 도덕 판단력 수준이 낮은 반면, 대학원생은 높은 도덕 판단력 수준을 나타내었으나 통계적으로 유의한 차이는 없는 것으로 나타났다. 각 단계별 점수에서는 아버지의 학력수준에 따라서는 통계적으로 유의한 인식의 차이는 없는 것으로 나타났다(<표 29>).

<표 29> 아버지 학력에 따른 KDIT를 통한 도덕 판단력 수준 차이

| | Stage1 | | Stage2 | | Stage3 | | Stage4 | | Stage5A | | Stage5B | | Stage6 | | P-지수 | |
|---|---|---|---|---|---|---|---|---|---|---|---|---|---|---|---|---|
| | M | SD | M | SD | M | SD | M | SD | M | SD | M | SD | M | SD | M | SD |
| 고졸 이하 | 9.77 | 9.52 | 3.05 | 5.22 | 28.56 | 10.96 | 21.21 | 10.97 | 22.17 | 12.33 | 4.39 | 5.38 | 10.83 | 8.59 | 35.75 | 16.83 |
| 대졸 | 9.20 | 8.72 | 2.84 | 4.70 | 31.15 | 12.08 | 21.33 | 11.73 | 20.57 | 12.78 | 3.60 | 4.65 | 11.31 | 8.69 | 36.36 | 15.81 |
| 내학원 | 10.21 | 9.77 | 2.40 | 4.73 | 30.32 | 11.18 | 22.19 | 11.02 | 20.31 | 13.51 | 3.95 | 5.24 | 10.62 | 8.09 | 38.95 | 17.95 |
| F(p) | .239 (.787) | | .241 (.786) | | 1.840 (.160) | | .097 (.907) | | .666 (.515) | | .911 (.403) | | .157 (.855) | | .493 (.611) | |

어머니의 학력에 따라서는 고졸 이하는 평균 37.62, 대졸은 평균 34.61, 대학원은 평균 38.05로 아버지의 학력과는 다소 다른 양상으로 대졸자들의 도덕 판단력 수준이 가장 낮았으며 고졸 이하나 대학원인 경우 높은 도덕 판단력 수준을 나타내었으나 통계적으로 유의한 차이는 없는 것으로 나타났다. 각 단계별 점수에서도 아버지의 학력수준에 따라서는 통계적으로 유의한 인식의 차이가 없는 것으로 나타났다(<표 30>).

<표 30> 어머니 학력에 따른 KDIT를 통한 도덕 판단력 수준 차이

| | Stage1 | | Stage2 | | Stage3 | | Stage4 | | Stage5A | | Stage5B | | Stage6 | | P-지수 | |
|---|---|---|---|---|---|---|---|---|---|---|---|---|---|---|---|---|
| | M | SD | M | SD | M | SD | M | SD | M | SD | M | SD | M | SD | M | SD |
| 고졸 이하 | 10.16 | 9.55 | 2.87 | 5.20 | 29.69 | 11.12 | 20.52 | 11.53 | 21.67 | 12.48 | 4.22 | 5.28 | 10.85 | 8.48 | 37.62 | 16.12 |
| 대졸 | 8.82 | 8.66 | 2.82 | 4.47 | 30.21 | 12.29 | 22.36 | 10.94 | 21.13 | 13.08 | 3.79 | 4.75 | 10.86 | 8.68 | 34.61 | 16.63 |
| 대학원 | 9.57 | 9.08 | 3.33 | 5.68 | 31.16 | 10.53 | 21.01 | 12.28 | 18.26 | 11.19 | 3.04 | 4.81 | 13.62 | 8.46 | 38.05 | 17.02 |
| F(p) | .825 (.439) | | .108 (.897) | | .196 (.822) | | 1.012 (.365) | | .729 (.483) | | .685 (.505) | | 1.112 (.330) | | 1.451 (.236) | |

<표 31>은 아버지의 직업에 따른 KDIT의 각 단계별 점수와 P-지수의 차이를 살펴본 것이며, <표 32>은 어머니의 직업에 따른 KDIT의 각 단계별 점수와 P-지수의 차이를 살펴본 것이다. 아버지의 직업별로 P-지수를 살펴보면, 사무직인 경우 평균 32.58, 판매·서비스직이 평균 34.34로 가장 낮은 도덕 판단력 수준을 나타내었으며, 그 외 직업들은 평균 37% 이상의 높은 도덕 판단력 수준을 나타내었다. 그러나 통계적으로 유의한 직업별 도덕 판단력의 차이는 없는 것으로 나타났다. 각 단계별 점수에서는 Stage2에서 단순기능직인 경우 낮은 수준이었으며 사무직과 무직에서 비교적 높은 인식수준이 나타났다 (p<.05). 또한 공무원여부에 따라서 보면, 전체적인 P-지수에서는 유의한 인식차이가 없었으나 Stage1, Stage2에서는 공무원 이외의 직업자들의 도덕 판단력 수준이 높았고, Stage3에서는 공무원이나 교사의 점수가 높게 나타났다(<표 31>).

<표 31> 아버지 직업에 따른 KDIT를 통한 도덕 판단력 수준 차이

| | Stage1 | | Stage2 | | Stage3 | | Stage4 | | Stage5A | | Stage5B | | Stage6 | | P-지수 | |
|---|---|---|---|---|---|---|---|---|---|---|---|---|---|---|---|---|
| | M | SD | M | SD | M | SD | M | SD | M | SD | M | SD | M | SD | M | SD |
| 전문·기술직 | 10.95 | 9.82 | 2.91 ab | 4.87 | 29.79 | 11.72 | 20.99 | 11.28 | 20.63 | 11.79 | 3.51 | 4.79 | 11.20 | 8.91 | 38.49 | 15.87 |
| 사무직 | 10.00 | 10.06 | 4.10 b | 5.72 | 30.39 | 13.57 | 21.81 | 11.63 | 19.89 | 12.90 | 2.95 | 4.17 | 10.87 | 9.17 | 32.58 | 15.68 |
| 판매·서비스직 | 9.85 | 9.06 | 3.63 ab | 5.52 | 28.22 | 10.38 | 22.83 | 12.39 | 21.00 | 12.11 | 4.27 | 5.11 | 10.20 | 8.83 | 34.34 | 17.30 |
| 단순·기능직 | 9.29 | 8.09 | .24 a | .88 | 27.61 | 9.81 | 25.00 | 12.04 | 23.58 | 12.24 | 4.52 | 5.78 | 9.76 | 6.85 | 39.34 | 16.67 |
| 농어임업직 | 7.47 | 5.75 | 1.61 ab | 3.74 | 30.34 | 12.55 | 20.12 | 10.10 | 22.98 | 12.91 | 4.47 | 5.98 | 12.98 | 5.58 | 37.01 | 14.83 |
| 무직 | 11.68 | 6.36 | 5.00 b | 5.77 | 25.85 | 12.61 | 19.15 | 16.86 | 20.00 | 17.83 | 5.83 | 5.68 | 12.50 | 9.57 | 37.34 | 18.17 |
| 공무원/교사 | 7.30 | 8.58 | 1.84 ab | 3.80 | 32.82 | 10.12 | 19.71 | 9.88 | 22.30 | 14.32 | 4.82 | 5.30 | 11.21 | 8.80 | 37.87 | 17.46 |
| F(p) | 1.289 (.262) | | 2.511* (.022) | | 1.043 (.397) | | .745 (.614) | | .396 (.881) | | 1.045 (.396) | | .437 (.854) | | 1.181 (.316) | |
| 그 외직업 | 10.01 | 9.19 | 3.11 | 5.10 | 29.42 | 11.81 | 21.72 | 11.60 | 20.95 | 12.29 | 3.76 | 4.94 | 11.01 | 8.54 | 36.04 | 16.22 |
| 공무원 | 7.30 | 8.58 | 1.84 | 3.80 | 32.82 | 10.12 | 19.71 | 9.88 | 22.30 | 14.32 | 4.82 | 5.30 | 11.21 | 8.80 | 37.87 | 17.46 |
| t(p) | 2.062* (.040) | | 2.159* (.033) | | -2.037* (.042) | | 2.224 (.222) | | -.666 (.507) | | -1.462 (.145) | | -.156 (.876) | | -.774 (.439) | |

a, b: Scheffe's Multiple Comparison(a<b, α=.05)
* p<.05

어머니의 직업별로는 무직이 평균 29.77로 가장 낮은 수준이었으며, 다음으로 사무직인 경우 평균 34.26, 공무원이나 교사가 평균 35.17, 판매·서비스직이 평균 35.47로 대체로 낮은 도덕 판단력 수준을 나타내었고, 그 외 직업들은 평균 37% 이상의 높은 도덕 판단력 수준을 나타내었으나 통계적으로 유의한 직업별 도덕 판단력의 차이는 없는 것으로 나타났다. 또한 각 단계별 점수에서도 어머니 직업에 따라서는 통계적으로 유의한 차이가 없는 것으로 나타났다(<표 32>).

<표 32> 어머니의 직업에 따른 KDIT를 통한 도덕 판단력 수준 차이

| | Stage1 | | Stage2 | | Stage3 | | Stage4 | | Stage5A | | Stage5B | | Stage6 | | P-지수 | |
|---|---|---|---|---|---|---|---|---|---|---|---|---|---|---|---|---|
| | M | SD | M | SD | M | SD | M | SD | M | SD | M | SD | M | SD | M | SD |
| 전문 · 기술직 | 14.28 | 11.66 | 5.71 | 6.84 | 26.43 | 11.35 | 24.51 | 11.21 | 16.66 | 13.21 | 3.57 | 4.23 | 8.81 | 6.98 | 38.44 | 15.51 |
| 사무직 | 9.82 | 9.40 | 3.24 | 5.43 | 29.27 | 11.52 | 21.02 | 11.92 | 20.83 | 13.74 | 3.70 | 4.76 | 12.13 | 8.74 | 34.26 | 13.01 |
| 판매 · 서비스직 | 9.96 | 9.36 | 3.29 | 5.08 | 29.90 | 11.50 | 21.63 | 11.03 | 21.04 | 11.31 | 3.92 | 5.02 | 10.24 | 8.04 | 35.47 | 16.10 |
| 단순 · 기능직 | 8.09 | 6.03 | 1.43 | 2.63 | 26.67 | 9.82 | 24.76 | 14.50 | 22.39 | 13.85 | 7.61 | 5.67 | 9.06 | 7.13 | 48.57 | 14.52 |
| 농어임업직 | 10.59 | 9.95 | 1.18 | 3.32 | 31.36 | 9.36 | 19.22 | 10.25 | 20.39 | 13.06 | 5.28 | 6.55 | 11.96 | 7.36 | 39.21 | 13.87 |
| 무직 | 9.75 | 10.50 | 2.14 | 5.00 | 33.09 | 12.71 | 24.76 | 11.45 | 18.56 | 13.14 | 4.99 | 5.50 | 6.66 | 8.06 | 29.77 | 20.83 |
| 전업주부 | 7.76 | 8.07 | 2.48 | 4.29 | 30.49 | 11.76 | 20.71 | 11.52 | 23.12 | 12.92 | 3.68 | 4.82 | 11.74 | 9.50 | 37.76 | 17.62 |
| 공무원/교사 | 10.27 | 9.15 | 2.79 | 5.20 | 30.07 | 12.48 | 20.75 | 11.33 | 20.20 | 13.51 | 3.53 | 4.97 | 12.38 | 8.52 | 35.17 | 16.40 |
| F(p) | 1.188 (.309) | | 1.316 (.242) | | .489 (.843) | | .585 (.768) | | .716 (.659) | | .901 (.506) | | 1.205 (.299) | | 1.259 (.270) | |
| 그 외직업 | 9.40 | 9.14 | 2.90 | 4.87 | 30.01 | 11.44 | 21.47 | 11.34 | 21.37 | 12.52 | 4.02 | 5.03 | 10.81 | 8.58 | 36.55 | 16.45 |
| 공무원 | 10.27 | 9.15 | 2.79 | 5.20 | 30.07 | 12.48 | 20.75 | 11.33 | 20.20 | 13.51 | 3.53 | 4.97 | 12.38 | 8.52 | 35.17 | 16.40 |
| t(p) | -.613 (.540) | | .144 (.886) | | -.034 (.973) | | .413 (.680) | | .591 (.555) | | .629 (.530) | | -1.176 (.241) | | .545 (.586) | |

다음 <표 33>는 부모의 생존여부에 따른 KDIT의 각 단계별 점수와 P-지수의 차이를 살펴본 것이다. P-지수에서는 양친 모두 생존한 경우는 평균 36.52이었으며 두 분 중 한 분만 생존하는 경우는 평균 33.51로 나타나, 부모가 모두 생존하는 경우에 더욱 높은 도덕 판단력 수준을 보였으나 통계적으로 유의한 점수 차이는 없는 것으로 나타났다. 또한 각 단계별 점수에서도 부모의 생존여부에 따라서는 통계적으로 유의한 인식의 차이는 없는 것으로 나타났다.

<표 33> 부모생존여부에 따른 KDIT를 통한 도덕 판단력 수준 차이

| | Stage1 | | Stage2 | | Stage3 | | Stage4 | | Stage5A | | Stage5B | | Stage6 | | P-지수 | |
|---|---|---|---|---|---|---|---|---|---|---|---|---|---|---|---|---|
| | M | SD | M | SD | M | SD | M | SD | M | SD | M | SD | M | SD | M | SD |
| 양친 모두 | 9.49 | 9.15 | 2.81 | 4.79 | 30.12 | 11.74 | 21.30 | 11.31 | 21.19 | 12.63 | 3.97 | 5.03 | 11.11 | 8.55 | 36.52 | 16.39 |
| 부/모만 생존 | 10.17 | 9.13 | 4.03 | 6.62 | 28.42 | 8.77 | 22.46 | 11.81 | 21.24 | 13.44 | 3.68 | 4.95 | 9.99 | 9.09 | 33.51 | 17.30 |
| t(p) | -.314 (.754) | | -1.051 (.294) | | .620 (.536) | | -.433 (.665) | | -.018 (.986) | | .238 (.812) | | .552 (.582) | | .776 (.438) | |

<표 34>는 부모와의 거주상태에 따른 KDIT의 각 단계별 점수와 P-지수의 차이를 살펴본 것으로 P-지수에서는 친척과 거주하는 경우 평균 30.60%로 가장 낮은 수준이었으나 그 외 경우는 모두 비슷한 수준으로 높게 나타났다. 또한 각 단계별 점수에서도 부모와의 거주상태에 따라서는 통계적으로 유의한 인식의 차이는 없는 것으로 나타났으며 이는 부모와 함께 거주여부에 따라서도 유사한 결과가 나타났다.

〈표 34〉 부모와의 거주상태에 따른 KDIT를 통한 도덕 판단력 수준 차이

|  | Stage1 | | Stage2 | | Stage3 | | Stage4 | | Stage5A | | Stage5B | | Stage6 | | P-지수 | |
|---|---|---|---|---|---|---|---|---|---|---|---|---|---|---|---|---|
|  | M | SD | M | SD | M | SD | M | SD | M | SD | M | SD | M | SD | M | SD |
| 부모와 함께 거주 | 9.57 | 9.24 | 2.92 | 4.83 | 29.72 | 11.64 | 21.03 | 11.39 | 21.38 | 12.81 | 4.03 | 5.09 | 11.35 | 8.69 | 36.62 | 16.66 |
| 부와 거주 | 10.37 | 9.21 | 3.70 | 8.06 | 28.89 | 9.57 | 26.66 | 9.12 | 18.52 | 12.26 | 1.48 | 3.38 | 10.36 | 7.15 | 34.08 | 13.73 |
| 모와 거주 | 9.46 | 9.37 | 2.93 | 5.38 | 29.87 | 11.19 | 24.26 | 12.38 | 20.40 | 12.60 | 3.34 | 3.97 | 9.74 | 7.76 | 36.54 | 16.07 |
| 친척과 거주 | 7.88 | 6.02 | 1.21 | 2.25 | 39.08 | 10.01 | 19.10 | 7.01 | 20.30 | 10.06 | 5.45 | 6.00 | 6.97 | 7.96 | 30.60 | 13.25 |
| F(p) | .146 (.932) | | .512 (.674) | | 2.366 (.071) | | 1.437 (.232) | | .203 (.894) | | 1.202 (.309) | | 1.159 (.326) | | .532 (.660) | |
| 부모 함께 거주 | 9.57 | 9.24 | 2.92 | 4.83 | 29.72 | 11.64 | 21.03 | 11.39 | 21.38 | 12.81 | 4.03 | 5.09 | 11.35 | 8.69 | 36.62 | 16.66 |
| 그 외 | 9.26 | 8.50 | 2.66 | 5.44 | 31.93 | 11.18 | 23.48 | 10.82 | 20.00 | 11.72 | 3.48 | 4.55 | 9.18 | 7.63 | 34.68 | 14.94 |
| t(p) | .215 (.830) | | .321 (.749) | | -1.188 (.236) | | -1.351 (.178) | | .678 (.498) | | .674 (.501) | | 1.574 (.116) | | .751 (.453) | |

<표 35>는 도덕 및 윤리과목 교육경험에 따른 KDIT의 각 단계별 점수와 P-지수의 차이를 살펴본 것으로 P-지수에 대해서는 학습경험이 있는 경우는 평균 36.80이었으며 경험이 없는 경우는 평균27.29로 도덕이나 윤리교육 경험이 있을수록 더욱 도덕 판단력이 높아지는 것을 알 수 있다($p < .05$). 그러나 각 단계별 점수에서도 도덕 및 윤리교육 경험에 따라서는 통계적으로 유의한 인식의 차이는 없는 것으로 나타났다.

<표 35> 도덕 및 윤리교육 경험에 따른 KDIT를 통한 도덕 판단력 수준 차이

| | Stage1 | | Stage2 | | Stage3 | | Stage4 | | Stage5A | | Stage5B | | Stage6 | | P-지수 | |
|---|---|---|---|---|---|---|---|---|---|---|---|---|---|---|---|---|
| | M | SD | M | SD | M | SD | M | SD | M | SD | M | SD | M | SD | M | SD |
| 없다 | 11.67 | 11.87 | 2.50 | 4.63 | 33.76 | 13.55 | 20.43 | 12.40 | 21.04 | 9.25 | 2.49 | 4.47 | 8.13 | 9.89 | 27.29 | 15.07 |
| 있다 | 9.42 | 8.98 | 2.90 | 4.93 | 29.83 | 11.47 | 21.41 | 11.29 | 21.20 | 12.82 | 4.03 | 5.04 | 11.20 | 8.49 | 36.80 | 16.38 |
| t(p) | .961 (.337) | | -.319 (.750) | | 1.326 (.186) | | -.340 (.734) | | -.048 (.962) | | -1.192 (.234) | | -1.398 (.163) | | -2.274* (.024) | |

* p<.05

<표 36>은 도덕 및 윤리교육 경험자의 과목 흥미도에 따른 KDIT 의 각 단계별 점수와 P-지수의 차이를 살펴본 것으로 도덕 판단력 P-지수는 전혀 흥미가 없다는 대상은 평균 31.19로 아주 낮은 수준이었으며 비교적 과목흥미도가 높을수록 도덕 판단력 수준이 높은 경향이었으나 통계적으로 유의한 인식의 차이는 없는 것으로 나타났다. 또한 각 단계별 점수에서도 도덕 및 윤리교육 과목 흥미도에 따라서는 통계적으로 유의한 인식의 차이는 없는 것으로 나타났다. 독립표본 t 검정을 이용하여 도덕 및 윤리교육에 대한 흥미가 있는 그룹과 그렇지 못한 그룹으로 구분하여 분석한 결과에서도 보는 바와 같이 KDIT를 통한 도덕 판단력 수준에는 통계적으로 유의한 인식의 차이는 없는 것으로 나타났다.

<표 36> 도덕 및 윤리교육 경험자의 과목 흥미도에 따른 KDIT를 통한
도덕 판단력 수준 차이

| | Stage1 | | Stage2 | | Stage3 | | Stage4 | | Stage5A | | Stage5B | | Stage6 | | P-지수 | |
|---|---|---|---|---|---|---|---|---|---|---|---|---|---|---|---|---|
| | M | SD | M | SD | M | SD | M | SD | M | SD | M | SD | M | SD | M | SD |
| 전혀흥미없다 | 10.96 | 7.57 | 3.81 | 6.91 | 31.19 | 11.06 | 21.44 | 13.37 | 18.56 | 14.00 | 3.09 | 5.13 | 10.95 | 8.42 | 31.19 | 15.05 |
| 흥미없다 | 9.20 | 8.55 | 1.75 | 3.70 | 29.61 | 10.52 | 22.22 | 9.67 | 22.14 | 12.47 | 4.92 | 5.21 | 10.16 | 8.89 | 34.63 | 14.73 |
| 보통 | 9.00 | 9.36 | 3.07 | 5.16 | 30.78 | 11.64 | 20.40 | 11.35 | 20.92 | 12.67 | 3.77 | 4.87 | 12.05 | 8.53 | 37.22 | 16.51 |
| 흥미 | 10.90 | 8.66 | 3.24 | 4.74 | 26.89 | 11.26 | 23.69 | 11.38 | 20.45 | 12.62 | 4.59 | 5.36 | 10.22 | 8.41 | 38.05 | 17.87 |

| | | | | | | | | | | | | | | | | |
|---|---|---|---|---|---|---|---|---|---|---|---|---|---|---|---|---|
| 매우흥미 | 5.71 | 7.99 | 1.66 | 3.86 | 33.34 | 12.06 | 19.04 | 11.94 | 28.34 | 14.84 | 2.38 | 4.42 | 9.53 | 7.15 | 37.11 | 12.58 |
| F(p) | 1.302 (.269) | | 1.055 (.379) | | 1.908 (.109) | | 1.304 (.269) | | 1.379 (.241) | | 1.167 (.325) | | .964 (.428) | | .744 (.562) | |
| 흥미없다 | 9.94 | 8.29 | 2.65 | 5.02 | 29.84 | 10.67 | 22.60 | 10.95 | 20.67 | 13.14 | 4.29 | 5.14 | 10.00 | 8.69 | 33.17 | 14.72 |
| 흥미있다 | 10.38 | 8.85 | 3.33 | 4.83 | 28.14 | 11.38 | 23.33 | 11.58 | 21.19 | 13.06 | 3.93 | 5.18 | 9.68 | 8.14 | 37.07 | 16.94 |
| t(p) | -.306 (.760) | | -.830 (.408) | | .922 (.358) | | -.388 (.698) | | -.239 (.811) | | .424 (.672) | | .228 (.820) | | -1.485 (.140) | |

다음으로 KDIT 단계별 점수와 P-지수와 각 변인간의 상관성을 피어슨의 상관계수를 통해 알아보았다. 그 결과 P-지수와는 연구대상자의 학력이 높을수록(r=.201), 성별에서는 여자(r=-.194)에 비해 남자가 다소 높은 상관성을 가지고 있고 유의미하며, 도덕이나 윤리과목을 교육받은 경험이 있거나(r=.123), 과목 흥미도가 높을수록(r=.136), 친한 친구의 수가 적을수록(r=-.132) 비교적 P-지수가 소폭 증가하는 것으로 나타났다. 각 단계별 점수를 살펴보면, Stage1은 연구대상자의 학력이 높을수록(r=-.144) 점수가 떨어지며, 아버지의 직업이 교사나 공무원이 아닐 경우(r=-.114), 아버지가 종교가 있을수록(r=.125) 점수가 높아지는 것으로 나타났으며, Stage2, Stage4는 연구대상자의 학력이 높을수록(r=-.175) 점수가 떨어지며, Stage5A, Stage5B는 연구대상자의 학력이 높을수록 점수가 높아지며(r=.173, r=.314), Stage3은 아버지의 직업이 공무원이나 교사일수록(r=.112) 점수가 높았으며, Stage6은 여자일수록(r=-.220) 높아지는 것으로 조사되었다(<표 37>).

<표 37> KDIT 단계별 점수와 P-지수와 각 변인 간의 상관성

| | | Stage1 | Stage2 | Stage3 | Stage4 | Stage5A | Stage5B | Stage6 | P-지수 |
|---|---|---|---|---|---|---|---|---|---|
| 학교급 | r | -.144** | -.175** | -0.028 | -.117* | .173** | .314*** | 0.007 | .201*** |
| | p | 0.009 | 0.001 | 0.608 | 0.035 | 0.002 | 0.000 | 0.902 | 0.000 |
| 성별(남) | r | 0.062 | 0.021 | 0.042 | 0.073 | -0.020 | 0.031 | -.220*** | -.194*** |
| | p | 0.260 | 0.708 | 0.444 | 0.190 | 0.722 | 0.579 | 0.000 | 0.000 |
| 부학력 | r | -0.016 | -0.031 | 0.071 | 0.042 | -0.063 | -0.075 | 0.020 | 0.032 |
| | p | 0.780 | 0.571 | 0.199 | 0.445 | 0.256 | 0.177 | 0.722 | 0.555 |
| 모학력 | r | -0.037 | 0.015 | 0.043 | 0.070 | -0.067 | -0.098 | 0.038 | -0.059 |
| | p | 0.502 | 0.792 | 0.441 | 0.208 | 0.229 | 0.076 | 0.495 | 0.278 |
| 부직업(교사) | r | -.114* | -0.099 | .112* | -0.068 | 0.041 | 0.081 | 0.009 | 0.042 |
| | p | 0.040 | 0.074 | 0.042 | 0.222 | 0.463 | 0.145 | 0.876 | 0.439 |
| 모직업(교사) | r | 0.034 | -0.008 | 0.002 | -0.023 | -0.033 | -0.035 | 0.065 | -0.030 |
| | p | 0.540 | 0.886 | 0.973 | 0.680 | 0.555 | 0.530 | 0.241 | 0.586 |
| 윤리과목(유) | r | -0.053 | 0.018 | -0.073 | 0.019 | 0.003 | 0.066 | 0.077 | .123* |
| | p | 0.337 | 0.750 | 0.186 | 0.734 | 0.962 | 0.234 | 0.163 | 0.024 |
| 과목흥미도 | r | -0.049 | 0.014 | -0.086 | 0.044 | 0.049 | 0.026 | 0.015 | .136* |
| | p | 0.379 | 0.800 | 0.119 | 0.432 | 0.380 | 0.637 | 0.788 | 0.013 |
| 본인종교(유) | r | 0.071 | 0.049 | 0.011 | 0.051 | -0.078 | -0.034 | -0.050 | -0.105 |
| | p | 0.203 | 0.382 | 0.849 | 0.362 | 0.161 | 0.543 | 0.370 | 0.053 |
| 부종교(유) | r | .125* | 0.040 | -0.035 | 0.047 | -0.039 | -0.011 | -0.107 | -0.043 |
| | p | 0.024 | 0.475 | 0.531 | 0.399 | 0.486 | 0.839 | 0.054 | 0.426 |
| 모종교(유) | r | 0.047 | 0.048 | 0.001 | 0.069 | -0.041 | -0.007 | -0.105 | -0.014 |
| | p | 0.398 | 0.389 | 0.984 | 0.214 | 0.458 | 0.895 | 0.057 | 0.795 |
| 친구 수 | r | 0.057 | 0.060 | -0.080 | 0.044 | -0.017 | -0.041 | 0.003 | -.132* |
| | p | 0.301 | 0.276 | 0.149 | 0.424 | 0.762 | 0.460 | 0.957 | 0.015 |
| 부모생존 (생존) | r | -0.017 | -0.058 | 0.034 | -0.024 | -0.001 | 0.013 | 0.031 | 0.042 |
| | p | 0.754 | 0.294 | 0.536 | 0.665 | 0.986 | 0.812 | 0.582 | 0.438 |
| 주거상태 (거주) | r | 0.012 | 0.018 | -0.066 | -0.075 | 0.038 | 0.037 | 0.087 | 0.041 |
| | p | 0.830 | 0.749 | 0.236 | 0.178 | 0.498 | 0.501 | 0.116 | 0.453 |

Pearson's Linear Correlation Coefficient(r)
* p<.05 ** p<.01 *** p<.001

## 나. KDIT의 P-지수 향상요인

KDIT에 의한 P-지수를 높일 수 있는 향상요인을 알아보기 위하여 다중회귀분석을 실시하였다. 그 결과 독립변수로는 성별, 윤리도덕교육 경험유무, 본인종교유무, 부모종교유무, 부모생존여부, 부모와 함께 거주여부는 이분형으로 변환하여 더미변수화하고 독립변수로 투입하였으며, 아버지 직업과 어머니 직업에 대해서는 공무원이나 교사 여부로 재코딩하여 더미변수로 변환하고 독립변수로 투입하였다. 그 외 학교급, 부모의 학력, 과목 흥미도, 친한 친구 수을 독립변인으로 투입하였다.

P-지수에는 학교급이 높을수록($\beta$=.187, p<.01), 즉, 학생들의 학력이 높을수록 더욱 도덕 판단력이 높아지는 양상이었으며, 여자들이 남자들의 도덕 판단력보다 높은 것으로 나타났다($\beta$=-.205, p<.001) 이 회귀모형은 통계적으로 유의하며 모형의 설명력이 11.7%로 나타났다.

각 단계별 점수에 대한 영향요인을 살펴보면, Stage1, 2, 3, 4, 5A 모두 회귀모형 자체가 통계적으로 유의하지 못한 것으로 나타났으나, Stage5B의 경우는 학교급이 높아질수록($\beta$=.371, p<.001)과 친한 친구 수가 많을수록 점수가 높아지는 것으로 나타났으며($\beta$=.125, p<.05), Stage6에서는 여자일수록 더욱 점수가 높아지는 것으로 나타났고, 이 모형은 통계적으로 유의하며 모형의 설명력은 7.8%수준이었다(<표 38>).

### 〈표 38〉 KDIT의 P-지수에 대한 영향 요인

| | Stage1 | | | Stage2 | | | Stage3 | | | Stage4 | | |
|---|---|---|---|---|---|---|---|---|---|---|---|---|
| | b | β | t | b | β | t | b | β | t | b | β | t |
| (Constant) | 16.192 | | 3.422** (.001) | 6.703 | | 2.623** (.009) | 38.840 | | 6.424*** (.000) | 18.636 | | 3.141** (.002) |
| 학교급 | -1.360 | -.151 | -2.224* (.027) | -1.064 | -.220 | -3.220** (.001) | -.937 | -.082 | -1.199 (.231) | -1.311 | -.118 | -1.710 (.088) |
| 성별(남) | 1.626 | .089 | 1.512 (.132) | .473 | .048 | .815 (.416) | 1.058 | .046 | .771 (.442) | 2.369 | .105 | 1.758 (.080) |
| 부학력 | .246 | .032 | .416 (.678) | -.265 | -.064 | -.829 (.408) | .695 | .071 | .921 (.358) | -.177 | -.019 | -.239 (.811) |
| 모학력 | -.873 | -.109 | -1.332 (.184) | .095 | .022 | .269 (.788) | -.235 | -.023 | -.281 (.779) | .784 | .079 | .955 (.340) |
| 부직업 (공무원/교사) | -3.740 | -.157 | -2.395* (.017) | -1.283 | -.100 | -1.521 (.129) | 4.015 | .133 | 2.012* (.045) | -2.154 | -.073 | -1.100 (.272) |
| 모직업 (공무원/교사) | 3.492 | .137 | 1.984* (.048) | .303 | .022 | .319 (.750) | -2.270 | -.070 | -1.009 (.314) | -.487 | -.015 | -.220 (.826) |
| 윤리과목(유) | -.822 | -.019 | -.265 (.791) | 1.081 | .046 | .645 (.519) | -3.080 | -.056 | -.777 (.438) | 2.137 | .040 | .550 (.583) |
| 과목흥미도 | -.190 | -.022 | -.305 (.761) | .033 | .007 | .099 (.921) | -.578 | -.053 | -.726 (.469) | .378 | .035 | .485 (.628) |
| 종교(유) | .133 | .007 | .109 (.913) | -.208 | -.021 | -.317 (.751) | .554 | .024 | .357 (.721) | -.570 | -.025 | -.375 (.708) |
| 부종교(유) | 1.825 | .097 | 1.382 (.168) | -.207 | -.021 | -.290 (.772) | -1.612 | -.068 | -.956 (.340) | -.023 | -.001 | -.014 (.989) |
| 모종교(유) | -.512 | -.025 | -.347 (.729) | .660 | .060 | .829 (.408) | .725 | .028 | .385 (.701) | 1.409 | .055 | .763 (.446) |
| 친구 수 | -.278 | -.035 | -.550 (.583) | -.238 | -.056 | -.871 (.384) | -1.186 | -.117 | -1.836 (.067) | -.144 | -.015 | -.228 (.820) |
| 부모생존(생존) | -1.350 | -.034 | -.504 (.615) | -2.435 | -.113 | -1.683 (.093) | 3.769 | .074 | 1.101 (.272) | 2.032 | .041 | .605 (.546) |
| 주거상태 (함께거주) | .645 | .024 | .364 (.716) | 1.147 | .080 | 1.199 (.232) | -3.863 | -.114 | -1.706 (.089) | -2.343 | -.071 | -1.054 (.293) |
| | R=.258 R²=.067 Adj. R²=.025 F=1.588 p=.081 | | | R=.243 R²=.059 Adj. R²=.017 F=1.397 p=.153 | | | R=.234 R²=.055 Adj. R²=.012 F=1.281 p=.217 | | | R=.200 R²=.040 Adj. R²=.003 F=.927 p=.530 | | |

| | Stage5A | | | Stage5B | | | Stage6 | | | P-지수 | | |
|---|---|---|---|---|---|---|---|---|---|---|---|---|
| | b | β | t | b | β | t | b | β | t | b | β | t |
| (Constant) | 13.182 | | 1.992* (.047) | -3.263 | | -1.293 (.197) | 9.710 | | 2.204* (.028) | 25.731 | | 3.129** (.002) |
| 학교급 | 2.546 | .204 | 2.976** (.003) | 1.835 | .371 | 5.624*** (.000) | .294 | .035 | .517 (.606) | 2.956 | .187 | 2.836** (.005) |

| | | | | | | | | | | | | |
|---|---|---|---|---|---|---|---|---|---|---|---|---|
| 성별(남) | -1.165 | -.046 | -.775 (.439) | -.351 | -.035 | -.612 (.541) | -3.998 | -.234 | -3.993*** (.000) | -6.741 | -.205 | -3.654*** (.000) |
| 부학력 | -.394 | -.037 | -.477 (.633) | -.130 | -.031 | -.413 (.680) | .031 | .004 | .056 (.956) | 1.810 | .132 | 1.784 (.075) |
| 모학력 | .062 | .006 | .068 (.946) | .051 | .012 | .145 (.885) | .118 | .016 | .194 (.847) | -1.323 | -.093 | -1.192 (.234) |
| 부직업 (공무원/교사) | 2.127 | .064 | .974 (.331) | 1.286 | .098 | 1.544 (.124) | -.241 | -.011 | -.165 (.869) | 2.583 | .059 | .950 (.343) |
| 모직업 (공무원/교사) | -1.214 | -.034 | -.493 (.622) | -.484 | -.035 | -.515 (.607) | .654 | .027 | .399 (.690) | -2.583 | -.055 | -.845 (.399) |
| 윤리과목(유) | -3.763 | -.062 | -.868 (.386) | .267 | .011 | .161 (.872) | 4.156 | .102 | 1.439 (.151) | 1.723 | .022 | .320 (.749) |
| 과목흥미도 | .998 | .083 | 1.145 (.253) | -.034 | -.007 | -.102 (.919) | -.614 | -.076 | -1.059 (.290) | 1.302 | .083 | 1.217 (.224) |
| 종교(유) | -.965 | -.038 | -.569 (.570) | .414 | .041 | .639 (.523) | .642 | .038 | .568 (.570) | -2.536 | -.077 | -1.214 (.226) |
| 부종교(유) | .482 | .019 | .261 (.794) | .567 | .055 | .805 (.421) | -1.018 | -.058 | -.828 (.408) | -.374 | -.011 | -.164 (.869) |
| 모종교(유) | -.599 | -.021 | -.290 (.772) | -.324 | -.029 | -.412 (.681) | -1.373 | -.071 | -1.001 (.318) | 1.233 | .033 | .484 (.628) |
| 친구 수 | .982 | .089 | 1.389 (.166) | .547 | .125 | 2.031* (.043) | .319 | .043 | .678 (.498) | -.212 | -.015 | -.244 (.807) |
| 부모생존(생존) | -.293 | -.005 | -.078 (.938) | .278 | .013 | .194 (.846) | -2.001 | -.053 | -.802 (.423) | -.922 | -.013 | -.199 (.842) |
| 주거상태 (함께거주) | 1.559 | .042 | .629 (.530) | .482 | .033 | .510 (.611) | 2.358 | .094 | 1.429 (.154) | 2.202 | .046 | .734 (.464) |
| | R=.223 R²=.050 Adj. R²=.007 F=1.162 p=.304 | | | R=.345 R²=.119 Adj. R²=.080 F=3.006*** p=.000 | | | R=.280 R²=.078 Adj. R²=.037 F=1.885* p=.027 | | | R=.342 R²=.117 Adj. R²=.079 F=3.053*** p=.000 | | |

학교급: 초등학교=1, 중학교=2, 고등학교=3, 대학교=4
\* p<.05 \*\* p<.01 \*\*\* p<.001

## 2. MJT에 의한 조사결과

## 가. 인구통계변인별 MJT의 결과

MJT에 의해 측정된 단계(%)점수(1, 2, 3, 4, 5, 6)와 C(%) 점수에 대

해서 분석해본 결과 다음과 같이 나타났다. 먼저 C-지수는 본 연구대상자들의 경우 0점에서 100점까지 분포하였으며 평균 16.82로 조사되었다.[91] 그리고 각 단계점수는 Stage1이 평균 5.23이며, Stage2는 평균 6.35, Stage3은 평균 4.28, Stage4는 평균 4.29, Stage5는 평균 5.23이며, Stage6은 평균 4.12로 조사되었다. 여기서 Stage1과 Stage2, Stage5의 수준이 평균 5점 이상으로 비교적 높았다.

학교급에 따른 각 단계별 점수의 차이를 살펴보면 다음과 같다. 전체적인 C-지수에서는 초등학교(M=20.00)가 가장 높은 수준이었으며 대학생(M=13.64)이 가장 낮게 나타났다(p<.05). 그리고 각 단계별 수준에서는 Stage2, Stage4, Stage5에서 유의한 차이가 나타났고, 초등학교 학생들의 점수가 가장 높았으며 Stage2는 중학교, Stage4는 대학교, Stage5는 중학교와 대학교의 점수가 낮은 것으로 나타났다(<표 39>).

<표 39> 각 학교급별 MJT점수 단계별 점수 차이

| | Stage1 | | Stage2 | | Stage3 | | Stage4 | | Stage5 | | Stage6 | | C-지수 | |
|---|---|---|---|---|---|---|---|---|---|---|---|---|---|---|
| | M | SD | M | SD | M | SD | M | SD | M | SD | M | SD | M | SD |
| 초등학교 | 6.10 | 10.68 | 8.92 b | 13.24 | 5.79 | 10.23 | 6.17 b | 9.67 | 7.89 b | 11.99 | 5.48 | 9.33 | 20.00 b | 17.08 |
| 중학교 | 3.97 | 5.99 | 3.52 a | 5.19 | 3.78 | 6.90 | 3.32 ab | 5.17 | 3.78 a | 5.86 | 3.04 | 4.65 | 14.24 ab | 12.56 |
| 고등학교 | 5.43 | 9.85 | 6.66 ab | 8.62 | 4.02 | 6.21 | 4.58 ab | 7.72 | 4.81 ab | 7.39 | 4.02 | 6.47 | 17.64 ab | 13.12 |
| 대학교 | 5.18 | 6.36 | 5.59 ab | 6.80 | 3.16 | 5.81 | 2.05 a | 3.05 | 3.95 a | 6.85 | 3.67 | 5.03 | 13.64 a | 10.37 |
| 전체 | 5.23 | 8.84 | 6.35 | 9.38 | 4.28 | 7.57 | 4.29 | 7.37 | 5.23 | 8.60 | 4.12 | 6.83 | 16.82 | 13.92 |
| F(p) | .835 (.476) | | 4.895** (.002) | | 1.736 (.159) | | 4.255** (.006) | | 4.167** (.006) | | 1.908 (.128) | | 3.595* (.014) | |

a, b, c: Scheffe's Multiple Comparison(a⟨b⟨c, α=.05)
* p⟨.05 ** p⟨.01

[91] C-지수는 Cohen(1988)의 제안에 따라, 낮음(1~9), 중간(10~29), 높은(30~49), 그리고 아주 높음(50 이상)으로 나뉜다.

다음 [그림 10]은 각 학교급별 C-지수의 현황이다. 전체적 C-지수를 비롯하여 초등학교, 고등학교, 대학교는 각 단계의 평균점수가 유사한 패턴으로 분포하나 중학교의 경우는 각 단계의 점수가 유의한 차이가 없는 것으로 나타났다. Stage1과 Stage2에서 특이사항이 많이 발생하였으며, 초등학생의 경우는 Stage2와 Stage5B에서, 중학생은 Stage1과 Stage5B에서, 고등학생은 Stage5A, 5B를 제외한 모든 단계에서 특이사항이 발생하였으며, 대학생은 Stage2는 대부분이 극히 낮은 수준이었으나 특이사항이 많았으며, Stage4와 Stage6에서 특이사항이 많이 발생하였다.

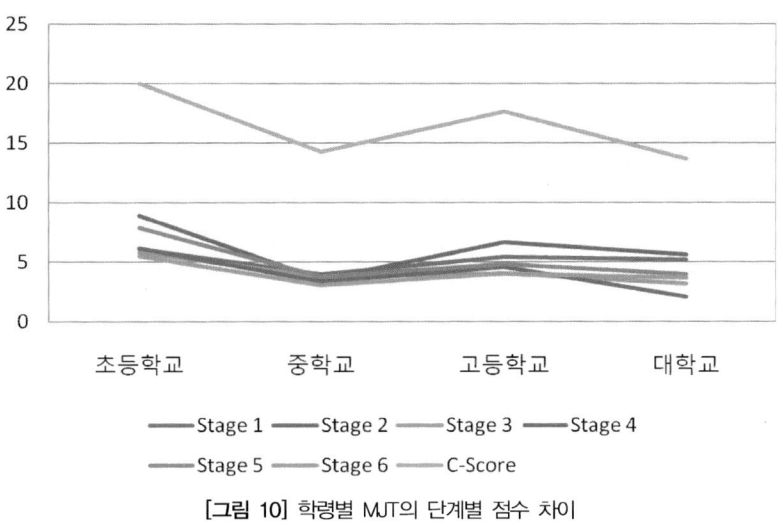

[그림 10] 학령별 MJT의 단계별 점수 차이

평균점수에 대한 그림에서는 초등학생은 3단계부터는 다소 떨어지는 양상이지만, 중·고등·대학생은 Stage4에서 떨어진 수준이 Stage5A에서 다시 향상되는 모습이며, 다시 Stage5B에서 큰 폭으로 감소하는 패턴이며 다시 Stage6에서 큰 폭으로 상승하는 것을 알 수 있다. 그러나 그림에서 특이사항이 상당히 많이 존재함을 알 수 있다. 특히 중학교와 대학생은 비교적 적으나 초등학생들은 특이사항의 점수 폭이 크며, 고등학교는 빈도가 많음을 알 수 있다(<표 40>).

<표 40> C-지수의 각 단계별 차이에 대한 분석결과(전체 및 학교급별)

| | Stage1 | | Stage2 | | Stage3 | | Stage4 | | Stage5 | | Stage6 | | F(p) |
|---|---|---|---|---|---|---|---|---|---|---|---|---|---|
| | M | SD | M | SD | M | SD | M | SD | M | SD | M | SD | |
| 초등학교 | 6.10 | 10.68 | 8.92 | 13.24 | 5.79 | 10.23 | 6.17 | 9.67 | 7.89 | 11.99 | 5.48 | 9.33 | 2.948* |
| | | 2.82**△ | | 3.13*▽ | | 0.38△ | | 1.72△ | | 2.41*▽ | | | | (.012) |
| 중학교 | 3.97 | 5.99 | 3.52 | 5.19 | 3.78 | 6.90 | 3.32 | 5.17 | 3.78 | 5.86 | 3.04 | 4.65 | .574 |
| | | 0.44▽ | | 0.25△ | | 0.55▽ | | 0.60△ | | 0.87▽ | | | | (.720) |
| 고등학교 | 5.43 | 9.85 | 6.66 | 8.62 | 4.02 | 6.21 | 4.58 | 7.72 | 4.81 | 7.39 | 4.02 | 6.47 | 2.642* |
| | | 1.24△ | | 2.66**▽ | | 0.64△ | | 0.13△ | | 0.69▽ | | | | (.022) |
| 대학교 | 5.18 | 6.36 | 5.59 | 6.80 | 3.16 | 5.81 | 2.05 | 3.05 | 3.95 | 6.85 | 3.67 | 5.03 | 3.678** |
| | | 0.40△ | | 2.42*▽ | | 1.12▽ | | 1.90△ | | 0.28▽ | | | | (.003) |
| 전체 | 5.23 | 8.84 | 6.35 | 9.38 | 4.28 | 7.57 | 4.29 | 7.37 | 5.23 | 8.60 | 4.12 | 6.83 | 6.442*** |
| | | 1.12*△ | | 2.06***▽ | | 0.01△ | | 0.94*△ | | 1.11*▽ | | | | (.000) |

△: 향상, ▽: 감소
* $p<.05$ ** $p<.01$ *** $p<.001$

즉, C-지수의 각 단계별 차이에 대한 분석 중 전체적인 경향에서는 특히 Stage1과 Stage2, Stage2와 Stage3, Stage4와 Stage5, Stage5와 Stage6 간에 통계적으로 유의한 차이가 나타났다.

학교급별로는 초등학교는 Stage1과 Stage2, Stage2와 Stage3, Stage5와 Stage6 간에 유의한 차이가 나타났으며, 중학교에서는 모든 Stage에서 유의한 차이는 없는 것으로 나타났다. 또한 고등학교에서는 Stage2와 Stage3 간에 유의한 차이가 나타났으며, 대학교에서는 Stage2와 Stage3 간에 유의한 차이가 나타났다.

먼저 인구통계학적 특성과 부모 관련 변인, 도덕, 윤리 교육경험 및 과목 흥미도에 따른 MJT 점수의 차이를 살펴보았다. <표 41>는 성별에 따른 MJT의 각 단계별 점수와 C-지수의 차이를 살펴본 것으로 성별에 따라서는 남자는 평균 18.28, 여자는 평균 15.32로 남자들의 도덕 판단력 수준이 높은 것으로 나타났다(p<.05).

<표 41> 성별에 따른 MJT를 통한 도덕 판단력 수준 차이

| | Stage1 | | Stage2 | | Stage3 | | Stage4 | | Stage5 | | Stage6 | | C-지수 | |
|---|---|---|---|---|---|---|---|---|---|---|---|---|---|---|
| | M | SD | M | SD | M | SD | M | SD | M | SD | M | SD | M | SD |
| 남자 | 6.26 | 10.11 | 6.83 | 10.60 | 4.79 | 8.49 | 5.36 | 8.69 | 5.90 | 9.80 | 5.04 | 8.22 | 18.28 | 14.50 |
| 여자 | 4.17 | 7.18 | 5.85 | 7.94 | 3.76 | 6.48 | 3.20 | 5.50 | 4.55 | 7.10 | 3.17 | 4.85 | 15.32 | 13.17 |
| t(p) | 2.195 (.029) | | .955 (.340) | | 1.258 (.209) | | 2.742*** (.000) | | 1.458 (.146) | | 2.554* (.011) | | 1.966* (.050) | |

* p<.05 *** p<.001

각 단계별 점수를 살펴보면(<표 42>), Stage4(p<.001)와 Stage6(p<.05)에서 남자들이 여자보다 더욱 점수가 높은 것으로 나타났다.

<표 42> 성별에 따른 각 단계별 차이

| | Stage1 | | Stage2 | | Stage3 | | Stage4 | | Stage5 | | Stage6 | | F(p) |
|---|---|---|---|---|---|---|---|---|---|---|---|---|---|
| | M | SD | M | SD | M | SD | M | SD | M | SD | M | SD | |
| 남자 | 6.26 | 10.11 | 6.83 | 10.60 | 4.79 | 8.49 | 5.36 | 8.69 | 5.90 | 9.80 | 5.04 | 8.22 | 2.138 (.059) |
| | 0.57△ | | 2.04**▽ | | 0.57△ | | 0.54△ | | 0.86▽ | | | | |
| 여자 | 4.17 | 7.18 | 5.85 | 7.94 | 3.76 | 6.48 | 3.20 | 5.50 | 4.55 | 7.10 | 3.17 | 4.85 | 5.882*** (.000) |
| | 1.69**△ | | 2.09**▽ | | 0.56▽ | | 1.35**△ | | 1.37*△ | | | | |

△ : 향상, ▽ : 감소
* p<.05 ** p<.01 *** p<.001

성별에 따른 각 단계별 차이에서는 남자의 경우는 통계적으로 유의수준 5%에서는 유의한 차이가 없었으나 유의수준 10%에서는 Stage2와 Stage3 간에 유의한 차이가 발생함을 알 수 있다. 여자의 경우는 Stage1과 Stage2, Stage2와 Stage3, Stage4와 Stage5, Stage5와 Stage6 간에 유의한 차이가 나타났다.

<표 43>는 친한 친구 수에 따른 MJT의 각 단계별 점수와 C-지수의 차이를 살펴본 것으로 거의 없다는 경우는 평균 20.53, 1~5명은 평균 17.10, 6~10명은 평균 15.70, 10~20명은 평균 17.13, 20명 이상은 평균 17.38으로 조사되어 친한 친구가 거의 없는 경우 가장 높은 도덕 판단력 수준을 가졌으며 6~10명인 친구 수를 가진 대상들의 점수가 가장 낮았다.

〈표 43〉 친한 친구의 수에 따른 MJT를 통한 도덕 판단력 수준 차이

| | Stage1 | | Stage2 | | Stage3 | | Stage4 | | Stage5 | | Stage6 | | C-지수 | |
|---|---|---|---|---|---|---|---|---|---|---|---|---|---|---|
| | M | SD | M | SD | M | SD | M | SD | M | SD | M | SD | M | SD |
| 거의 없다 | 5.43 | 7.27 | 5.82 | 5.54 | 2.07 | 3.14 | 7.64 | 9.65 | 8.54 | 10.97 | 2.50 | 3.17 | 20.53 | 19.25 |
| 1~5명 | 3.68 | 4.72 | 5.69 | 6.68 | 3.07 | 4.58 | 4.70 | 8.02 | 5.20 | 7.94 | 4.12 | 5.59 | 17.10 | 11.56 |
| 6~10명 | 5.41 | 8.65 | 6.56 | 8.92 | 4.62 | 7.62 | 4.16 | 7.03 | 4.86 | 7.77 | 4.28 | 6.91 | 15.70 | 14.50 |
| 10~20명 | 4.42 | 7.13 | 7.13 | 11.29 | 3.04 | 5.68 | 3.60 | 5.63 | 5.92 | 10.53 | 3.95 | 5.63 | 17.13 | 11.98 |
| 20명 이상 | 6.14 | 10.99 | 6.10 | 10.09 | 5.25 | 9.30 | 4.37 | 7.99 | 5.07 | 8.53 | 4.16 | 7.94 | 17.38 | 14.99 |
| F(p) | .835 (.504) | | .199 (.939) | | 1.385 (.239) | | .536 (.709) | | .405 (.805) | | .121 (.975) | | .355 (.840) | |

그러나 단계별 점수에서는 모두 친한 친구 수에 따라서는 통계적으로 유의한 차이는 없는 것으로 나타났다(<표 44>).

<표 44> 친한 친구의 수에 따른 MJT를 통한 단계별 차이

| | Stage1 | | Stage2 | | Stage3 | | Stage4 | | Stage5 | | Stage6 | | F(p) |
|---|---|---|---|---|---|---|---|---|---|---|---|---|---|
| | M | SD | M | SD | M | SD | M | SD | M | SD | M | SD | |
| 거의 없다 | 5.43 | 7.27 | 5.82 | 5.54 | 2.07 | 3.14 | 7.64 | 9.65 | 8.54 | 10.97 | 2.50 | 3.17 | 1.125 (.369) |
| | | 0.39△ | | 3.75▽ | | 5.57△ | | 0.89△ | | 6.04▽ | | | |
| 1~5명 | 3.68 | 4.72 | 5.69 | 6.68 | 3.07 | 4.58 | 4.70 | 8.02 | 5.20 | 7.94 | 4.12 | 5.59 | 1.562 (.171) |
| | | 2.01△ | | 2.62▽ | | 1.63△ | | 0.50△ | | 1.308▽ | | | |
| 6~10명 | 5.41 | 8.65 | 6.56 | 8.92 | 4.62 | 7.62 | 4.16 | 7.03 | 4.86 | 7.77 | 4.28 | 6.91 | 2.086 (.066) |
| | | 1.16△ | | 1.94▽ | | 0.47▽ | | 0.71△ | | 0.58▽ | | | |
| 10~20명 | 4.42 | 7.13 | 7.13 | 11.29 | 3.04 | 5.68 | 3.60 | 5.63 | 5.92 | 10.53 | 3.95 | 5.63 | 3.597** (.004) |
| | | 2.71*△ | | 4.08**▽ | | 0.55△ | | 2.32△ | | 1.97▽ | | | |
| 20명 이상 | 6.14 | 10.99 | 6.10 | 10.09 | 5.25 | 9.30 | 4.37 | 7.99 | 5.07 | 8.53 | 4.16 | 7.94 | 2.042 (.071) |
| | | 0.04▽ | | 0.85▽ | | 0.87▽ | | 0.69△ | | 0.91▽ | | | |

△: 향상, ▽: 감소
* $p<.05$ ** $p<.01$

친한 친구에 따른 각 단계별 차이에서는 거의 없다는 경우, 1~5명
인 경우, 6~10명인 경우, 20명 이상인 경우는 통계적으로 유의한 차
이가 없는 것으로 나타났으며, 10~20명인 경우에는 Stage1과 Stage2,
Stage2와 Stage3 간에 유의한 차이가 나타났다. 본인의 종교에 따라서
는 Stage4에서 기타 종교인들의 인식이 가장 강하며, 없거나 기독교,
천주교를 종교로 가진 대상의 점수가 낮은 것으로 나타났다($p<.01$).
또한 본인의 종교유무에 따라서는 Stage2($p<.05$)와 Stage4($p<.05$)에서
종교를 가지고 있는 대상들의 점수가 높게 나타났다(<표 45>).

<표 45> 본인의 종교에 따른 MJT를 통한 도덕 판단력 수준 차이

| | Stage1 | | Stage2 | | Stage3 | | Stage4 | | Stage5 | | Stage6 | | C-지수 | |
|---|---|---|---|---|---|---|---|---|---|---|---|---|---|---|
| | M | SD | M | SD | M | SD | M | SD | M | SD | M | SD | M | SD |
| 기독교 | 4.43 | 6.69 | 7.03 | 11.69 | 3.83 | 7.48 | 3.27 a | 6.02 | 5.15 | 11.60 | 3.90 | 6.46 | 16.69 | 17.42 |
| 천주교 | 6.63 | 13.93 | 8.04 | 10.51 | 3.67 | 7.15 | 4.95 a | 7.70 | 6.14 | 8.92 | 2.37 | 2.70 | 16.94 | 13.19 |
| 불교 | 5.77 | 10.01 | 7.66 | 10.91 | 4.93 | 9.52 | 6.13 ab | 9.23 | 6.55 | 9.09 | 5.41 | 8.98 | 17.15 | 13.59 |
| 기타종교 | 2.83 | 3.17 | 4.17 | 7.00 | 12.42 | 20.43 | 14.42 b | 24.11 | 6.25 | 6.00 | 1.75 | 1.98 | 11.46 | 10.55 |
| 없음 | 5.09 | 8.14 | 5.22 | 7.15 | 4.03 | 6.03 | 3.41 a | 5.79 | 4.42 | 6.88 | 3.77 | 5.93 | 16.78 | 12.92 |
| F(p) | .400 (.808) | | 1.326 (.260) | | 1.165 (.326) | | 3.862** (.004) | | .960 (.429) | | 1.362 (.247) | | .125 (.973) | |
| 없음 | 5.09 | 8.14 | 5.22 | 7.15 | 4.03 | 6.03 | 3.41 | 5.79 | 4.42 | 6.88 | 3.77 | 5.93 | 16.78 | 12.92 |
| 있음 | 5.36 | 9.49 | 7.43 | 11.03 | 4.52 | 8.82 | 5.14 | 8.54 | 6.01 | 9.93 | 4.45 | 7.60 | 16.87 | 14.85 |
| t(p) | -.277 (.782) | | -2.192* (.029) | | -.599 (.549) | | -2.189* (.029) | | -1.713 (.088) | | -.920 (.358) | | -.061 (.951) | |

* p<.05 ** p<.01

　본인의 종교에 따른 각 단계별 차이에서는 천주교, 불교, 기타종교인 경우는 통계적으로 유의한 차이가 없는 것으로 나타났으며 기독교인 경우는 Stage1과 Stage2 간에 유의한 차이가 나타났으며, 종교를 가지고 있지 않는 경우는 Stage2와 Stage3 간에 유의한 차이가 있으며, 종교가 있는 경우는 Stage1과 Stage2, Stage2와 Stage3 간에 유의한 차이가 있는 것으로 나타났다(<표 46>).

<표 46> 본인의 종교에 따른 각 단계별 차이

| | Stage1 | | Stage2 | | Stage3 | | Stage4 | | Stage5 | | Stage6 | | F(p) |
|---|---|---|---|---|---|---|---|---|---|---|---|---|---|
| | M | SD | M | SD | M | SD | M | SD | M | SD | M | SD | |
| 있음 | 5.36 | 9.49 | 7.43 | 11.03 | 4.52 | 8.82 | 5.14 | 8.54 | 6.01 | 9.93 | 4.45 | 7.60 | 4.584*** (.000) |
| | | 2.07**△ | | 2.90***▽ | | 0.62▽ | | 0.87△ | | 1.55*▽ | | | |
| 기독교 | 4.43 | 6.69 | 7.03 | 11.69 | 3.83 | 7.48 | 3.27 | 6.02 | 5.15 | 11.60 | 3.90 | 6.46 | 2.316* (.044) |
| | | 2.60*△ | | 3.21▽ | | 0.56▽ | | 1.88△ | | 1.25▽ | | | |
| 천주교 | 6.63 | 13.93 | 8.04 | 10.51 | 3.67 | 7.15 | 4.95 | 7.70 | 6.14 | 8.92 | 2.37 | 2.70 | 1.355 (.248) |
| | | 1.40△ | | 4.37▽ | | 1.29△ | | 1.19△ | | 3.77▽ | | | |
| 불교 | 5.77 | 10.01 | 7.66 | 10.91 | 4.93 | 9.52 | 6.13 | 9.23 | 6.55 | 9.09 | 5.41 | 8.98 | 2.013 (.076) |
| | | 1.89△ | | 2.73▽ | | 1.20△ | | 0.42△ | | 1.14▽ | | | |
| 기타종교 | 2.83 | 3.17 | 4.17 | 7.00 | 12.42 | 20.43 | 14.42 | 24.11 | 6.25 | 6.00 | 1.75 | 1.98 | .893 (.521) |
| | | 1.33△ | | 8.25△ | | 2.00△ | | 8.17▽ | | 4.50▽ | | | |
| 없음 | 5.09 | 8.14 | 5.22 | 7.15 | 4.03 | 6.03 | 3.41 | 5.79 | 4.42 | 6.88 | 3.77 | 5.93 | 2.886* (.014) |
| | | 0.13△ | | 1.19*▽ | | 0.62▽ | | 1.01△ | | 0.65▽ | | | |

△: 향상, ▽: 감소
* p<.05 ** p<.01 *** p<.001

아버지의 종교에 따라서는 천주교를 믿는 대상들이거나 종교를 가지고 있지 않는 대상들의 점수가 가장 높았으며 기타종교인 경우 가장 낮은 수준이었다. 각 단계별 점수에 대해서는 아버지의 종교에 따라서는 통계적으로 유의한 차이는 없는 것으로 나타났다. 종교유무에 따라서는 C-지수는 차이가 없었으나 Stage4에서 종교가 없는 대상은 평균 3.36이며, 종교가 있는 대상은 평균 4.87로 조사되어 종교를 가진 대상들의 점수가 더욱 높게 나타났다(<표 47>).

<표 47> 아버지의 종교에 따른 MJT를 통한 도덕 판단력 수준 차이

| | Stage1 | | Stage2 | | Stage3 | | Stage4 | | Stage5 | | Stage6 | | C-지수 | |
|---|---|---|---|---|---|---|---|---|---|---|---|---|---|---|
| | M | SD | M | SD | M | SD | M | SD | M | SD | M | SD | M | SD |
| 기독교 | 3.23 | 6.87 | 4.91 | 8.09 | 4.76 | 9.52 | 3.87 | 6.86 | 4.80 | 10.12 | 4.57 | 7.31 | 14.77 | 14.28 |
| 천주교 | 8.06 | 15.39 | 6.96 | 9.28 | 3.96 | 7.88 | 6.32 | 8.47 | 6.78 | 9.67 | 2.91 | 3.55 | 17.93 | 15.76 |
| 불교 | 5.38 | 9.26 | 6.54 | 9.88 | 4.29 | 7.32 | 4.72 | 7.93 | 5.95 | 8.71 | 4.64 | 8.03 | 16.61 | 13.91 |
| 기타종교 | 3.17 | 2.80 | 4.67 | 5.28 | 8.08 | 14.08 | 10.29 | 16.37 | 5.33 | 4.81 | 2.33 | 2.39 | 9.11 | 7.73 |
| 없음 | 5.30 | 7.75 | 6.49 | 9.33 | 4.02 | 6.94 | 3.36 | 5.81 | 4.29 | 8.00 | 3.63 | 5.48 | 17.83 | 13.82 |
| F(p) | .965 (.427) | | .287 (.886) | | .455 (.769) | | 2.018 (.092) | | .812 (.518) | | .654 (.624) | | .849 (.495) | |
| 없음 | 5.30 | 7.75 | 6.49 | 9.33 | 4.02 | 6.94 | 3.36 | 5.81 | 4.29 | 8.00 | 3.63 | 5.48 | 17.83 | 13.82 |
| 있음 | 5.18 | 9.47 | 6.26 | 9.44 | 4.45 | 7.95 | 4.87 | 8.14 | 5.81 | 8.91 | 4.42 | 7.54 | 16.20 | 13.98 |
| t(p) | .121 (.903) | | .223 (.823) | | -.497 (.619) | | -1.992* (.047) | | -1.630 (.104) | | -1.114 (.266) | | 1.045 (.297) | |

* p<.05

아버지의 종교에 따른 각 단계별 차이에서는 기독교, 천주교, 기타 종교인 경우는 통계적으로 유의한 차이가 없는 것으로 나타났으며 불교인 경우는 Stage1과 Stage2, Stage2와 Stage3 간에 유의한 차이가 나타났으며, 종교를 가지고 있지 않는 경우는 Stage2와 Stage3 간에 유의한 차이가 있으며, 종교가 있는 경우는 Stage2와 Stage3, Stage5와 Stage6 간에 유의한 차이가 있는 것으로 나타났다. 마지막 5, 6단계의 경우 모든 종교에서 하락세를 보이고 있지만 특별히 천주교의 경우 5, 6단계 간의 급락폭이 매우 높게 나타났다(<표 48>).

<표 48> 아버지의 종교에 따른 각 단계별 차이

| | Stage1 | | Stage2 | | Stage3 | | Stage4 | | Stage5 | | Stage6 | | F(p) |
|---|---|---|---|---|---|---|---|---|---|---|---|---|---|
| | M | SD | M | SD | M | SD | M | SD | M | SD | M | SD | |
| 있음 | 5.18 | 9.47 | 6.26 | 9.44 | 4.45 | 7.95 | 4.87 | 8.14 | 5.81 | 8.91 | 4.42 | 7.54 | 3.109** |
| | 1.08△ | | 1.81**▽ | | 0.42△ | | 0.94△ | | 1.39*▽ | | | | (.009) |
| 기독교 | 3.23 | 6.87 | 4.91 | 8.09 | 4.76 | 9.52 | 3.87 | 6.86 | 4.80 | 10.12 | 4.57 | 7.31 | .385 |
| | 1.68△ | | 0.15▽ | | 0.90▽ | | 0.94△ | | 0.24▽ | | | | (.859) |
| 천주교 | 8.06 | 15.39 | 6.96 | 9.28 | 3.96 | 7.88 | 6.32 | 8.47 | 6.78 | 9.67 | 2.91 | 3.55 | .911 |
| | 1.10▽ | | 3.00▽ | | 2.37△ | | 0.46△ | | 3.87▽ | | | | (.478) |
| 불교 | 5.38 | 9.26 | 6.54 | 9.88 | 4.29 | 7.32 | 4.72 | 7.93 | 5.95 | 8.71 | 4.64 | 8.03 | 3.490** |
| | 1.17*△ | | 2.26**▽ | | 0.43△ | | 1.23△ | | 1.31▽ | | | | (.004) |
| 기타종교 | 3.17 | 2.80 | 4.67 | 5.28 | 8.08 | 14.08 | 10.29 | 16.37 | 5.33 | 4.81 | 2.33 | 2.39 | 1.195 |
| | 1.50△ | | 3.42△ | | 2.21△ | | 4.96▽ | | 3.00▽ | | | | (.340) |
| 없음 | 5.30 | 7.75 | 6.49 | 9.33 | 4.02 | 6.94 | 3.36 | 5.81 | 4.29 | 8.00 | 3.63 | 5.48 | 4.445** |
| | 1.19△ | | 2.47** | | 0.67 | | 0.93△ | | 0.66 | | | | (.001) |

△ · 향상, ▽ · 감소
* p<.05 ** p<.01 *** p<.001

　　어머니의 종교에 따라서는 기타종교를 가졌거나 종교를 가지고 있지 않는 대상들의 점수가 가장 높았으며 천주교와 불교를 종교로 가진 대상들의 점수가 가장 낮았다. 그러나 각 단계별 점수에 대해서는 Stage4에서 기타종교를 가진 대상들의 점수가 가장 높은 것으로 나타났다. 종교유무에 따라서는 C-지수는 차이가 없었으나 각 단계별 점수에서도 통계적으로 유의한 차이는 없는 것으로 조사되었다(<표 49>).

| | Stage1 | | Stage2 | | Stage3 | | Stage4 | | Stage5 | | Stage6 | | C-지수 | |
|---|---|---|---|---|---|---|---|---|---|---|---|---|---|---|
| | M | SD | M | SD | M | SD | M | SD | M | SD | M | SD | M | SD |
| 기독교 | 5.17 | 10.56 | 7.36 | 11.99 | 5.70 | 11.52 | 5.40 a | 11.72 | 5.17 | 10.13 | 5.47 | 10.62 | 17.15 | 18.68 |
| 천주교 | 6.43 | 13.62 | 6.66 | 8.31 | 3.64 | 6.99 | 4.75 a | 6.96 | 4.07 | 6.41 | 2.91 | 3.92 | 15.06 | 9.65 |
| 불교 | 4.91 | 7.77 | 6.28 | 8.72 | 3.80 | 6.03 | 3.92 a | 5.99 | 5.66 | 8.26 | 4.12 | 6.28 | 15.74 | 12.94 |
| 기타종교 | 2.92 | 2.28 | 4.67 | 5.28 | 6.79 | 14.33 | 13.67 b | 15.90 | 6.33 | 4.11 | 1.46 | 1.44 | 19.18 | 15.98 |
| 없음 | 5.71 | 8.52 | 5.91 | 9.38 | 4.32 | 6.76 | 3.58 a | 4.91 | 4.68 | 8.97 | 3.79 | 5.54 | 18.91 | 13.11 |
| F(p) | .325 (.861) | | .260 (.903) | | .848 (.496) | | 3.147* (.015) | | .322 (.863) | | .983 (.417) | | .892 (.469) | |
| 없음 | 5.71 | 8.52 | 5.91 | 9.38 | 4.32 | 6.76 | 3.58 | 4.91 | 4.68 | 8.97 | 3.79 | 5.54 | 18.91 | 13.11 |
| 있음 | 5.05 | 8.97 | 6.51 | 9.40 | 4.27 | 7.86 | 4.55 | 8.07 | 5.43 | 8.47 | 4.24 | 7.25 | 16.07 | 14.15 |
| t(p) | .608 (.544) | | -.513 (.609) | | .055 (.956) | | -1.329 (.185) | | -.711 (.478) | | -.540 (.590) | | 1.660 (.098) | |

\* p<.05

어머니의 종교에 따른 각 단계별 차이에서는 기독교, 천주교, 기타 종교, 종교를 가지고 있는 않는 경우에 통계적으로 유의한 차이가 없는 것으로 나타났으며 불교인 경우는 Stage1과 Stage2, Stage2와 Stage3, Stage4와 Stage5, Stage5와 Stage6 간에 유의한 차이가 나타났으며, 종교가 있는 경우는 Stage1과 Stage2, Stage2와 Stage3, Stage5와 Stage6 간에 유의한 차이가 있는 것으로 나타났다(<표 50>).

〈표 50〉 어머니의 종교에 따른 각 단계별 차이

| | Stage1 | | Stage2 | | Stage3 | | Stage4 | | Stage5 | | Stage6 | | F(p) |
|---|---|---|---|---|---|---|---|---|---|---|---|---|---|
| | M | SD | M | SD | M | SD | M | SD | M | SD | M | SD | |
| 있음 | 5.05 | 8.97 | 6.51 | 9.40 | 4.27 | 7.86 | 4.55 | 8.07 | 5.43 | 8.47 | 4.24 | 7.25 | 5.145*** (.000) |
| | | | 1.45**△ | | 2.23***▽ | | 0.28△ | | 0.88△ | | 1.19*▽ | | |
| 기독교 | 5.17 | 10.56 | 7.36 | 11.99 | 5.70 | 11.52 | 5.40 | 11.72 | 5.17 | 10.13 | 5.47 | 10.62 | .758 (.581) |
| | | | 2.19*△ | | 1.66▽ | | 0.31▽ | | 0.23▽ | | 0.30△ | | |
| 천주교 | 6.43 | 13.62 | 6.66 | 8.31 | 3.64 | 6.99 | 4.75 | 6.96 | 4.07 | 6.41 | 2.91 | 3.92 | .981 (.433) |
| | | | 0.23△ | | 3.02▽ | | -1.11△ | | 0.68▽ | | 1.16▽ | | |
| 불교 | 4.91 | 7.77 | 6.28 | 8.72 | 3.80 | 6.03 | 3.92 | 5.99 | 5.66 | 8.26 | 4.12 | 6.28 | 5.828*** (.000) |
| | | | 1.37*△ | | 2.47***▽ | | 0.12▽ | | 1.74**△ | | 1.55*▽ | | |
| 기타종교 | 2.92 | 2.28 | 4.67 | 5.28 | 6.79 | 14.33 | 13.67 | 15.90 | 6.33 | 4.11 | 1.46 | 1.44 | 2.268 (.079) |
| | | | 1.75△ | | 2.12△ | | 6.88△ | | 7.33▽ | | 4.88*▽ | | |
| 없음 | 5.71 | 8.52 | 5.91 | 9.38 | 4.32 | 6.76 | 3.58 | 4.91 | 4.68 | 8.97 | 3.79 | 5.54 | 1.896 (.094) |
| | | | 0.20△ | | 1.59▽ | | 0.74▽ | | 1.10△ | | 0.89▽ | | |

∧: 합산, ▽: 감소
* p<.05 ** p<.01 *** p<.001

<표 51>은 아버지의 학력에 따른 MJT의 각 단계별 점수와 C-지수의 차이를 살펴본 것이다. 아버지의 학력에 따른 C-지수의 차이를 살펴본 것으로 고졸 이하는 평균 16.70, 대졸은 평균 17.17, 대학원은 평균 15.59로 고졸 이하와 대졸은 도덕 판단력 수준이 높은 반면, 대학원생은 낮은 도덕 판단력 수준을 나타내었으나 통계적으로 유의한 차이는 없는 것으로 나타났다. 각 단계별 점수에서는 아버지의 학력 수준에 따라서는 통계적으로 유의한 인식의 차이는 없는 것으로 나타났다.

〈표 51〉 아버지 학력에 따른 MJT를 통한 도덕 판단력 수준 차이

| | Stage1 | | Stage2 | | Stage3 | | Stage4 | | Stage5 | | Stage6 | | C-지수 | |
|---|---|---|---|---|---|---|---|---|---|---|---|---|---|---|
| | M | SD | M | SD | M | SD | M | SD | M | SD | M | SD | M | SD |
| 고졸 이하 | 5.93 | 10.42 | 7.28 | 10.48 | 3.60 | 6.83 | 4.40 | 8.24 | 5.24 | 8.86 | 4.56 | 8.40 | 16.70 | 13.41 |
| 대졸 | 4.77 | 7.59 | 5.68 | 8.83 | 4.48 | 7.60 | 3.98 | 5.99 | 4.85 | 8.07 | 3.77 | 5.52 | 17.17 | 15.08 |
| 대학원 | 4.47 | 7.06 | 5.66 | 6.47 | 6.31 | 10.03 | 5.44 | 9.53 | 7.20 | 9.97 | 3.98 | 5.04 | 15.59 | 9.47 |
| F(p) | .781 (.459) | | 1.214 (.298) | | 1.802 (.167) | | .548 (.578) | | 1.000 (.369) | | .511 (.600) | | .182 (.833) | |

아버지 학력에 따른 각 단계별 차이에서는 대졸, 대학원인 경우에 통계적으로 유의한 차이가 없는 것으로 나타났으며 고졸 이하의 경우는 Stage2와 Stage3 간에 유의한 차이가 나타났다(〈표 52〉).

〈표 52〉 아버지 학력에 따른 각 단계별 차이

| | Stage1 | | Stage2 | | Stage3 | | Stage4 | | Stage5 | | Stage6 | | F(p) |
|---|---|---|---|---|---|---|---|---|---|---|---|---|---|---|
| | M | SD | M | SD | M | SD | M | SD | M | SD | M | SD | |
| 고졸 이하 | 5.93 | 10.42 | 7.28 | 10.48 | 3.60 | 6.83 | 4.40 | 8.24 | 5.24 | 8.86 | 4.56 | 8.40 | 5.577*** (.000) |
| | 1.36△ | | 3.69***▽ | | 0.80△ | | 0.84△ | | 0.68▽ | | | | |
| 대졸 | 4.77 | 7.59 | 5.68 | 8.83 | 4.48 | 7.60 | 3.98 | 5.99 | 4.85 | 8.07 | 3.77 | 5.52 | 2.208 (.052) |
| | 0.90△ | | 1.19▽ | | 0.50▽ | | 0.87△ | | 1.08▽ | | | | |
| 대학원 | 4.47 | 7.06 | 5.66 | 6.47 | 6.31 | 10.03 | 5.44 | 9.53 | 7.20 | 9.97 | 3.98 | 5.04 | 1.230 (.298) |
| | 1.20△ | | 0.65▽ | | 0.88▽ | | 1.76△ | | 3.21*▽ | | | | |

△ : 향상,  ▽ : 감소
* p<.05 *** p<.001

〈표 53〉는 어머니의 학력에 따른 MJT의 각 단계별 점수와 C-지수의 차이를 살펴본 것이다. 어머니의 학력에 따라서는 고졸 이하는 평균 16.19, 대졸은 평균 18.37, 대학원은 평균 11.88로 아버지의 학력과는 다소 다른 양상으로 대졸자들의 도덕 판단력 수준이 가장 높았으

며 대학원인 경우 낮은 도덕 판단력 수준을 나타내었으나 통계적으로 유의한 차이는 없는 것으로 나타났다. 각 단계별 점수에서는 아버지의 학력수준에 따라서는 통계적으로 유의한 인식의 차이는 없는 것으로 나타났다.

〈표 53〉 어머니 학력에 따른 MJT를 통한 도덕 판단력 수준 차이

| | Stage1 | | Stage2 | | Stage3 | | Stage4 | | Stage5 | | Stage6 | | C-지수 | |
|---|---|---|---|---|---|---|---|---|---|---|---|---|---|---|
| | M | SD | M | SD | M | SD | M | SD | M | SD | M | SD | M | SD |
| 고졸 이하 | 4.93 | 7.67 | 6.67 | 9.95 | 4.34 | 8.12 | 4.25 | 7.75 | 4.96 | 8.41 | 4.24 | 7.88 | 16.19 | 12.99 |
| 대졸 | 5.80 | 10.46 | 6.33 | 9.34 | 4.29 | 7.33 | 4.56 | 7.33 | 5.58 | 8.71 | 4.20 | 5.95 | 18.37 | 15.19 |
| 대학원 | 3.78 | 4.83 | 4.17 | 3.83 | 3.83 | 4.64 | 3.00 | 4.20 | 5.05 | 9.44 | 2.81 | 2.59 | 11.88 | 10.87 |
| F(p) | .724 (.486) | | .750 (.473) | | .047 (.954) | | .466 (.628) | | .212 (.809) | | .472 (.624) | | 2.617 (.075) | |

어머니 학력에 따른 각 단계별 차이에서는 대학원인 경우에 통계적으로 유의한 차이가 없는 것으로 나타났으며 고졸 이하의 경우는 Stage1과 Stage2, Stage2와 Stage3 간에 유의한 차이가 나타났으며, 대졸의 경우는 Stage2와 Stage3 간에 유의한 차이가 나타났다(〈표 54〉).

〈표 54〉 어머니 학력에 따른 각 단계별 차이

| | Stage1 | | Stage2 | | Stage3 | | Stage4 | | Stage5 | | Stage6 | | F(p) |
|---|---|---|---|---|---|---|---|---|---|---|---|---|---|---|
| | M | SD | M | SD | M | SD | M | SD | M | SD | M | SD | |
| 고졸 이하 | 4.93 | 7.67 | 6.67 | 9.95 | 4.34 | 8.12 | 4.25 | 7.75 | 4.96 | 8.41 | 4.24 | 7.88 | 3.741** (.002) |
| | | 1.74**△ | | 2.33**▽ | | 0.09▽ | | 0.71△ | | 0.72▽ | | | | |
| 대졸 | 5.80 | 10.46 | 6.33 | 9.34 | 4.29 | 7.33 | 4.56 | 7.33 | 5.58 | 8.71 | 4.20 | 5.95 | 2.889* (.014) |
| | | 0.53△ | | 2.04**▽ | | 0.27△ | | 1.02△ | | 1.38▽ | | | | |
| 대학원 | 3.78 | 4.83 | 4.17 | 3.83 | 3.83 | 4.64 | 3.00 | 4.20 | 5.05 | 9.44 | 2.81 | 2.59 | .609 (.693) |
| | | 0.39△ | | 0.33▽ | | 0.83▽ | | 2.05△ | | 2.24▽ | | | | |

△ : 향상, ▽ : 감소
* p〈.05 ** p〈.01 p〈.001

<표 55>는 아버지의 직업에 따른 MJT의 각 단계별 점수와 C-지수의 차이를 살펴본 것이다. 아버지의 직업별로 C-지수를 살펴보면, 전문·기술직, 사무직, 무직인 경우 점수가 낮았으며 단순·기능직의 점수가 가장 높았다. 각 단계별 점수에서는 아버지의 직업에 따라서는 통계적으로 유의한 점수 차이는 없는 것으로 나타났다. 또한 직업유무에 따라서는 통계적으로 유의한 점수 차이는 없는 것으로 나타났다.

〈표 55〉 아버지 직업에 따른 MJT를 통한 도덕 판단력 수준 차이

| | Stage1 | | Stage2 | | Stage3 | | Stage4 | | Stage5 | | Stage6 | | C-지수 | |
|---|---|---|---|---|---|---|---|---|---|---|---|---|---|---|
| | M | SD | M | SD | M | SD | M | SD | M | SD | M | SD | M | SD |
| 전문·기술직 | 4.67 | 9.01 | 6.14 | 9.68 | 4.72 | 8.64 | 4.39 | 7.83 | 5.16 | 7.19 | 4.88 | 8.58 | 15.49 | 13.54 |
| 사무직 | 3.92 | 5.51 | 5.63 | 10.43 | 3.38 | 6.18 | 4.52 | 7.49 | 5.21 | 10.03 | 3.52 | 4.72 | 15.24 | 11.88 |
| 판매·서비스직 | 5.29 | 7.87 | 6.42 | 9.72 | 4.73 | 8.18 | 4.87 | 8.40 | 4.82 | 8.82 | 3.71 | 7.05 | 17.19 | 15.96 |
| 단순·기능직 | 6.53 | 7.88 | 8.10 | 9.59 | 7.42 | 12.10 | 3.32 | 4.35 | 4.12 | 5.43 | 3.63 | 4.55 | 18.10 | 16.19 |
| 농어임업직 | 9.54 | 14.44 | 5.90 | 5.25 | 4.66 | 5.74 | 2.97 | 5.83 | 5.14 | 6.28 | 4.19 | 6.14 | 17.08 | 10.11 |
| 무직 | 1.50 | 1.65 | 8.85 | 8.22 | .95 | .82 | 1.75 | .68 | 4.70 | 4.89 | .40 | .34 | 15.55 | 14.84 |
| 공무원/교사 | 5.35 | 9.11 | 6.96 | 9.23 | 3.25 | 5.48 | 4.34 | 6.82 | 6.26 | 10.81 | 4.34 | 6.17 | 20.06 | 15.03 |
| F(p) | 1.671 (.127) | | .264 (.953) | | 1.023 (.410) | | .379 (.892) | | .210 (.973) | | .597 (.733) | | .846 (.535) | |
| 그 외 직업 | 5.20 | 8.80 | 6.22 | 9.43 | 4.50 | 7.93 | 4.28 | 7.49 | 5.02 | 8.07 | 4.07 | 6.97 | 16.16 | 13.62 |
| 공무원 | 5.35 | 9.11 | 6.96 | 9.23 | 3.25 | 5.48 | 4.34 | 6.82 | 6.26 | 10.81 | 4.34 | 6.17 | 20.06 | 15.03 |
| t(p) | -.119 (.906) | | -.542 (.589) | | 1.138 (.256) | | -.048 (.961) | | -1.002 (.317) | | -.265 (.791) | | -1.951 (.052) | |

　　아버지 직업에 따른 각 단계별 차이에서는 전문·기술직, 사무직, 판매·서비스직, 단순·기능직인 경우에 통계적으로 유의한 차이가 없는 것으로 나타났으며 무직의 경우는 각 단계별로는 유의한 차이는 없었으나 Stage1과 Stage2 간의 차이수준은 큰 것으로 나타났다. 공

무원/교사의 경우는 Stage2와 Stage3 간에 유의한 차이가 나타났으며 공무원이나 교사 직업이 아닌 대상인 경우에는 Stage2와 Stage3 간에 유의한 차이가 나타났다(<표 56>).

<표 56> 아버지 직업에 따른 각 단계별 차이

| | Stage1 | | Stage2 | | Stage3 | | Stage4 | | Stage5 | | Stage6 | | F(p) |
|---|---|---|---|---|---|---|---|---|---|---|---|---|---|
| | M | SD | M | SD | M | SD | M | SD | M | SD | M | SD | |
| 그 외 직업 | 5.20 | 8.80 | 6.22 | 9.43 | 4.50 | 7.93 | 4.28 | 7.49 | 5.02 | 8.07 | 4.07 | 6.97 | 4.384** |
| | | 1.02△ | | 1.73**▽ | | 0.21△ | | 0.74△ | | 0.95▽ | | | (.001) |
| 전문 · 기술직 | 4.67 | 9.01 | 6.14 | 9.68 | 4.72 | 8.64 | 4.39 | 7.83 | 5.16 | 7.19 | 4.88 | 8.58 | 1.114 |
| | | 1.47△ | | 1.42▽ | | 0.33▽ | | 0.77△ | | 0.28▽ | | | (.352) |
| 사무직 | 3.92 | 5.51 | 5.63 | 10.43 | 3.38 | 6.18 | 4.52 | 7.49 | 5.21 | 10.03 | 3.52 | 4.72 | 1.224 |
| | | 1.71△ | | 2.25▽ | | 1.14△ | | 0.69△ | | 1.69▽ | | | (.298) |
| 판매 · 서비스직 | 5.29 | 7.87 | 6.42 | 9.72 | 4.73 | 8.18 | 4.87 | 8.40 | 4.82 | 8.82 | 3.71 | 7.05 | 1.382 |
| | | 1.13▽ | | 1.69▽ | | 0.14▽ | | 0.54▽ | | 1.11▽ | | | (.230) |
| 단순 · 기능직 | 6.53 | 7.88 | 8.10 | 9.59 | 7.42 | 12.10 | 3.32 | 4.35 | 4.12 | 5.43 | 3.63 | 4.55 | 1.615 |
| | | 1.57△ | | 0.68▽ | | 4.10▽ | | 0.80△ | | 0.48▽ | | | (.167) |
| 농어임업직 | 9.54 | 14.44 | 5.90 | 5.25 | 4.66 | 5.74 | 2.97 | 5.83 | 5.14 | 6.28 | 4.19 | 6.14 | 2.740* |
| | | 3.65▽ | | 1.23▽ | | 1.70▽ | | 2.17△ | | 0.95▽ | | | (.021) |
| 무직 | 1.50 | 1.65 | 8.85 | 8.22 | .95 | .82 | 1.75 | .68 | 4.70 | 4.89 | .40 | .34 | 4.211** |
| | | 7.35△ | | 7.90▽ | | 0.80△ | | 2.95△ | | 4.30▽ | | | (.009) |
| 공무원/교사 | 5.35 | 9.11 | 6.96 | 9.23 | 3.25 | 5.48 | 4.34 | 6.82 | 6.26 | 10.81 | 4.34 | 6.17 | 3.149** |
| | | 1.60△ | | 3.70*** | | 1.08△ | | 1.93△ | | 1.93▽ | | | (.009) |

△ : 향상, ▽ : 감소
* p<.05 ** p<.01

<표 57>은 어머니의 직업에 따른 MJT의 각 단계별 점수와 C-지수의 차이를 살펴본 것이다. 어머니의 직업별로는 무직인 경우 가장 점수가 높았으며 전업주부가 가장 낮은 점수를 나타내었다. 그리고 각

단계별 점수에서는 Stage3에서 어머니의 직업에 따라서 사무직의 점수가 가장 높았으며 전문기술직의 점수가 매우 낮은 것으로 나타났다(p<.05).

〈표 57〉 어머니의 직업에 따른 MJT를 통한 도덕 판단력 수준 차이

| | Stage1 | | Stage2 | | Stage3 | | Stage4 | | Stage5 | | Stage6 | | C-지수 | |
|---|---|---|---|---|---|---|---|---|---|---|---|---|---|---|
| | M | SD | M | SD | M | SD | M | SD | M | SD | M | SD | M | SD |
| 전문 · 기술직 | 4.94 | 5.84 | 6.87 | 5.86 | 2.82 a | 2.99 | 4.35 | 6.15 | 3.81 | 4.88 | 3.53 | 3.75 | 17.38 | 14.46 |
| 사무직 | 7.75 | 13.29 | 8.66 | 13.39 | 8.38 b | 12.96 | 6.17 | 12.25 | 5.78 | 8.22 | 6.94 | 11.97 | 16.99 | 12.89 |
| 판매 · 서비스직 | 4.90 | 9.29 | 6.15 | 10.21 | 4.18 ab | 6.85 | 4.02 | 6.41 | 4.57 | 8.85 | 3.51 | 5.69 | 16.22 | 14.68 |
| 단순 · 기능직 | 11.25 | 7.31 | 10.43 | 7.49 | 4.18 ab | 4.04 | 3.07 | 3.24 | 6.89 | 6.86 | 5.82 | 7.08 | 16.57 | 13.95 |
| 농어임업직 | 9.88 | 7.55 | 7.69 | 7.01 | 5.34 ab | 5.53 | 2.82 | 5.88 | 4.44 | 5.18 | 3.31 | 4.50 | 18.07 | 9.36 |
| 무직 | 5.27 | 10.97 | 3.66 | 3.72 | 5.13 ab | 9.55 | 7.36 | 11.65 | 6.02 | 7.07 | 5.39 | 9.34 | 21.76 | 19.44 |
| 전업주부 | 3.99 | 6.60 | 6.19 | 8.86 | 3.41 a | 6.91 | 4.12 | 6.37 | 5.80 | 8.76 | 4.04 | 6.60 | 15.87 | 12.06 |
| 공무원/교사 | 4.18 | 8.03 | 4.91 | 8.06 | 3.20 a | 5.52 | 3.61 | 5.99 | 5.29 | 10.64 | 3.31 | 4.23 | 17.86 | 16.38 |
| F(p) | 1.997 (.055) | | .894 (.511) | | 2.048* (.049) | | .891 (.513) | | .306 (.951) | | 1.277 (.261) | | .403 (.900) | |
| 그 외 직업 | 5.40 | 8.97 | 6.59 | 9.58 | 4.47 | 7.86 | 4.41 | 7.58 | 5.22 | 8.22 | 4.26 | 7.17 | 16.65 | 13.49 |
| 공무원 | 4.18 | 8.03 | 4.91 | 8.06 | 3.20 | 5.52 | 3.61 | 5.99 | 5.29 | 10.64 | 3.31 | 4.23 | 17.86 | 16.38 |
| t(p) | .894 (.372) | | 1.158 (.247) | | 1.080 (.281) | | .705 (.482) | | -.051 (.960) | | .895 (.371) | | -.562 (.574) | |

a, b: Scheffe's Multiple Comparison(a<b, α=.05)
* p<.05

어머니 직업에 따른 각 단계별 차이에서는 전문·기술직, 사무직, 판매·서비스직, 무직, 공무원/교사인 경우에 통계적으로 유의한 차이가 없는 것으로 나타났으며, 단순기능직의 경우는 Stage2와 Stage3

간의 차이수준은 큰 것으로 나타났다. 전업주부의 경우는 Stage1과 Stage2, Stage2와 Stage3, Stage4와 Stage5 간에 유의한 차이가 나타났다. 또한 공무원/교사 외의 직업에서는 Stage1과 Stage2, Stage2와 Stage3 간에 유의한 차이가 나타났다(<표 58>).

<표 58> 어머니 직업에 따른 각 단계별 차이

| | Stage1 | | Stage2 | | Stage3 | | Stage4 | | Stage5 | | Stage6 | | F(P) |
|---|---|---|---|---|---|---|---|---|---|---|---|---|---|
| | M | SD | M | SD | M | SD | M | SD | M | SD | M | SD | |
| 그 외 직업 | 5.40 | 8.97 | 6.59 | 9.58 | 4.47 | 7.86 | 4.41 | 7.58 | 5.22 | 8.22 | 4.26 | 7.17 | 5.664*** (.000) |
| | | 1.19*△ | | 2.12***▽ | | 0.06▽ | | 0.81△ | | 0.97▽ | | | |
| 전문 · 기술직 | 4.94 | 5.84 | 6.87 | 5.86 | 2.82 | 2.99 | 4.35 | 6.15 | 3.81 | 4.88 | 3.53 | 3.75 | 1.644 (.158) |
| | | 1.93△ | | 4.04*▽ | | 1.53△ | | 0.54▽ | | 0.28▽ | | | |
| 사무직 | 7.75 | 13.29 | 8.66 | 13.39 | 8.38 | 12.96 | 6.17 | 12.25 | 5.78 | 8.22 | 6.94 | 11.97 | 1.272 (.278) |
| | | 0.91△ | | 0.28▽ | | 2.21▽ | | 0.39▽ | | 1.15△ | | | |
| 판매 · 서비스직 | 4.90 | 9.29 | 6.15 | 10.21 | 4.18 | 6.85 | 4.02 | 6.41 | 4.57 | 8.85 | 3.51 | 5.69 | 1.725 (.127) |
| | | 1.25△ | | 1.97▽ | | 0.16▽ | | 0.55△ | | 1.05▽ | | | |
| 단순 · 기능직 | 11.25 | 7.31 | 10.43 | 7.49 | 4.18 | 4.04 | 3.07 | 3.24 | 6.89 | 6.86 | 5.82 | 7.08 | 3.199* (.020) |
| | | 0.82▽ | | 6.25*▽ | | 1.11▽ | | 3.82△ | | 1.07▽ | | | |
| 농어임업직 | 9.88 | 7.55 | 7.69 | 7.01 | 5.34 | 5.53 | 2.82 | 5.88 | 4.44 | 5.18 | 3.31 | 4.50 | 5.808*** (.000) |
| | | 2.19▽ | | 2.35▽ | | 2.51▽ | | 1.62▽ | | 1.13▽ | | | |
| 무직 | 5.27 | 10.97 | 3.66 | 3.72 | 5.13 | 9.55 | 7.36 | 11.65 | 6.02 | 7.07 | 5.39 | 9.34 | .308 (.907) |
| | | 1.61▽ | | 1.46△ | | 2.23△ | | 1.34▽ | | 0.63▽ | | | |
| 전업주부 | 3.99 | 6.60 | 6.19 | 8.86 | 3.41 | 6.91 | 4.12 | 6.37 | 5.80 | 8.76 | 4.04 | 6.60 | 3.519** (.004) |
| | | 2.20*△ | | 2.79**▽ | | 0.71△ | | 1.69*△ | | 1.77▽ | | | |
| 공무원/교사 | 4.18 | 8.03 | 4.91 | 8.06 | 3.20 | 5.52 | 3.61 | 5.99 | 5.29 | 10.64 | 3.31 | 4.23 | 1.201 (.309) |
| | | 0.73△ | | 1.71▽ | | 0.40△ | | 1.68△ | | 1.98▽ | | | |

△ : 향상, ▽ : 감소
* p<.05 ** p<.01 *** p<.001

<표 59>은 부모의 생존여부에 따른 MJT의 각 단계별 점수와 C-지수의 차이를 살펴본 것으로 C-지수에서는 양친 모두 생존한 경우는

평균 16.71이었으며 두 분 중 한 분만 생존하는 경우는 평균 18.79로 아버지나 어머니 중 한 분만 생존하는 경우에 더욱 높은 도덕 판단력 수준이 나타났으나 부모가 모두 생존하는 경우에 더욱 높은 도덕 판단력 수준이 나타났으나 통계적으로 유의한 점수 차이는 없는 것으로 나타났다. 또한 각 단계별 점수에서도 부모의 생존여부에 따라서는 통계적으로 유의한 인식의 차이는 없는 것으로 나타났다.

〈표 59〉 부모생존여부에 따른 MJT를 통한 도덕 판단력 수준 차이

|  | Stage1 | | Stage2 | | Stage3 | | Stage4 | | Stage5 | | Stage6 | | C-지수 | |
|---|---|---|---|---|---|---|---|---|---|---|---|---|---|---|
|  | M | SD | M | SD | M | SD | M | SD | M | SD | M | SD | M | SD |
| 양친모두 | 5.13 | 8.92 | 6.36 | 9.56 | 4.27 | 7.69 | 4.35 | 7.48 | 5.19 | 8.46 | 3.98 | 6.85 | 16.71 | 13.81 |
| 부/모만 생존 | 6.89 | 7.47 | 6.20 | 5.81 | 4.47 | 5.49 | 3.42 | 5.03 | 5.96 | 10.91 | 6.39 | 6.19 | 18.79 | 16.01 |
| t(p) | -.845 (.398) | | .072 (.942) | | -.112 (.911) | | .531 (.596) | | -.379 (.705) | | -1.497 (.135) | | -.632 (.528) | |

부모생존여부에 따른 각 단계별 차이에서는 부모 중 한 분만 생존해 있는 경우 통계적으로 유의한 차이가 없는 것으로 나타났으며 양친 모두 생존해 있을 경우에는 Stage2와 Stage3, Stage5와 Stage6 간의 차이수준은 큰 것으로 나타났다(<표 60>).

〈표 60〉 부모생존여부에 따른 각 단계별 차이

|  | Stage1 | | Stage2 | | Stage3 | | Stage4 | | Stage5 | | Stage6 | | F(p) |
|---|---|---|---|---|---|---|---|---|---|---|---|---|---|
|  | M | SD | M | SD | M | SD | M | SD | M | SD | M | SD | |
| 양친모두 | 5.13 | 8.92 | 6.36 | 9.56 | 4.27 | 7.69 | 4.35 | 7.48 | 5.19 | 8.46 | 3.98 | 6.85 | 6.235*** (.000) |
|  | | 1.23*△ | | 2.08***▽ | | 0.07△ | | 0.84△ | | 1.21*▽ | | | |
| 부/모만 생존 | 6.89 | 7.47 | 6.20 | 5.81 | 4.47 | 5.49 | 3.42 | 5.03 | 5.96 | 10.91 | 6.39 | 6.19 | 1.372 (.276) |
|  | | 1.40▽ | | 1.55▽ | | 5.25△ | | 6.20△ | | 8.90▽ | | | |

△: 향상, ▽: 감소
* p〈.05 *** p〈.001

<표 61>은 부모와의 거주상태에 따른 MJT의 각 단계별 점수와 C-지수의 차이를 살펴본 것으로 C-지수에서는 아버지와 거주하는 경우에 평균 22.59로 가장 높은 수준이었으나, 그 외의 경우에는 비슷한 양상이었다. 각 단계별 점수에서는 Stage3에서 아버지와 거주하는 경우에 가장 낮은 수준이었으며 어머니와 거주하는 경우에 가장 높은 점수를 나타내었다.

〈표 61〉 부모와의 거주상태에 따른 MJT를 통한 도덕 판단력 수준 차이

| | Stage1 | | Stage2 | | Stage3 | | Stage4 | | Stage5 | | Stage6 | | C-지수 | |
|---|---|---|---|---|---|---|---|---|---|---|---|---|---|---|
| | M | SD | M | SD | M | SD | M | SD | M | SD | M | SD | M | SD |
| 부모와 함께 거주 | 5.06 | 8.92 | 6.19 | 9.54 | 3.99 ab | 7.23 | 4.38 | 7.42 | 5.27 | 8.69 | 4.24 | 7.15 | 16.83 | 14.15 |
| 부와 거주 | 4.94 | 6.88 | 6.31 | 11.75 | 2.56 a | 3.72 | 5.33 | 6.28 | 8.00 | 13.78 | 2.61 | 3.18 | 22.59 | 19.77 |
| 모와 거주 | 6.43 | 6.52 | 8.68 | 7.40 | 8.39 b | 11.25 | 4.13 | 8.50 | 4.19 | 6.23 | 4.12 | 5.10 | 15.23 | 9.79 |
| 친척과 거주 | 7.02 | 13.07 | 4.91 | 7.55 | 3.50 ab | 5.10 | 1.43 | 1.94 | 4.50 | 5.90 | 2.09 | 2.87 | 15.72 | 11.19 |
| F(p) | .353(.787) | | .666(.573) | | 3.042*(.029) | | .630(.596) | | .469(.704) | | .499(.683) | | .652(.582) | |
| 부모함께거주 | 5.06 | 8.92 | 6.19 | 9.54 | 3.99 | 7.23 | 4.38 | 7.42 | 5.27 | 8.69 | 4.24 | 7.15 | 16.83 | 14.15 |
| 그 외 | 6.28 | 8.36 | 7.34 | 8.37 | 6.13 | 9.31 | 3.73 | 7.10 | 4.99 | 8.05 | 3.36 | 4.37 | 16.76 | 12.56 |
| t(p) | -.880(.379) | | -.780(.436) | | -1.504(.138) | | .566(.572) | | .205(.838) | | .825(.410) | | .036(.972) | |

부모와의 거주상태에 따른 각 단계별 차이에서는 아버지와 거주하는 경우, 친척과 거주하는 경우 통계적으로 유의한 차이가 없는 것으로 나타났으며 부모와 함께 거주하는 경우에는 Stage1과 Stage2, Stage2와 Stage3, Stage5와 Stage6 간의 차이수준은 큰 것으로 나타났으며 어머니와 거주하는 경우는 Stage3과 Stage4 간에 유의한 차이가 나타나 양친부모와 함께 거주하는 경우 외에는 Stage3과 Stage4 간에 유의한 차이가 있는 것으로 나타났다(<표 62>).

〈표 62〉 부모와의 거주상태에 따른 각 단계별 차이

| | | Stage1 | | Stage2 | | Stage3 | | Stage4 | | Stage5 | | Stage6 | | F(p) |
|---|---|---|---|---|---|---|---|---|---|---|---|---|---|---|
| | | M | SD | M | SD | M | SD | M | SD | M | SD | M | SD | |
| 부모와 함께 거주 | 5.06 | 8.92 | 6.19 | 9.54 | 3.99 | 7.23 | 4.38 | 7.42 | 5.27 | 8.69 | 4.24 | 7.15 | | 5.132*** (.000) |
| | | 1.13*△ | | 2.20***▽ | | 0.40△ | | 0.89△ | | 1.03*▽ | | | | |
| 부와 거주 | 4.94 | 6.88 | 6.31 | 11.75 | 2.56 | 3.72 | 5.33 | 6.28 | 8.00 | 13.78 | 2.61 | 3.18 | | .669 (.649) |
| | | 1.36△ | | 3.75▽ | | 2.78△ | | 2.67△ | | 5.39▽ | | | | |
| 모와 거주 | 6.43 | 6.52 | 8.68 | 7.40 | 8.39 | 11.25 | 4.13 | 8.50 | 4.19 | 6.23 | 4.12 | 5.10 | | 3.471** (.006) |
| | | 2.25△ | | 0.29▽ | | 4.26*▽ | | 0.06△ | | 0.07▽ | | | | |
| 친척과 거주 | 7.02 | 13.07 | 4.91 | 7.55 | 3.50 | 5.10 | 1.43 | 1.94 | 4.50 | 5.90 | 2.09 | 2.87 | | 1.130 (.357) |
| | | 2.11▽ | | 1.41▽ | | 2.07▽ | | 3.07△ | | 2.41▽ | | | | |
| 그 외 | 6.28 | 8.36 | 7.34 | 8.37 | 6.13 | 9.31 | 3.73 | 7.10 | 4.99 | 8.05 | 3.36 | 4.37 | | 2.725* (.021) |
| | | 1.06△ | | 1.21▽ | | 2.40*▽ | | 1.27△ | | 1.64▽ | | | | |

△ : 향상, ▽ : 감소
* p<.05 ** p<.01 *** p<.001

<표 63>은 도덕 및 윤리과목 교육경험에 따른 MJT의 각 단계별 점수와 C-지수의 차이를 살펴본 것으로 C-지수에 대해서는 학습경험이 있는 경우는 평균 16.89이었으며 경험이 없는 경우는 평균 15.57로 도덕이나 윤리 교육을 경험할수록 다소 도덕 판단력이 높았으나 통계적으로 유의한 차이는 없는 것으로 나타났다. 그러나 각 단계별 점수에서도 도덕 및 윤리교육 경험에 따라서는 통계적으로 유의한 인식의 차이는 없는 것으로 나타났다.

〈표 63〉 도덕 및 윤리교육 경험에 따른 MJT를 통한 도덕 판단력 수준 차이

| | Stage1 | | Stage2 | | Stage3 | | Stage4 | | Stage5 | | Stage6 | | C-지수 | |
|---|---|---|---|---|---|---|---|---|---|---|---|---|---|---|
| | M | SD | M | SD | M | SD | M | SD | M | SD | M | SD | M | SD |
| 없다 | 4.55 | 6.64 | 5.08 | 6.41 | 5.81 | 6.25 | 4.17 | 5.48 | 4.22 | 5.18 | 4.73 | 6.74 | 15.57 | 10.44 |
| 있다 | 5.26 | 8.94 | 6.41 | 9.51 | 4.21 | 7.63 | 4.30 | 7.45 | 5.28 | 8.73 | 4.09 | 6.84 | 16.89 | 14.08 |
| t(p) | -.315 (.753) | | -.554 (.580) | | .826 (.409) | | -.068 (.946) | | -.483 (.629) | | .368 (.713) | | -.368 (.713) | |

도덕 및 윤리교육 경험에 따른 각 단계별 차이에서는 경험이 없는 대상의 경우는 통계적으로 유의한 차이가 없는 것으로 나타났으며 교육경험이 있는 대상의 경우는 Stage1과 Stage2, Stage2와 Stage3, Stage4와 Stage5, Stage5와 Stage6 간에 유의한 차이가 있는 것으로 나타났다(<표 64>).

<표 64> 도덕 및 윤리교육경험에 따른 각 단계별 차이

| | Stage1 | | Stage2 | | Stage3 | | Stage4 | | Stage5 | | Stage6 | | F(p) |
|---|---|---|---|---|---|---|---|---|---|---|---|---|---|
| | M | SD | M | SD | M | SD | M | SD | M | SD | M | SD | |
| 없다 | 4.55 | 6.64 | 5.08 | 6.41 | 5.81 | 6.25 | 4.17 | 5.48 | 4.22 | 5.18 | 4.73 | 6.74 | .221 |
| | 0.53△ | | 0.73△ | | 1.64 | | 0.05△ | | 0.52△ | | | | (.952) |
| 있다 | 5.26 | 8.94 | 6.41 | 9.51 | 4.21 | 7.63 | 4.30 | 7.45 | 5.28 | 8.73 | 4.09 | 6.84 | 6.679*** |
| | 1.15*∧ | | 2.20***▽ | | 0.09△ | | 0.98*△ | | 1.19*▽ | | | | (.000) |

△ : 향상, ▽ : 감소
* p<.05 *** p<.001

<표 65>는 도덕 및 윤리교과 교육 경험자의 과목 흥미도에 따른 MJT의 각 단계별 점수와 C-지수의 차이를 살펴본 것으로 도덕 판단력 C-지수는 매우 흥미가 있다고 응답한 대상이 평균 14.28로 가장 낮은 수준이며 흥미가 없는 경우(M=18.00)나 보통인 경우(M=17.74)의 점수가 가장 높았다. 각 단계별 점수에서는 Stage5에서 보통이거나 흥미가 있는 경우의 점수는 매우 낮으며, 흥미가 없다는 경우 더욱 높은 점수가 나타났다.

도덕 및 윤리교육 과목에 대한 흥미도를 흥미 있는 그룹과 흥미 없는 그룹으로 구분하여 독립표본 t 검정을 실시한 결과 Stage2와 Stage3은 유의수준 10%에서는 유의한 인식차이가 나타났으며 그 외 단계에서는 통계적으로 유의한 차이는 없는 것으로 나타났다(<표 65>).

<표 65> 도덕 및 윤리교육 경험자의 과목 흥미도에 따른 MJT를 통한 도덕 판단력 수준 차이

| | Stage1 | | Stage2 | | Stage3 | | Stage4 | | Stage5 | | Stage6 | | C-지수 | |
|---|---|---|---|---|---|---|---|---|---|---|---|---|---|---|
| | M | SD | M | SD | M | SD | M | SD | M | SD | M | SD | M | SD |
| 전혀흥미없다 | 5.66 | 7.89 | 9.48 | 16.99 | 6.63 | 10.71 | 2.71 | 3.87 | 7.98 b | 16.91 | 2.80 | 4.46 | 15.91 | 11.82 |
| 흥미없다 | 8.59 | 13.81 | 9.38 | 12.66 | 6.18 | 11.42 | 7.08 | 12.64 | 7.81 b | 8.91 | 6.19 | 11.54 | 18.00 | 13.53 |
| 보통 | 4.28 | 8.06 | 5.59 | 8.11 | 3.92 | 7.28 | 3.96 | 5.94 | 4.04 a | 6.62 | 3.87 | 5.86 | 17.74 | 14.22 |
| 흥미 | 5.76 | 7.65 | 5.82 | 8.60 | 3.60 | 5.19 | 4.15 | 7.29 | 5.51 a | 9.63 | 3.12 | 4.87 | 15.01 | 15.13 |
| 매우 흥미 | 3.85 | 5.41 | 7.28 | 7.91 | 2.68 | 3.61 | 2.35 | 4.33 | 8.52 b | 12.00 | 6.63 | 8.42 | 14.28 | 10.00 |
| F(p) | 2.236 (.065) | | 1.882 (.113) | | 1.424 (.226) | | 2.072 (.084) | | 2.720* (.030) | | 2.140 (.076) | | .710 (.585) | |
| 흥미없다 | 7.88 | 12.63 | 9.41 | 13.67 | 6.28 | 11.16 | 6.03 | 11.29 | 7.85 | 11.19 | 5.38 | 10.35 | 17.49 | 13.07 |
| 흥미있다 | 5.45 | 7.34 | 6.06 | 8.47 | 3.45 | 4.96 | 3.86 | 6.90 | 6.00 | 10.04 | 3.70 | 5.69 | 14.89 | 14.38 |
| t(p) | 1.333 (.186) | | 1.672 (.098) | | 1.824 (.072) | | 1.315 (..192) | | 1.052 (.295) | | 1.132 (.261) | | 1.116 (.266) | |

* p〈.05

도덕 및 윤리교육 경험에 따른 각 단계별 차이에서는 흥미가 없는 그룹에서는 비교적 통계적으로 유의한 차이는 없는 것으로 나타났으나 흥미가 있거나 보통의 흥미도를 가지는 경우에는 유의한 차이가 나타났다. 보통의 경우는 Stage1과 Stage2, Stage2와 Stage3 간에 유의한 차이가 나타났으며, 흥미가 있는 경우에는 Stage2와 Stage3, Stage5와 Stage6 간에 유의한 차이가 나타났으며 매우 흥미가 있는 그룹에서는 Stage1과 Stage2 간에 유의한 차이가 있는 것으로 나타났다(<표 66>).

〈표 66〉 도덕 및 윤리교육 경험자의 과목 흥미도에 따른 각 단계별 차이

| | Stage1 | | Stage2 | | Stage3 | | Stage4 | | Stage5 | | Stage6 | | F(p) |
|---|---|---|---|---|---|---|---|---|---|---|---|---|---|
| | M | SD | M | SD | M | SD | M | SD | M | SD | M | SD | |
| 전혀흥미없다 | 5.66 | 7.89 | 9.48 | 16.99 | 6.63 | 10.71 | 2.71 | 3.87 | 7.98 | 16.91 | 2.80 | 4.46 | 1.124 |
| | | 3.82△ | | 2.86▽ | | 3.91▽ | | 5.27△ | | 5.18▽ | | | (.357) |
| 흥미없다 | 8.59 | 13.81 | 9.38 | 12.66 | 6.18 | 11.42 | 7.08 | 12.64 | 7.81 | 8.91 | 6.19 | 11.54 | 1.235 |
| | | 0.79△ | | 3.20*▽ | | 0.90△ | | 0.73△ | | 1.62▽ | | | (.294) |
| 보통 | 4.28 | 8.06 | 5.59 | 8.11 | 3.92 | 7.28 | 3.96 | 5.94 | 4.04 | 6.62 | 3.87 | 5.86 | 2.292* |
| | | 1.31*△ | | 1.68**▽ | | 0.04△ | | 0.08△ | | 0.17▽ | | | (.044) |
| 흥미 | 5.76 | 7.65 | 5.82 | 8.60 | 3.60 | 5.19 | 4.15 | 7.29 | 5.51 | 9.63 | 3.12 | 4.87 | 3.486** |
| | | 0.06△ | | 2.22*▽ | | 0.55△ | | 1.36△ | | 2.39*▽ | | | (.004) |
| 매우흥미 | 3.85 | 5.41 | 7.28 | 7.91 | 2.68 | 3.61 | 2.35 | 4.33 | 8.52 | 12.00 | 6.63 | 8.42 | 2.494* |
| | | 3.43*△ | | 4.60▽ | | 0.33▽ | | 6.17△ | | 1.88△ | | | (.039) |

| | Stage1 | | Stage2 | | Stage3 | | Stage4 | | Stage5 | | Stage6 | | F(p) |
|---|---|---|---|---|---|---|---|---|---|---|---|---|---|
| | M | SD | M | SD | M | SD | M | SD | M | SD | M | SD | |
| 흥미없다 | 7.88 | 12.63 | 9.41 | 13.67 | 6.28 | 11.16 | 6.03 | 11.29 | 7.85 | 11.19 | 5.38 | 10.35 | 1.937 |
| | | 1.52△ | | 3.12▽ | | 0.26△ | | 1.83△ | | 2.48▽ | | | (.088) |
| 흥미있다 | 5.45 | 7.34 | 6.06 | 8.47 | 3.45 | 4.96 | 3.86 | 6.90 | 6.00 | 10.04 | 3.70 | 5.69 | 4.111** |
| | | 0.61△ | | 2.61**▽ | | 0.41△ | | 2.14*△ | | 2.31*▽ | | | (.001) |

△ : 향상, ▽ : 감소
* p<.05 ** p<.01

다음으로 MJT 단계별 점수, C-지수와 각 인구통계학적 변인간의 상관성을 피어슨의 상관계수를 통해 알아보았다. 그 결과 C-지수와는 연구대상자의 학교급에 따라서 학력이 낮아지는 것으로 나타났다(r= -.108). 즉 대학생보다는 초등학생이나 중학생들의 C-지수가 높아지는 것을 알 수 있다. 각 단계별 점수를 살펴보면, Stage1은 남자일수록(r =.118), Stage2는 본인이 종교를 가지고 있을수록(r=.118), Stage3은 학력이 낮아지거나(r=-.109), 도덕이나 윤리과목에 대한 만족도가 낮을수록(r=-.125), Stage4는 학력이 낮거나(r=-.144) 남자이거나(r=.147) 본

인이 종교를 가지고 있을수록(r=.118), Stage5는 학력이 낮을수록(r= -.143), Stage6은 남자일수록(r=.137) 더욱 각 단계별 점수가 높아지는 것으로 나타났다(<표 67>).

<표 67> MJT 단계별 점수와 C-지수와 각 변인 간의 상관성

| | | Stage1 | Stage2 | Stage3 | Stage4 | Stage5 | Stage6 | C-지수 |
|---|---|---|---|---|---|---|---|---|
| 학교급 | r | -.020 | -.084 | -.109* | -.144** | -.143** | -.074 | -.108* |
| | p | .716 | .125 | .045 | .008 | .009 | .177 | .046 |
| 성별(남) | r | .118* | .052 | .068 | .147** | .079 | .137* | .106 |
| | p | .030 | .340 | .211 | .007 | .148 | .012 | .050 |
| 부학력 | r | -.079 | -.071 | .084 | -.009 | .016 | -.068 | -.001 |
| | p | .149 | .190 | .124 | .874 | .776 | .210 | .990 |
| 모학력 | r | -.005 | -.048 | -.022 | -.006 | .015 | -.034 | .026 |
| | p | .922 | .375 | .689 | .909 | .779 | .531 | .640 |
| 부직업(교사) | r | .006 | .029 | -.062 | .003 | .055 | .014 | .106 |
| | p | .906 | .589 | .256 | .961 | .317 | .791 | .052 |
| 모직업(교사) | r | -.049 | -.063 | -.059 | -.038 | .003 | -.049 | .031 |
| | p | .372 | .247 | .281 | .482 | .960 | .371 | .574 |
| 윤리과목(유) | r | .017 | .030 | -.045 | .004 | .026 | -.020 | .020 |
| | p | .753 | .580 | .409 | .946 | .629 | .713 | .713 |
| 과목흥미도 | r | -.046 | -.057 | -.125* | -.059 | -.012 | -.040 | -.039 |
| | p | .402 | .293 | .022 | .280 | .826 | .464 | .477 |
| 본인종교(유) | r | .015 | .118* | .032 | .118* | .092 | .050 | .003 |
| | p | .782 | .030 | .552 | .031 | .090 | .358 | .951 |
| 부종교(유) | r | -.007 | -.012 | .027 | .100 | .086 | .056 | -.057 |
| | p | .903 | .823 | .619 | .066 | .113 | .302 | .297 |
| 모종교(유) | r | -.033 | .028 | -.003 | .058 | .039 | .029 | -.090 |
| | p | .544 | .609 | .956 | .287 | .478 | .590 | .098 |
| 친구 수 | r | .070 | .007 | .083 | -.031 | -.013 | .008 | .014 |
| | p | .197 | .894 | .125 | .573 | .808 | .883 | .791 |
| 부모생존(생존) | r | -.046 | .004 | -.006 | .029 | -.021 | -.081 | -.034 |
| | p | .398 | .942 | .911 | .596 | .705 | .135 | .528 |
| 주거상태(거주) | r | -.048 | -.042 | -.098 | .031 | .011 | .045 | .002 |
| | p | .379 | .436 | .072 | .572 | .838 | .410 | .972 |

Pearson's Linear Correlation Coefficient(r)
* p<.05 ** p<.01

## 나. 도덕 판단력 MJT의 향상요인

다음으로 도덕 판단력 MJT C-지수를 높일 수 있는 향상요인을 알아보기 위하여 다중회귀분석을 실시하였다. 그 결과 독립변수로는 성별, 윤리도덕교육 경험유무, 본인종교유무, 부모종교유무, 부모생존여부, 부모와 함께 거주여부는 이분형으로 변환하여 더미변수화하여 독립변수로 투입하였으며, 아버지 직업과 어머니 직업에 대해서는 공무원이나 교사여부로 재코딩하여 더미변수로 변환하여 독립변수로 투입하였다.

그 외 학교급, 부모의 학력, 과목 흥미도, 친한 친구 수를 독립변인으로 투입하였다. 그 결과 C-지수에는 학교급이 낮을수록, 즉 학생들의 학력이 낮을수록 더욱 도덕 판단력이 높아지는 양상이었으며(β= -.193, p<.01), 여자보다는 남자들의 도덕 판단력이 높은 것으로 나타났다(β=.119, p<.05). 그러나 이 회귀모형은 통계적으로 유의하지 않은 것으로 나타났으며 설명력 또한 5.9%로 낮은 수준이었다. 각 단계별 점수에 대한 영향요인을 살펴보면, Stage1, 2, 5, 6 모두 회귀모형자체가 통계적으로 유의하지 못한 것으로 나타났으나, Stage3의 경우는 아버지의 학력이 높을수록(β=.190, p<.05), 윤리나 도덕과목의 흥미도가 낮을수록(β=-.153, p<.05) 더욱 Stage3의 단계점수가 높아지는 효과가 있는 것으로 나타났으며 이 모형의 설명력은 7.3% 수준이었다. 또한 Stage4의 경우는 학교급이 낮을수록, 즉 연구대상자의 학력이 낮을수록(β=-.248, p<.001), 남자일수록(β=.174, p<.01), 친한 친구의 수가 적을수록(β=-.166, p<.01) 더욱 Stage4의 점수가 높아지는 것으로 나타났으며 이 모형이 설명력은 8.9%수준이었다(<표 68>).

〈표 68〉 도덕 판단력 MJT의 C-지수에 대한 영향요인

| | Stage1 | | | Stage2 | | | Stage3 | | | Stage4 | | |
|---|---|---|---|---|---|---|---|---|---|---|---|---|
| | b | β | t | b | β | t | b | β | t | b | β | t |
| (Constant) | 4.911 | | 1.064 (.288) | 11.105 | | 2.299* (.022) | 7.544 | | 1.942 (.053) | 8.704 | | 2.325* (.021) |
| 학교급 | -.213 | -.025 | -.363 (.717) | -1.410 | -.157 | -2.303* (.022) | -.716 | -.098 | -1.454 (.147) | -1.756 | -.248 | -3.699*** (.000) |
| 성별(남) | 1.525 | .086 | 1.473 (.142) | .540 | .029 | .498 (.619) | .739 | .049 | .848 (.397) | 2.565 | .174 | 3.054** (.002) |
| 부학력 | -1.162 | -.158 | -2.040* (.042) | -.827 | -.106 | -1.387 (.166) | 1.196 | .190 | 2.496* (.013) | -.210 | -.034 | -.454 (.650) |
| 모학력 | .873 | .114 | 1.401 (.162) | -.197 | -.024 | -.303 (.762) | -.963 | -.147 | -1.838 (.067) | -.131 | -.021 | -.260 (.795) |
| 부직업 (공무원/교사) | 1.238 | .053 | .811 (.418) | 2.853 | .115 | 1.785 (.075) | -1.182 | -.059 | -.920 (.358) | .587 | .030 | .474 (.636) |
| 모직업 (공무원/교사) | -1.762 | -.070 | -1.026 (.305) | -2.557 | -.096 | -1.423 (.156) | -.610 | -.028 | -.422 (.673) | -1.007 | -.048 | -.723 (.470) |
| 윤리과목(유) | 3.104 | .072 | 1.027 (.305) | 5.462 | .120 | 1.726 (.085) | 1.502 | .041 | .590 (.555) | 3.320 | .093 | 1.353 (.177) |
| 과목흥미도 | -.568 | -.067 | -.947 (.344) | -1.070 | -.120 | -1.702 (.090) | -1.107 | -.153 | -2.190* (.029) | -.575 | -.082 | -1.181 (.239) |
| 종교(유) | .573 | .032 | .489 (.625) | 3.051 | .163 | 2.486* (.013) | .570 | .038 | .578 (.564) | 1.267 | .086 | 1.332 (.184) |
| 부종교(유) | .673 | .037 | .528 (.598) | -1.349 | -.070 | -1.010 (.313) | .306 | .020 | .285 (.776) | .700 | .046 | .677 (.499) |
| 모종교(유) | -1.325 | -.066 | -.927 (.354) | -.194 | -.009 | -.130 (.897) | -.911 | -.053 | -.758 (.449) | -.271 | -.016 | -.234 (.184) |
| 친구 수 | .424 | .056 | .870 (.385) | -.413 | -.051 | -.809 (.419) | .148 | .023 | .362 (.718) | -1.055 | -.166 | -2.667** (.008) |
| 부모생존 (생존) | -.287 | -.007 | -.110 (.912) | 1.978 | .047 | .727 (.468) | 1.666 | .049 | .761 (.447) | .684 | .021 | .324 (.746) |
| 주거상태 (함께거주) | -1.330 | -.052 | -.790 (.430) | -1.792 | -.066 | -1.016 (.311) | -2.956 | -.134 | -2.084* (.038) | .568 | .026 | .415 (.678) |
| | R=.198 R²=.039 Adj. R²=.002 F=.944 p=.511 | | | R=.255 R²=.065 Adj. R²=.025 F=1.606 p=.076 | | | R=.269 R²=.073 Adj. R²=.032 F=1.805* p=.037 | | | R=.299 R²=.089 Adj. R²=.050 F=2.261** p=.006 | | |

| | Stage5 | | | Stage6 | | | C-지수 | | |
|---|---|---|---|---|---|---|---|---|---|
| | b | β | t | b | β | t | b | β | t |
| (Constant) | 11.157 | | 2.512* (.012) | 10.167 | | 2.882** (.004) | 26.936 | | 3.745*** (.000) |
| 학교급 | -1.897 | -.230 | -3.370**(.001) | -.989 | -.151 | -2.211* (.028) | -2.587 | -.193 | -2.837** (.005) |
| 성별(남) | 1.672 | .097 | 1.678 (.094) | 1.853 | .136 | 2.341* (.020) | 3.324 | .119 | 2.060* (.040) |
| 부학력 | -.208 | -.029 | -.379 (.705) | -.517 | -.091 | -1.187 (.236) | -.656 | -.057 | -.739 (.460) |
| 모학력 | -.171 | -.023 | -.286 (.775) | .123 | .021 | .258 (.797) | -.110 | -.009 | -.113 (.910) |
| 부직업 (공무원/교사) | 1.880 | .082 | 1.280 (.202) | .952 | .053 | .816 (.415) | 4.419 | .120 | 1.857 (.064) |
| 모직업 (공무원/교사) | -1.023 | -.042 | -.619 (.536) | -1.248 | -.064 | -.951 (.342) | -.901 | -.023 | -.337 (.736) |
| 윤리과목(유) | 3.453 | .083 | 1.186 (.236) | .641 | .019 | .277 (.782) | 5.959 | .088 | 1.264 (.207) |
| 과목흥미도 | -.331 | -.040 | -.573 (.567) | -.139 | -.021 | -.303 (.762) | -.697 | -.053 | -.745 (.457) |
| 종교(유) | .883 | .051 | .783 (.434) | .112 | .008 | .125 (.901) | 1.011 | .036 | .553 (.581) |
| 부종교(유) | .946 | .054 | .771 (.442) | .359 | .026 | .368 (.713) | -1.020 | -.036 | -.513 (.608) |
| 모종교(유) | -.401 | -.021 | -.292 (.771) | .289 | .019 | .265 (.791) | -2.787 | -.088 | -1.252 (.212) |
| 친구 수 | -.955 | -.129 | -2.036* (.043) | -.514 | -.087 | -1.379 (.169) | -.974 | -.081 | -1.282 (.201) |
| 부모생존 (생존) | -1.412 | -.037 | -.564 (.573) | -4.429 | -.146 | -2.228* (.027) | -2.163 | -.035 | -.534 (.594) |
| 주거상태 (함께거주) | .668 | .027 | .412 (.681) | 2.380 | .120 | 1.848 (.066) | .398 | .010 | .152 (.880) |
| | R=.242 R²=.058 Adj. R²=.018 F=1.432 p=.136 | | | R=.244 R²=.060 Adj. R²=.019 F=1.460 p=.124 | | | R=.244 R²=.059 Adj. R²=.019 F=1.458 p=.125 | | |

학교급: 초등학교＝1, 중학교＝2, 고등학교＝3, 대학교＝4
* p<.05  ** p<.01  *** p<.001

## 3. 인구통계학적 특성별 P-지수와 C-지수의 비교

학교급별 두 점수를 비교해보면, P-지수는 초등학교에서 대학교로 갈수록 더욱 점수가 증가하는 것으로 나타났으나 C-지수는 중학교와 대학교가 비슷한 수준으로 낮으며, 초등학교 학생들의 점수가 가장 높았다(<표 69>).

〈표 69〉 각 학교급별 P-지수 & C-지수 비교

| | P-지수 | | C-지수 | |
|---|---|---|---|---|
| | M | SD | M | SD |
| 초등학교 | 31.10<br>a | 17.05 | 20.00<br>b | 17.08 |
| 중학교 | 36.58<br>a | 18.99 | 14.24<br>ab | 12.56 |
| 고등학교 | 37.92<br>ab | 13.73 | 17.64<br>ab | 13.12 |
| 대학교 | 41.09<br>b | 14.88 | 13.64<br>a | 10.37 |
| 전체 | 36.35 | 16.43 | 16.82 | 13.92 |
| F(p) | 5.064** (.002) | | 3.595* (.014) | |

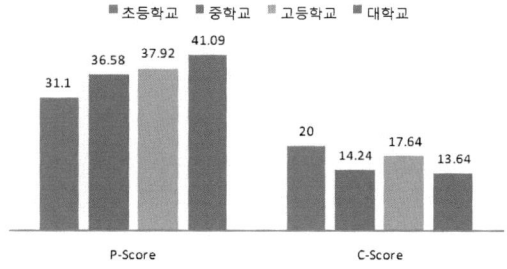

a. b, c: Scheffe's Multiple Comparison(a<b<c, α=.05)
* p<.05 ** p<.01

성별에 따른 두 점수를 비교해보면, P-지수는 여자의 점수가 높은 반면, C-지수는 남자의 점수가 다소 높게 나타났다. 또한 P-지수의 경우 성별간의 차이가 더욱 큰 것을 알 수 있다(<표 70>).

〈표 70〉 성별에 따른 P-지수 & C-지수 비교

|  | P-지수 | | C-지수 | |
|---|---|---|---|---|
|  | M | SD | M | SD |
| 남자 | 33.22 | 16.93 | 18.28 | 14.50 |
| 여자 | 39.58 | 15.28 | 15.32 | 13.17 |
| t(p) | -3.637***(.000) | | 1.966*(.050) | |

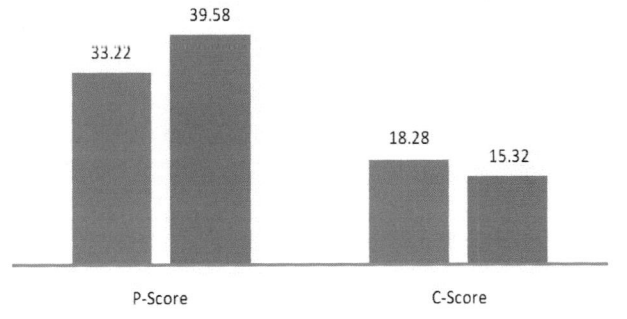

* p<.05 *** p<.001

친한 친구의 수에 따른 두 점수를 비교한 결과, P-지수는 20명 이상을 가진 대상들의 점수가 가장 낮았으며 다음으로 6~10명 정도의 친구를 가진 대상들의 점수가 낮았고 1~5명 정도의 친구를 가진 경우 가장 높은 점수를 나타내었다. C-지수의 경우는 6~10명인 경우 가장 낮은 점수를 가지며, 거의 없는 대상들이 가장 높은 점수를 나타냈다 (<표 71>).

<표 71> 친한 친구의 수에 따른 P-지수 & C-지수 비교

| | P-지수 | | C-지수 | |
|---|---|---|---|---|
| | M | SD | M | SD |
| 거의 없다 | 39.53 ab | 16.38 | 20.53 | 19.25 |
| 1~5명 | 42.50 b | 14.28 | 17.10 | 11.56 |
| 6~10명 | 34.97 a | 15.77 | 15.70 | 14.50 |
| 10~20명 | 38.15 ab | 16.68 | 17.13 | 11.98 |
| 20명 이상 | 33.82 a | 17.22 | 17.38 | 14.99 |
| F(p) | 3.000*(.019) | | .355(.840) | |

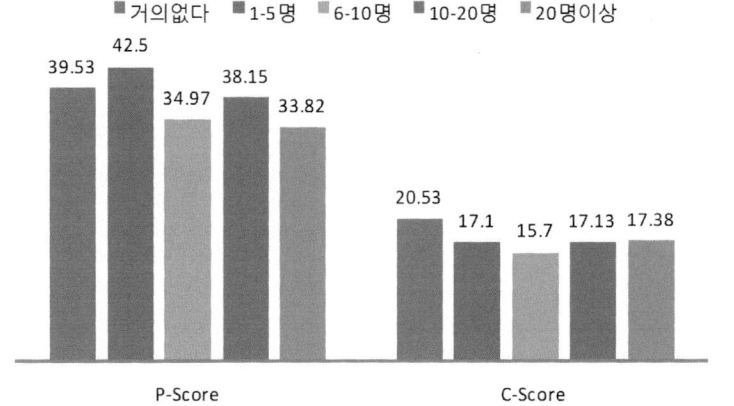

a, b: Scheffe's Multiple Comparison(a⟨b, α=.05)
* p⟨.05  *** p⟨.001

본인의 종교에 따른 두 점수를 비교해보면, P-지수는 기타종교인 경우 가장 낮은 점수를 나타내었으며 기독교를 종교로 가진 대상들의 점수가 가장 높았다. 따라서 종교를 가진 대상들이 가지지 않은 대상보다 낮았다. 반면에 C-지수의 경우는 기타종교의 경우 매우 낮은 점수를 나타내었으며 그 외 대상들은 비슷한 수준이었다. 특히 종교를 가진 대상들이 종교가 없는 대상보가 약간 높은 점수를 나타내었다(<표 72>).

〈표 72〉 본인의 종교에 따른 P-지수 & C-지수 비교

|  | P-지수 | | C-지수 | |
|---|---|---|---|---|
|  | M | SD | M | SD |
| 기독교 | 37.11 | 16.64 | 16.69 | 17.42 |
| 천주교 | 32.53 | 15.06 | 16.94 | 13.19 |
| 불교 | 33.75 | 18.00 | 17.15 | 13.59 |
| 기타종교 | 27.77 | 13.85 | 11.46 | 10.55 |
| 없음 | 38.11 | 15.52 | 16.78 | 12.92 |
| F(p) | 1.568(.183) | | .125(.973) | |
| 없음 | 38.11 | 15.52 | 16.78 | 12.92 |
| 있음 | 34.66 | 17.12 | 16.87 | 14.85 |
| t(p) | 1.940(.053) | | -.061(.951) | |

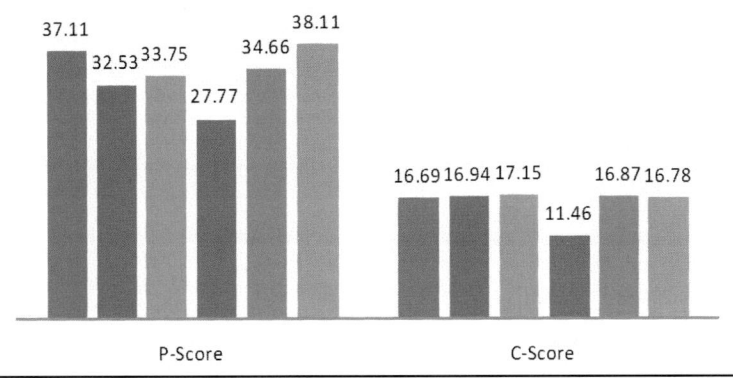

아버지의 종교에 따른 두 점수를 비교해보면, P-지수는 기타종교와 천주교를 가진 대상들의 점수가 매우 낮았으며 기독교를 가진 대상

들의 점수가 가장 높았다. 또한 종교를 가진 대상보다는 종교를 가지고 있지 않은 대상들의 점수가 다소 높았으며, C-지수의 경우는 기타 종교를 가진 대상들의 점수가 매우 낮았으며 천주교를 종교로 가진 대상들의 점수가 높은 것으로 나타났다. 또한 종교를 가진 대상보다는 가지지 않은 대상들의 점수가 다소 높게 나타났다(<표 73>).

〈표 73〉 아버지의 종교에 따른 P-지수 & C-지수 비교

|  | P-지수 | | C-지수 | |
|---|---|---|---|---|
|  | M | SD | M | SD |
| 기독교 | 39.71 | 16.48 | 14.77 | 14.28 |
| 천주교 | 31.95 | 14.10 | 17.93 | 15.76 |
| 불교 | 35.67 | 17.30 | 16.61 | 13.91 |
| 기타종교 | 27.78 | 18.57 | 9.11 | 7.73 |
| 없음 | 37.26 | 15.43 | 17.83 | 13.82 |
| F(p) | 1.236(.295) | | .849(.495) | |
| 없음 | 37.26 | 15.43 | 17.83 | 13.82 |
| 있음 | 35.79 | 17.02 | 16.20 | 13.98 |
| t(p) | .797(.426) | | 1.045(.297) | |

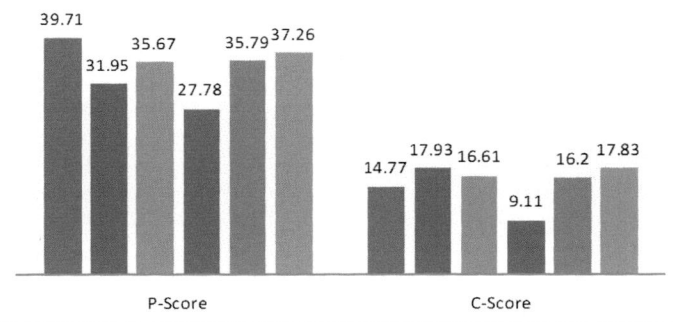

어머니의 종교에 따른 두 점수를 비교해보면, P-지수는 천주교와 기타종교인 경우 점수가 낮았으며 그 외 종교는 비슷한 수준이었다. 또한 종교가 있는 경우와 없는 경우도 유사했다. 반면, C-지수의 경우는 기타종교인 경우 가장 점수가 높았으며 천주교와 불교가 가장 낮았다. 특히 종교가 있는 대상보다는 종교를 가지고 있지 않는 대상들의 점수가 더욱 높음을 알 수 있다(<표 74>).

〈표 74〉 어머니의 종교에 따른 P-지수 & C-지수 비교

| | P-지수 | | C-지수 | |
|---|---|---|---|---|
| | M | SD | M | SD |
| 기독교 | 37.78 | 15.43 | 17.15 | 18.68 |
| 천주교 | 33.93 | 13.71 | 15.06 | 9.65 |
| 불교 | 36.11 | 17.72 | 15.74 | 12.94 |
| 기타종교 | 33.33 | 20.86 | 19.18 | 15.98 |
| 없음 | 36.74 | 14.99 | 18.91 | 13.11 |
| F(p) | .291(.884) | | .892(.469) | |
| 없음 | 36.74 | 14.99 | 18.91 | 13.11 |
| 있음 | 36.21 | 16.94 | 16.07 | 14.15 |
| t(p) | .260(.795) | | 1.660(.098) | |

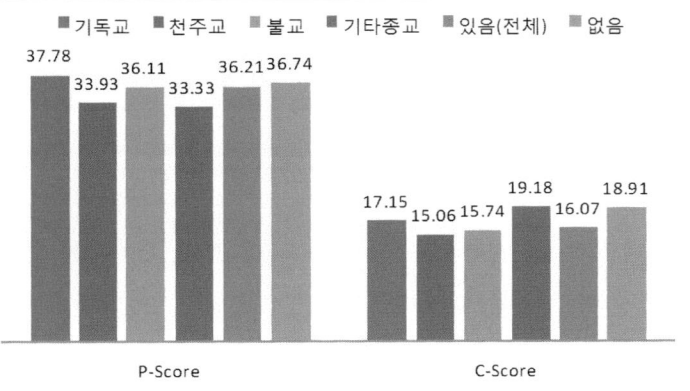

아버지의 학력에 따른 두 점수를 비교해보면, P-지수는 대학원 학력인 경우 가장 점수가 높았으며 고졸 이하와 대졸은 비슷한 수준이었으나, C-지수의 경우는 학력그룹 모두 비슷한 수준이었으며 대학원 학력이 가장 낮았다(<표 75>).

〈표 75〉 아버지 학력에 따른 P-지수 & C-지수 비교

|  | P-지수 | | C-지수 | |
|---|---|---|---|---|
|  | M | SD | M | SD |
| 고졸 이하 | 35.75 | 16.83 | 16.70 | 13.41 |
| 대졸 | 36.36 | 15.81 | 17.17 | 15.08 |
| 대학원 | 38.95 | 17.95 | 15.59 | 9.47 |
| F(p) | .493(.611) | | .182(.833) | |

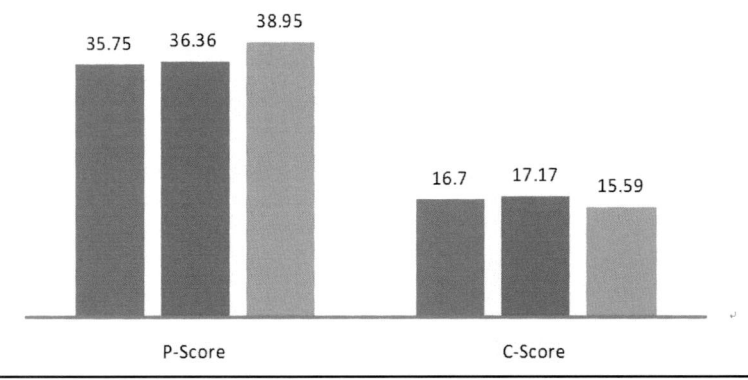

어머니의 학력에 따른 두 점수를 비교해보면, P-지수는 대학원인 경우 가장 점수가 높으며, 대졸인 대상의 수준이 가장 낮은 반면, C-지수는 대졸인 대상자들이 가장 높게 나타났으며 대학원의 학력을 가진 대상자의 점수가 가장 낮았다(<표 76>).

<표 76> 어머니 학력에 따른 P-지수 & C-지수 비교

| | P-지수 | | C-지수 | |
|---|---|---|---|---|
| | M | SD | M | SD |
| 고졸 이하 | 37.62 | 16.12 | 16.19 | 12.99 |
| 대졸 | 34.61 | 16.63 | 18.37 | 15.19 |
| 대학원 | 38.05 | 17.02 | 11.88 | 10.87 |
| F(p) | 1.451(.236) | | 2.617(.075) | |

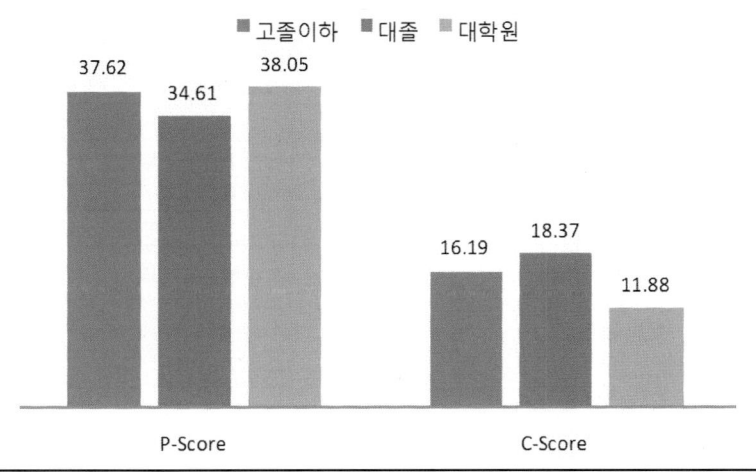

아버지의 직업에 따른 두 점수를 비교해본 결과 P-지수는 전문·
기술직이거나 단순·기능직인 대상의 점수가 가장 높았으며, 사무직
이나 판매·서비스직에 종사하는 대상의 점수가 낮았다. 그러나 C-지
수의 경우는 공무원이나 교사를 하는 경우 가장 점수가 높았으며 그
외의 직업은 비슷한 수준이었다(<표 77>).

<표 77> 아버지 직업에 따른 P-지수 & C-지수 비교

| | P-지수 | | C-지수 | |
|---|---|---|---|---|
| | M | SD | M | SD |
| 전문 · 기술직 | 38.49 | 15.87 | 15.49 | 13.54 |
| 사무직 | 32.58 | 15.68 | 15.24 | 11.88 |
| 판매 · 서비스직 | 34.34 | 17.30 | 17.19 | 15.96 |
| 단순 · 기능직 | 39.34 | 16.67 | 18.10 | 16.19 |
| 농어임업직 | 37.01 | 14.83 | 17.08 | 10.11 |
| 무직 | 37.34 | 18.17 | 15.55 | 14.84 |
| 공무원/교사 | 37.87 | 17.46 | 20.06 | 15.03 |
| F(p) | 1.181(.316) | | .846(.535) | |
| 그 외 직업 | 36.04 | 16.22 | 16.16 | 13.62 |
| 공무원 | 37.87 | 17.46 | 20.06 | 15.03 |
| t(p) | -.774(.439) | | -1.951(.052) | |

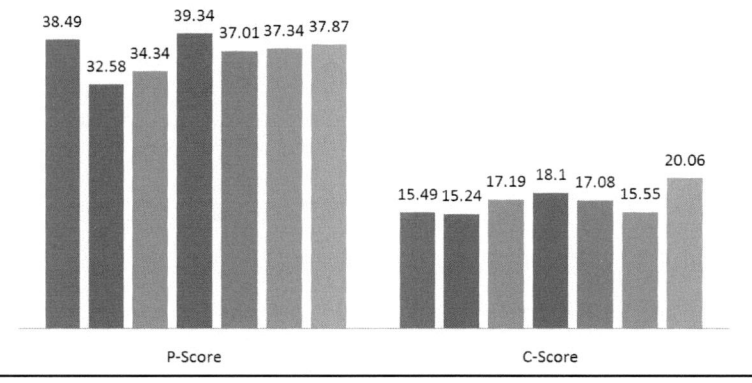

■ 전문,기술직  ■ 사무직  ■ 판매,서비스직 ■ 단순,기능직
■ 농어임업직  ■ 무직  ■ 공무원,교사

어머니의 직업에 따른 두 점수를 비교해보면, P-지수의 경우는 어머니가 단순, 기능직에 종사하는 경우 가장 높았으며 무직인 경우 가장 낮은 수준이었으나 C-지수의 경우는 무직인 경우 가장 점수가 높았으며 그 외의 직업은 비슷한 수준이었다(<표 78>).

<표 78> 어머니의 직업에 따른 P-지수 & C-지수 비교

| | P-지수 | | C-지수 | |
|---|---|---|---|---|
| | M | SD | M | SD |
| 전문 · 기술직 | 38.44 | 15.51 | 17.38 | 14.46 |
| 사무직 | 34.26 | 13.01 | 16.99 | 12.89 |
| 판매 · 서비스직 | 35.47 | 16.10 | 16.22 | 14.68 |
| 단순 · 기능직 | 48.57 | 14.52 | 16.57 | 13.95 |
| 농어임업직 | 39.21 | 13.87 | 18.07 | 9.36 |
| 무직 | 29.77 | 20.83 | 21.76 | 19.44 |
| 전업주부 | 37.76 | 17.62 | 15.87 | 12.06 |
| 공무원/교사 | 35.17 | 16.40 | 17.86 | 16.38 |
| F(p) | 1.259(.270) | | .403(.900) | |
| 그 외 직업 | 36.55 | 16.45 | 16.65 | 13.49 |
| 공무원 | 35.17 | 16.40 | 17.86 | 16.38 |
| t(p) | .545(.586) | | -.562(.574) | |

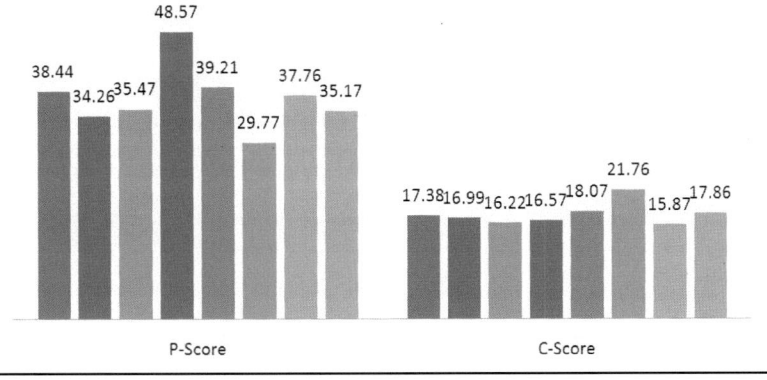

■ 전문,기술직  ■ 사무식  ■ 판매,서비스직  ■ 단순,기능직
■ 농어임업직  ■ 무직  ■ 전업주부  ■ 공무원,교사

부모의 생존여부에 따른 두 점수를 비교해보면, P-지수는 부모가 모두 생존하는 경우에 더욱 점수가 높은 반면, C-지수의 경우는 아버지와 어머니 중 한 분만 생존하는 경우 더 높은 점수를 나타냈다(<표 79>).

<표 79> 부모생존여부에 따른 P-지수 & C-지수 비교

| | P-지수 | | C-지수 | |
|---|---|---|---|---|
| | M | SD | M | SD |
| 양친모두 | 36.52 | 16.39 | 16.71 | 13.81 |
| 부/모만 생존 | 33.51 | 17.30 | 18.79 | 16.01 |
| t(p) | .776(.438) | | -.632(.528) | |

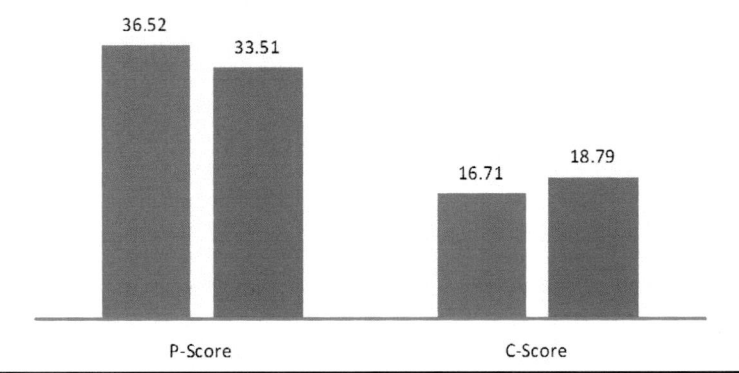

부모와의 거주상태에 따른 두 측정치를 비교해보면, P-지수의 경우는 부모와 함께 거주하는 경우와 어머니와 함께 거주하는 경우의 점수가 높았으며 친척과 거주하는 경우 가장 낮은 점수를 나타내었으나, C-지수는 아버지와 거주하는 경우 가장 점수가 높게 나타났으며 그 외의 경우는 비슷한 수준이었다(<표 80>).

<표 80> 부모와의 거주상태에 따른 P-지수 & C-지수 비교

| | P-지수 | | C-지수 | |
|---|---|---|---|---|
| | M | SD | M | SD |
| 부모와 함께 거주 | 36.62 | 16.66 | 16.83 | 14.15 |
| 부와 거주 | 34.08 | 13.73 | 22.59 | 19.77 |
| 모와 거주 | 36.54 | 16.07 | 15.23 | 9.79 |
| 친척과 거주 | 30.60 | 13.25 | 15.72 | 11.19 |
| F(p) | .532(.660) | | .652(.582) | |
| 부모함께거주 | 36.62 | 16.66 | 16.83 | 14.15 |
| 그 외 | 34.68 | 14.94 | 16.76 | 12.56 |
| t(p) | .751(.453) | | .036(.972) | |

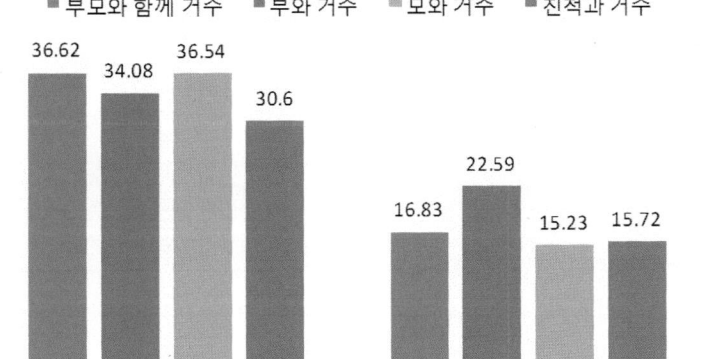

도덕 및 윤리교육 경험에 대해서는 P-지수의 경우는 교육경험이 있는 대상들의 점수가 교육경험이 없는 대상보다 매우 높았으나 C-지수의 경우는 많은 차이가 나지 않았으나 약간 교육경험이 있는 대상의 점수가 높은 수준이었다(<표 81>).

〈표 81〉 도덕 및 윤리 교육 경험에 따른 P-지수 & C-지수 비교

| | P-지수 | | C-지수 | |
|---|---|---|---|---|
| | M | SD | M | SD |
| 없다 | 27.29 | 15.07 | 15.57 | 10.44 |
| 있다 | 36.80 | 16.38 | 16.89 | 14.08 |
| t(p) | -2.274*(.024) | | -.368(.713) | |

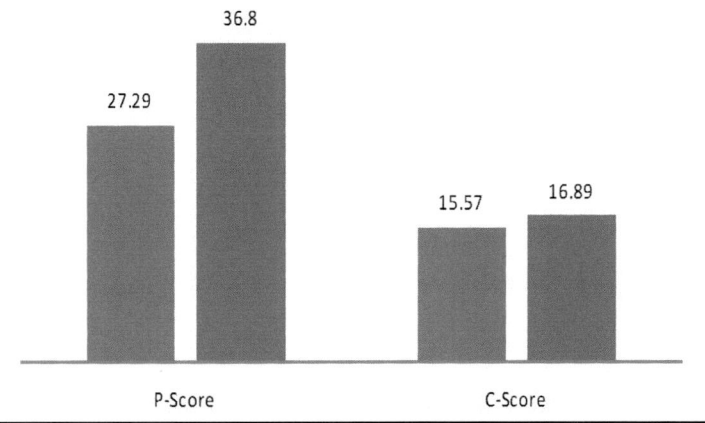

* p<.05

　　도덕 및 윤리교육 경험자의 과목에 대한 만족도에 따른 두 측정치
를 비교해보면, P-지수는 흥미가 있을수록 P-지수가 증가하는 양상이
었으나 C-지수는 흥미 없는 대상과 보통인 대상이 점수가 높으며, 흥
미가 있는 대상들의 점수는 다소 낮은 경향이었다(<표 82>).

| | P-지수 | | C-지수 | |
|---|---|---|---|---|
| | M | SD | M | SD |
| 전혀흥미없다 | 31.19 | 15.05 | 15.91 | 11.82 |
| 흥미없다 | 34.63 | 14.73 | 18.00 | 13.53 |
| 보통 | 37.22 | 16.51 | 17.74 | 14.22 |
| 흥미 | 38.05 | 17.87 | 15.01 | 15.13 |
| 매우흥미 | 37.11 | 12.58 | 14.28 | 10.00 |
| F(p) | .744(.562) | | .710(.585) | |

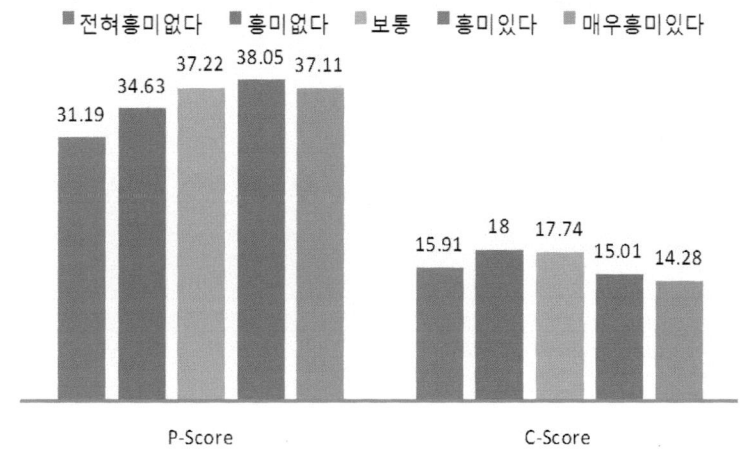

# 4. KDIT의 P-지수와 MJT의 C-지수의 자체 상관성 분석

## 가. 각 지수와 각 문항들 간의 상관성

### 1) P-지수와 각 문항들 간의 상관성

KDIT의 각 질문지 종류는 본 '남편의 고민', '탈옥수', '환자의 애원'의 세 가지 유형으로 되어 있는데, 그 각각에는 12개의 하위문항이 있다. 먼저 '남편의 고민' 갈등 이야기 내에서의 각 문항 간 상관관계는 5번, 10번, 11번, 12번의 경우 다른 문항과 상관성이 낮게 나타났으며, 다소나마 상관성이 있는 경우에도 통계적 유의도가 낮게 나타났다. 2번, 5번, 6번, 11번 문항의 경우 P-지수와의 상관성도 낮은 것으로 나타나, 본 연구의 신뢰성이 보증된다는 전제로 볼 때, 양자가 중복되는 5번, 11번 문항의 경우 다소간의 문제점이 있는 것으로 보인다(<표 83>).

〈표 83〉 K-DIT 각 문항(남편의 고민)간 및 P-지수 간의 상관성

|  | 1번 | 2번 | 3번 | 4번 | 5번 | 6번 | 7번 | 8번 | 9번 | 10번 | 11번 | 12번 |
|---|---|---|---|---|---|---|---|---|---|---|---|---|
| 2번 | -.124* | | | | | | | | | | | |
| 3번 | .206*** | -.055 | | | | | | | | | | |
| 4번 | .412*** | -.233*** | .342*** | | | | | | | | | |
| 5번 | .042 | .057 | .242*** | .108* | | | | | | | | |
| 6번 | .271*** | -.046 | .188*** | .280*** | .233*** | | | | | | | |
| 7번 | .244*** | -.108* | .393*** | .351*** | .265*** | .268*** | | | | | | |
| 8번 | .128* | .045 | .149** | .155** | .292*** | .216*** | .163** | | | | | |
| 9번 | .253*** | -.079 | .294*** | .414*** | .254*** | .305*** | .392*** | .225*** | | | | |
| 10번 | .110* | .132* | .066 | .087 | .228*** | .207*** | .040 | .124* | .171** | | | |
| 11번 | -.031 | -.054 | -.006 | .082 | .168** | .026 | .076 | .077 | .190*** | .169** | | |
| 12번 | -.040 | .288*** | -.056 | -.089 | .157** | .019 | -.092 | .073 | -.091 | .332*** | .074 | |
| P-지수 | .117* | -.076 | .146** | .134* | -.026 | .055 | .241*** | -.191*** | .147** | -.179** | -.020 | -.254*** |

Pearson's Linear Correlation Coefficient
* p<.05 ** p<.01 *** p<.001

다음으로 '탈옥수' 갈등 이야기 내에서는 문항 간 상관관계는 2번, 4번, 8번, 9번, 12번의 경우 다른 문항과 상관성이 낮게 나타났으며, 마찬가지로 다소나마 상관성이 있는 경우에도 통계적 유의도가 낮게 나타났다. 1번, 3번, 4번, 7번, 8번, 10번 문항의 경우 P-지수와의 상관

성도 낮은 것으로 나타나, 양자가 중복되는 4번, 8번 문항의 경우 다소간의 문제점이 있는 것으로 보인다(<표 84>).

마지막으로 '환자의 애원' 갈등 이야기 내에서는 문항 간 상관관계는 1번, 3번, 10번의 경우 다른 문항과 상관성이 낮게 나타났으며, 상관성이 있는 경우에도 통계적 유의도가 낮게 나타났다. 4번, 7번, 11번, 12번 문항의 경우 P-지수와의 상관성도 낮은 것으로 나타났다. 이 갈등 이야기에는 문항 간 및 P-지수와의 관계에서 공통으로 유의도면에서 문제되는 사례는 없다(<표 85>).

<표 84> K-DIT 각 문항(탈옥수)간 및 P-지수 간의 상관성

| | 1번 | 2번 | 3번 | 4번 | 5번 | 6번 | 7번 | 8번 | 9번 | 10번 | 11번 | 12번 |
|---|---|---|---|---|---|---|---|---|---|---|---|---|
| 2번 | -.101 | | | | | | | | | | | |
| 3번 | -.195*** | .415*** | | | | | | | | | | |
| 4번 | .489*** | -.058 | -.156** | | | | | | | | | |
| 5번 | .414*** | -.046 | -.085 | .413*** | | | | | | | | |
| 6번 | -.105* | .360*** | .288*** | -.074 | -.017 | | | | | | | |
| 7번 | .312*** | .006 | -.083 | .349*** | .316*** | .055 | | | | | | |
| 8번 | .021 | .253*** | .305*** | .001 | .047 | .302*** | .058 | | | | | |
| 9번 | .054 | .089 | -.012 | .094 | .066 | .166** | .249*** | .112* | | | | |
| 10번 | -.193*** | .210*** | .326*** | -.088 | -.164** | .256*** | -.137** | .249*** | .075 | | | |
| 11번 | -.005 | .130* | .187*** | .025 | .141** | .151** | .091 | .171** | .119* | .197*** | | |
| 12번 | .006 | .088 | .177** | .047 | .128* | .132* | .084 | .198** | .130* | .226*** | .376*** | |
| P-지수 | -.019 | .144** | .054 | .003 | -.219*** | .188*** | -.044 | .048 | .125* | .103 | -.200*** | -.220** |

Pearson's Linear Correlation Coefficient
* p<.05  ** p<.01  *** p<.001

<표 85> K-DIT 각 문항(환자의 애원)간 및 P-지수 간의 상관성

| | 1번 | 2번 | 3번 | 4번 | 5번 | 6번 | 7번 | 8번 | 9번 | 10번 | 11번 | 12번 |
|---|---|---|---|---|---|---|---|---|---|---|---|---|
| 2번 | .098 | | | | | | | | | | | |
| 3번 | .051 | .280*** | | | | | | | | | | |
| 4번 | .047 | .121* | .083 | | | | | | | | | |
| 5번 | .108* | .066 | -.017 | .243*** | | | | | | | | |
| 6번 | .181** | .330*** | .361*** | .049 | .199*** | | | | | | | |
| 7번 | .044 | .169** | .153** | .177** | .253*** | .218*** | | | | | | |
| 8번 | .075 | -.038 | -.095 | .123* | .243*** | .018 | .183** | | | | | |
| 9번 | .059 | .115* | .660*** | .181** | -.032 | .214** | .150** | -.140** | | | | |
| 10번 | .115* | .060 | .015 | -.023 | .101 | .160** | .121* | .164** | -.019 | | | |
| 11번 | -.013 | .215*** | .099 | .128* | .329*** | .152** | .246*** | .251*** | .068 | .175** | | |
| 12번 | .168** | .176** | .088 | .167** | .338*** | .156** | .227*** | .182** | .029 | .230*** | .370*** | |
| P-지수 | .170** | .171** | .200*** | .074 | -.105* | .149** | .095 | -.140** | .196*** | -.143** | -.014 | -.052 |

Pearson's Linear Correlation Coefficient
* p<.05 ** p<.01 *** p<.001

## 2) C-지수와 각 문항들 간의 상관성

MJT의 각 질문지 종류는 본 '근로자의 고민', '의사의 고민'의 두 가지 유형으로 되어 있는데, 그 각각에는 12개의 하위문항이 있다. 먼저 '근로자의 고민' 갈등 이야기 내에서의 각 문항 간 상관관계는 대체로 높게 나타났으며, 7번, 9번, 10번, 12번 문항의 경우 다른 문항과의 상관성이 다소 낮은 것으로 나타났다. 그런데 C-지수와 상관성에 상당한 문제점이 있었다. 단지 8번, 11번 문항만 C-지수와 상관성이 있으며 통계적 유의미성을 찾아볼 수 있을 뿐이다. 더 심각한 것은 3번, 4번의 경우 부적(-) 상관관계를 보이고 있다(<표 86>).

〈표 86〉 MJT 각 문항(근로자의 고민)간 및 C-지수 간의 상관성

| | | 찬성 | | | | | | 반대 | | | | | |
|---|---|---|---|---|---|---|---|---|---|---|---|---|---|
| | | 문항1 | 문항2 | 문항3 | 문항4 | 문항5 | 문항6 | 문항7 | 문항8 | 문항9 | 문항10 | 문항11 | 문항12 |
| 찬성 | 문항2 | .462*** | | | | | | | | | | | |
| | 문항3 | .484*** | .415*** | | | | | | | | | | |
| | 문항4 | .498*** | .506*** | .476*** | | | | | | | | | |
| | 문항5 | .456*** | .500*** | .454*** | .511*** | | | | | | | | |
| | 문항6 | .360*** | .366*** | .373*** | .346*** | .492*** | | | | | | | |
| 반대 | 문항7 | -.111* | -0.082 | 0.008 | -.109* | -.165** | -.109* | | | | | | |
| | 문항8 | -.143** | -.105* | -0.102 | -.157** | -.167** | -.136* | .615*** | | | | | |
| | 문항9 | -.120* | -.142** | 0.04 | -.121* | -0.081 | -0.021 | .421*** | .382*** | | | | |
| | 문항10 | -0.101 | -0.085 | -0.055 | -.108* | -.135* | -.119* | .565*** | .544*** | .437*** | | | |
| | 문항11 | -.167** | -0.091 | -.105* | -.196** | -.174** | -.134* | .472*** | .466*** | .325*** | .504*** | | |
| | 문항12 | -0.073 | -.249*** | -0.075 | -.164** | -.153** | -.123* | .227*** | .385*** | .437*** | .367*** | .352*** | |
| C-지수 | | 0.004 | 0.062 | -0.039 | -0.019 | 0.049 | 0.005 | 0.083 | .159** | 0.049 | 0.018 | .216*** | 0.07 |

Pearson's Linear Correlation Coefficient
* p<.05  ** p<.01  *** p<.001

다음으로 '의사의 고민' 갈등 이야기 내에서의 각 문항 간 상관관계는 앞의 이야기보다는 다소 낮게 나타났다. 7번, 10번, 11번, 12번 문항의 경우 다른 문항과의 상관성이 다소 낮은 것으로 나타났다. 이 이야기에서도 C-지수와의 상관성에 상당한 문제점이 있었다. 단지 8번, 9번, 11번 문항만 C-지수와 상관성이 있으며 통계적 유의미성을 찾아볼 수 있을 뿐이다. 3번, 6번의 낮은 수준이기는 하나 부적(-) 상관관계를 보이고 있기도 하다(<표 87>).

〈표 87〉 MJT 각 문항(의사의 고민)간 및 C-지수 간의 상관성

| | | 찬성 | | | | | | 반대 | | | | | |
|---|---|---|---|---|---|---|---|---|---|---|---|---|---|
| | | 문항1 | 문항2 | 문항3 | 문항4 | 문항5 | 문항6 | 문항7 | 문항8 | 문항9 | 문항10 | 문항11 | 문항12 |
| 찬성 | 문항2 | .585*** | | | | | | | | | | | |
| | 문항3 | .340*** | .567*** | | | | | | | | | | |
| | 문항4 | .290*** | .427*** | .618*** | | | | | | | | | |
| | 문항5 | .456*** | .568*** | .533*** | .452*** | | | | | | | | |
| | 문항6 | .395*** | .488*** | .581*** | .483*** | .564*** | | | | | | | |
| 반대 | 문항7 | 0.002 | -.134* | -0.013 | -0.083 | -.135* | 0.009 | | | | | | |
| | 문항8 | -.180** | -.122* | -.219*** | -.271*** | -.268*** | -.197*** | .371*** | | | | | |
| | 문항9 | -.146** | -.163** | -.219*** | -.281*** | -.196*** | -.138** | .394*** | .688*** | | | | |
| | 문항10 | -0.045 | -.119* | -0.038 | 0.01 | -0.063 | 0.017 | .396*** | .368*** | .446*** | | | |
| | 문항11 | -0.077 | -.170** | -0.001 | -0.047 | -.141** | -0.025 | .491*** | .308*** | .356*** | .535*** | | |
| | 문항12 | -.160** | -.255*** | -.145** | -0.062 | -.184** | -.124* | .423*** | .421*** | .460*** | .564*** | .525*** | |
| C-지수 | | 0.01 | 0.072 | -0.027 | 0.015 | 0.103 | -0.096 | 0.000 | .185*** | .151** | 0.071 | .195*** | 0.092 |

Pearson's Linear Correlation Coefficient
* p<.05  ** p<.01  *** p<.001

## 나. 각 지수와 각 단계들 간의 상관성

### 1) P-지수와 각 단계들 간의 상관성

P-지수는 각 단계별 점수와의 상관성이 있는 것으로 나타났고, 통계적 유의도를 갖고 있다. 하지만 5B 단계는 P-지수와의 상관성은 낮을 뿐만 아니라 통계적 유의도가 낮은 것으로 나타났다. 더구나 1단계, 2단계, 3단계, 4단계의 경우 P-지수와 부적(-) 상관성을 갖고 있기도 하다(<표 88>).

<표 88> 각 단계간 및 P-지수의 상관성

|  | Stage1 | Stage2 | Stage3 | Stage4 | Stage5A | Stage5B | Stage6 |
|---|---|---|---|---|---|---|---|
| Stage2 | .183** | | | | | | |
| Stage3 | -.252*** | -.151** | | | | | |
| Stage4 | .162** | .131* | -.370*** | | | | |
| Stage5A | -.399*** | -.347*** | -.278*** | -.398*** | | | |
| Stage5B | -.209*** | -.167** | -.138* | -.146** | .069 | | |
| Stage6 | -.360*** | -.142** | .001 | -.411*** | .010 | .025 | |
| P-지수 | -.179** | -.194*** | -.107* | -.175** | .340*** | .039 | .158** |

Pearson's Linear Correlation Coefficient
* p<.05 ** p<.01 *** p<.001

## 2) C-지수와 각 단계들 간의 상관성

C-지수는 각 단계별 점수와 비교적 높은 상관성을 갖고 있다. 통계적 유의도를 확보하고 있다. 각 단계별 상관성이 상대적으로 높은 것은 문항 간 독립성이 확보될 수 없는 문제가 될 개연성이 있다. 특히 1, 2단계의 경우 다른 단계와의 상관성이 상대적으로 너무 높은 것이 특징이다(<표 89>).

<표 89> 각 단계 간 및 C-지수의 상관성

|  | Stage1 | Stage2 | Stage3 | Stage4 | Stage5 | Stage6 |
|---|---|---|---|---|---|---|
| Stage2 | .532*** | | | | | |
| Stage3 | .431*** | .406*** | | | | |
| Stage4 | .426*** | .548*** | .465*** | | | |
| Stage5 | .277*** | .463*** | .248*** | .351*** | | |
| Stage6 | .453*** | .391*** | .374*** | .474*** | .335*** | |
| C-지수 | .258*** | .335*** | .122* | .269*** | .297*** | .242** |

Pearson's Linear Correlation Coefficient
* p<.05 ** p<.01 *** p<.001

## 5. KDIT의 P-지수와 MJT의 C-지수 간의 비교 분석

### 가. 학령별 P-지수와 C-지수의 차이

학령별 P-지수와 C-지수는 상관성이 없는 것으로 나타났다([그림 11]).

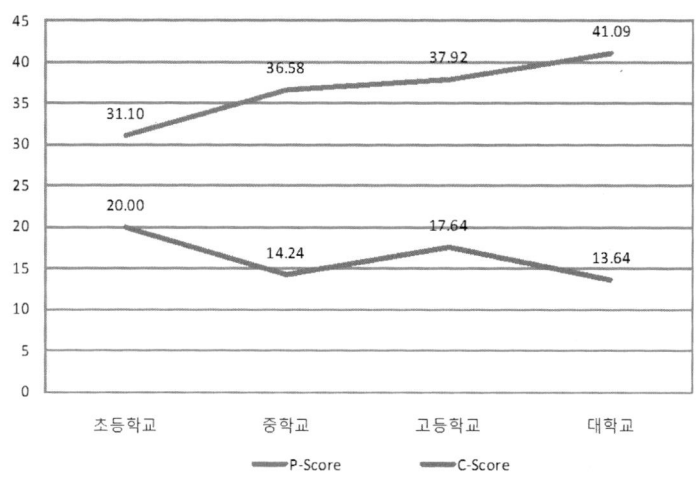

[그림 11] 학령별 P-지수와 C-지수의 차이

조사대상자들이 대학시절 외견상 분명한 도덕단계의 퇴행이 있음을 지적했고(Kohlberg & Kramer, 1969; Kohlberg, 1973), Kramer(1968)는 종단연구를 통해서 25% 정도가 청년후기에 퇴행 즉 단계하락 경향을 보인다고 지적한 바 있다. 이러한 현상이 P-지수에서는 나타나지 않으나, C-지수에 나타나 단계하락의 퇴행이 린트가 주장하는 도덕적 일관성 저하인지 아니면 레스트가 주장하는 도덕 판단력의 확실한 저하인지는 후속연구를 통해 밝혀야 할 과제이다.

## 나. 인구통계변인별 P-지수와 C-지수 간의 비교

인구통계변인별 결과분석 결과를 종합해보면 다음과 같다. 첫째, MJT의 C-지수는 평균 16.82 정도 나타났으며 Stage1은 평균 5.23, Stage2는 평균 6.35, Stage3은 평균 4.28, Stage4는 평균 4.29, Stage5는 평균 5.23, Stage6은 평균 4.12로 조사되어 Stage2의 평균수준이 가장 높은 것으로 나타났다.

둘째, MJT의 각 단계별 점수는 학교급에 따라서 Stage2와 Stage4, Stage5 그리고 전체적인 C-지수에서 유의한 차이가 나타났으며 초등학생의 점수가 가장 높게 나타났다. 따라서 본 연구의 가설 2-1인 '학령별 도덕 판단력은 차이가 있을 것이다'는 채택되었다.

셋째, 인구통계적 변인별(본인 종교유무, 부모 종교유무, 부모 생존여부, 친한 친구 수, 부모와의 주거상태, 학교에서의 도덕 및 윤리교육여부)로 MJT C-지수는 유의한 차이는 없었다. 다만 성별에 따라서는 여자들의 C-지수가 낮은 것으로 나타났다. 따라서 인구통계적 변인을 고려한 가설 2는 C-지수에서는 기각되었다.

넷째, 각 단계별 점수의 차이는 Stage1과 Stage2 간에 유의한 향상이 일어났으며, Stage2와 Stage3 간에 높은 점수가 낮아졌으며, Stage3과 Stage4 간에는 통계적으로 유의한 차이가 없었으며, Stage4와 Stage5 간에는 약간 상승하였으며, Stage5와 Stage6 간에는 다소 감소하였다.

다섯째, 학교급별 각 단계별 점수변화는 중학교는 유의한 각 단계별 점수변화가 없었고, 초등학교, 고등학교, 대학교에서 나타났다. Stage2와 Stage3 간에 유의한 감소가 두드러지게 나타났고, 초등학생 경우는 Stage1과 Stage2 간에 향상되며, Stage5와 Stage6 간에 큰 폭으로 감소했다.

여섯째, 본인 종교유무에 따른 각 단계별 점수변화를 살펴보면, 기독교를 믿는 대상의 경우 Stage1과 Stage2 간에 유의한 향상이 나타났으며, 종교를 가지고 있는 대상의 경우 Stage1과 Stage2 간에 소폭 상승하였으며, Stage2와 Stage3 간에는 반대로 감소하는 형태를 나타내었으며, Stage5와 Stage6 간에는 소폭 감소하는 형상이었다. 그러나 Stag3에서 Stage5 간에는 통계적으로 유의한 차이는 없는 것으로 나타났다. 또한 종교를 가지고 있지 않는 대상의 경우에는 Stage2와 Stage3 간에 유의한 감소가 나타났다.

일곱째, 부모 종교유무에 따른 각 단계별 점수변화를 살펴보면, 아버지의 종교유무에 따라서는 특히 불교를 믿는 대상의 경우 Stage1과 Stage2 간에 유의한 향상을 하였으며 Stage2와 Stage3 간에는 큰 폭의 감소를 하는 차이가 나타났다. 또한 종교를 가지고 있는 대상의 경우에는 Stage2와 Stage3 간에 큰 폭의 감소가 나타났으며 Stage5와 Stage6 간에는 낮은 감소가 나타났다. 그러나 Stage3에서 Stage5 간에는 유의한 차이는 없는 것을 알 수 있다. 반면에 어머니의 종교유무에 따라서는 아버지와 마찬가지고 불교를 믿는 대상에서 Stage1과 Stage2, Stage4와 Stage5 간에 유의한 향상이 나타났으며, Stage2와 Stage3, Stage5와 Stage6 간에는 유의한 감소를 나타내었다. 또한 종교를 가지고 있지 않는 대상은 전혀 유의한 차이가 없었으나 종교를 가지고 있는 대상의 경우는 Stage1과 Stage2 간에는 소폭 상승하는 차이가 나타났으며, Stage2와 Stage3, Stage5와 Stage6 간에는 유의한 감소를 하는 차이가 나타났다.

여덟째, 부모생존여부에 따른 각 단계별 점수변화를 살펴보면, 양친 모두 생존하는 경우에 Stage1과 Stage2 간에 유의한 향상을 한 것으로 나타났으며, Stage2와 Stage3, Stage5와 Stage6 간에 유의한 감소를 하는 차이가 나타났다.

아홉째, 친한 친구 수에 따른 각 단계별 점수변화를 살펴보면, 10~20명의 친한 친구를 가진 대상의 경우 Stage1과 Stage2 간에는 유의한 향상이 일어났으며 Stage2와 Stage3 간에는 큰 폭으로 감소하는 경향이었다.

열 번째, 부모와의 주거상태에 따른 각 단계별 점수변화를 살펴보면, 부모와 함께 거주하는 경우에 Stage1과 Stage2 간에 유의한 향상효과가 나타났으며, Stage2와 Stage3, Stage5와 Stage6 간에 유의한 감소효과가 나타났다. 또한 어머니와 거주하는 대상의 경우 Stage3과 Stage4 간에 유의한 감소효과가 나타났다.

열한 번째, 학교에서의 도덕 및 윤리교육에 따른 각 단계별 점수변화를 살펴보면, 교육을 받는 경험이 없는 대상의 경우 Stage1과 Stage2, Stage4와 Stage5 간에 유의한 향상효과를 나타났으며, Stage2와 Stage3, Stage5와 Stage6 간에 유의한 감소효과가 나타났다.

## 다. P-지수와 C-지수 간의 상관성

KDIT의 단계별 점수와 P-지수, MJT의 단계별 점수와 C-지수 간의 상관성을 알아보기 위하여 피어슨의 상관계수를 산출하였다. P-지수와 C-지수 간에는 $r = -.049$로 상관성이 낮은 것으로 나타났다. 단계별 상관성에서도 KDIT의 Stage5B와 MJT의 Stage1 간에는 $r = .108$로 비교적 낮은 정의 상관성이 유의하게 존재하였으나 그 외 점수 간에는 전혀 유의한 상관성이 존재하지 않는 것으로 나타났다(<표 90>).

〈표 90〉 KDIT 단계별 점수와 P-지수 및 MJT 단계별 점수, C-지수 간의 상관성

| KDIT \ MJT | | Stage1 | Stage2 | Stage3 | Stage4 | Stage5 | Stage6 | C-지수 |
|---|---|---|---|---|---|---|---|---|
| Stage1 | r | .020 | -.024 | .024 | .034 | .023 | .042 | -.049 |
| | p | .715 | .670 | .666 | .546 | .673 | .454 | .378 |
| Stage2 | r | .038 | .023 | -.031 | -.007 | .022 | -.020 | -.017 |
| | p | .488 | .682 | .574 | .895 | .689 | .712 | .755 |
| Stage3 | r | -.082 | .027 | .031 | -.031 | -.013 | .058 | .005 |
| | p | .140 | .629 | .571 | .582 | .819 | .297 | .933 |
| Stage4 | r | .020 | -.048 | -.046 | -.054 | -.038 | -.039 | -.028 |
| | p | .717 | .386 | .403 | .329 | .493 | .482 | .620 |
| Stage5A | r | -.048 | -.008 | -.030 | .000 | .009 | .000 | .001 |
| | p | .388 | .890 | .585 | .995 | .878 | .998 | .987 |
| Stage5B | r | .108* | .033 | .019 | -.017 | -.035 | .021 | .053 |
| | p | .050 | .558 | .729 | .763 | .531 | .703 | .341 |
| Stage6 | r | .048 | .032 | .045 | .090 | .037 | -.071 | .059 |
| | p | .388 | .569 | .418 | .103 | .501 | .198 | .285 |
| P-지수 | r | -.059 | -.040 | .036 | -.046 | -.007 | -.069 | -.049 |
| | p | .282 | .461 | .504 | .395 | .903 | .205 | .372 |

Pearson's Linear Correlation Coefficient(r)
* p<.05

또한 전체적인 P-지수와 C-지수 간의 산점도의 분포에 있어서도 상
관성이 많이 나타나고 있지 않다([그림 12]~ [그림 16]).

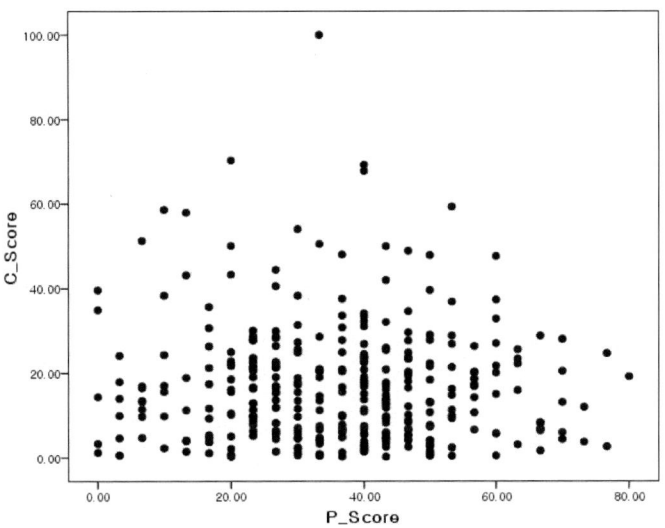

[그림 12] 전체적인 P-지수와 C-지수 간의 산점도

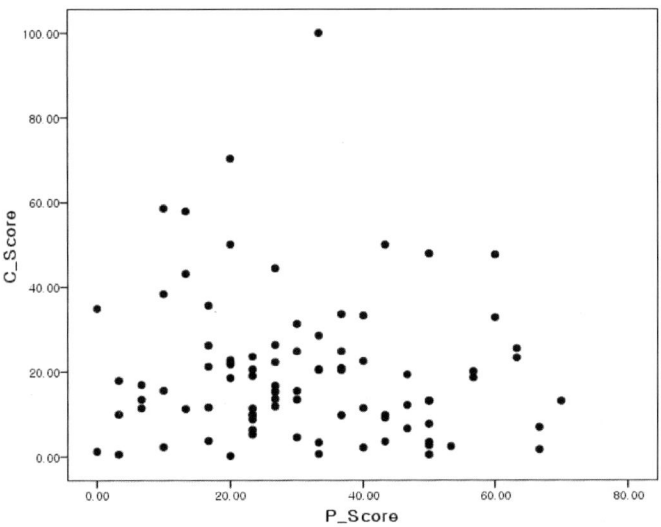

[그림 13] 초등학생의 P-지수와 C-지수 간의 산점도

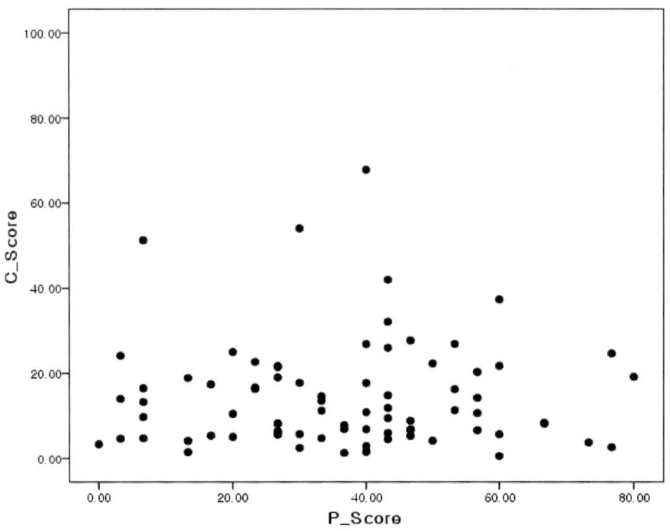

[그림 14] 중학생의 P-지수와 C-지수 간의 산점도

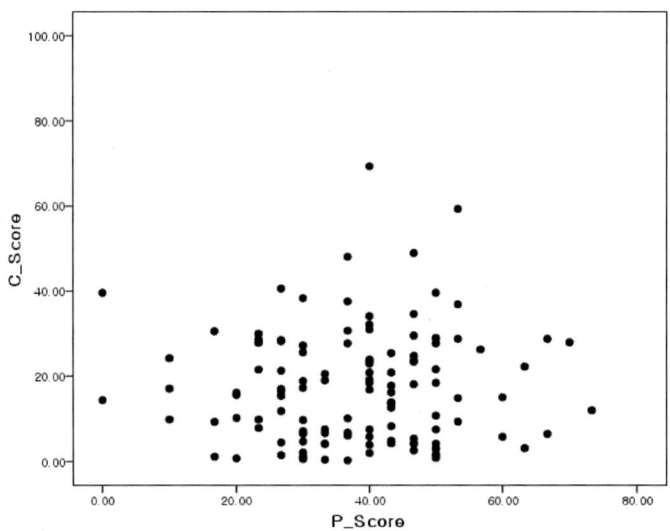

[그림 15] 고등학생의 P-지수와 C-지수 간의 산점도

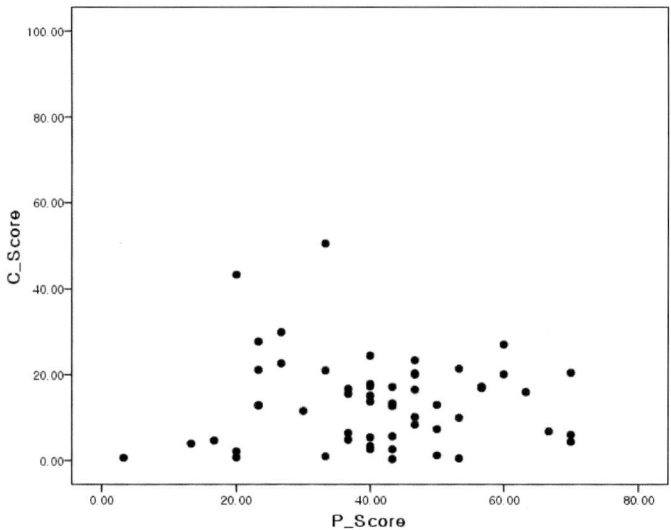

[그림 16] 대학생의 P-지수와 C-지수 간의 산점도

# 나오는 말

　이 책은 한국 청소년의 도덕 판단력을 합리적으로 측정 · 평가하고 그 결과를 바탕으로 하여 향후 도덕성 함양을 위한 가치교육의 시사점을 도출하는 데 목적을 두었다.

　이를 위해 조사대상으로 초 · 중 · 고 · 대학생 550명을 선정하였고, 측정 및 평가방법으로는 DIT의 한국형 간편도구인 KDI와 MJT를 동시에 활용했다. 연구절차는 먼저 MJT의 C-지수 및 KDIT의 P-지수를 기준으로 한 인구통계적 변인별 기초통계분석을 실시하고, 유의성이 조사된 경우에는 Scheffe의 다중비교에 의한 사후검정을 실시하였다. 그리고 양 조사도구간의 상관성을 알아보기 위하여, 이미 한국에 잘 알려져 있고 검증까지 된 바 있는 KDIT를 기준으로 MJT를 검증하는 절차를 밟았다. 이리하여 양자 간의 차이검증의 수렴, 가치교육적 시사점 도출을 위한 복합적 요인의 정리, MJT의 C-지수의 타당화 주장의 근거 마련 등 일련의 과정을 거치는 순서로 진행하였다.

　이와 관련된 연구가설은 3가지로써, '도덕판단 측정도구인 KDIT의 P-지수 기준 및 MJT의 C-지수를 기준으로 본 조사대상자들의 도덕판단력은 차이가 있을 것'이라는 2가지 가설과 'P-지수 및 C-지수 간에는 정적인(+) 상관관계가 있을 것'이라는 가설이 그것이다. 이러한 연구가설을 토대로 얻어진 결론은 다음과 같다.

먼저 KDIT의 P-지수 및 MJT의 C-지수를 기준으로 본 조사대상자들의 도덕 판단력은 차이가 있을 것이라는 2가지 가설과 관련하여, KDIT의 P-지수에서 본 인구통계변인별 수준은 대부분 유의한 차이를 보이고 있었다. 특히 학교급별 P-지수에서는 초등학교와 중학교가 비슷한 수준인데 비해 대학생이 매우 높게 나타났다. 그리고 도덕 및 윤리교육 경험에 따른 도덕 판단력 수준차이도 유의미하게 나타나고 있었으며, 동시에 그 과목의 흥미도에 따른 도덕 판단력 수준도 차이가 있음을 보여주고 있었다. 또한 성별로 보면, 여자들의 도덕 판단력이 남자들의 수준보다 높은 것으로 나타났고, 이 회귀모형은 통계적으로 유의미하며 모형의 설명력도 있어서 가설의 타당성을 지지받게 되었다.

다만 MJT의 C-지수를 기준으로 본 조사대상자들의 도덕 판단력은 차이가 있을 것이라는 가설과 관련해서는 전반적으로 유의미한 차이를 보이지 않고 있었으며, 학교급별에서도 초등학교가 가장 높은데 반해 대학생은 오히려 가장 낮은 수준을 보이고 있었다. 그리고 여자보다는 남자들의 도덕 판단력이 높은 것으로 나타났다. 그러나 이 회귀모형은 통계적으로 유의하지 않은 것으로 나타났으며, 설명력 또한 낮은 수준이었다.

다음은 P-지수 및 C-지수 간에는 정적인(+) 상관관계가 있을 것이라는 가설과 관련하여 피어슨의 상관계수를 산출해본 결과 상관성이 낮은 것으로 나타났다. 그리고 단계별 상관성에서도 부분적인 곳, 즉 KDIT의 단계 5B와 MJT의 단계 1 간에는 비교적 낮은 정의 상관성이 유의하게 존재하였으나 그 외 점수 간에는 전혀 유의한 상관성이 존재하지 않은 것으로 나타났다.

지금까지 논의된 내용을 토대로 하여 향후 청소년의 도덕성을 함양하기 위한 가치교육의 시사점을 도출해보면 다음과 같다.

첫째, 학령별 도덕 판단력 수준의 차이에 따른 학생들의 지도이다. 다른 말로 표현하면 학생들의 정상적인 학교생활 영위를 지적한 것이다. 이는 지극히 당연하고도 상식적인 수준의 진단이다. 그러면서도 국가차원 또는 적어도 각 학교별 차원에서 반드시 관심을 가져야 할 부분이며 가장 기본적이라 할 수 있다. 이는 앞에서 분석한 내용 중 학교급별로 나타난 각 단계별 점수의 차이를 살펴보면 교육수준이 높을수록 도덕 판단력의 점수가 상향 이동함을 알 수 있기 때문이다. 그리고 사회규준에 대한 관심을 기초로 하는 사회계약정신과 보편적 도덕원리에 대한 확신으로서의 도덕성, 즉 고도의 인지적 특성을 나타내는 단계 5A의 경우 역시 초·중·고·대학생 순으로 높은 점수를 나타내고 있다. 이러한 분석결과는 도덕성이 일련의 질적으로 상이한 단계를 한 단계씩 상향 이동해감으로써 보편적으로 계열성을 이루는 발달경향성을 갖는다는 인지적 도덕발달이론을 뒷받침해주고 있다. 동시에 상위의 단계는 하위단계에 비해 여러 상황에서 보편적으로 적용될 수 있는 구조적 전체성을 가지게 되며 따라서 이전 단계보다 위계적으로 더욱 종합되고 기능적으로 우세한 특성을 갖게 된다. 즉 도덕발달은 상위단계가 하위단계를 대치하는 발달경향성을 띠게 되는 것이다. 결국 도덕성이 인지구조의 발달과 병행하는 일련의 계열적 이행과정을 거쳐 발달하는 대치모형이라고 볼 때, 도덕성이 필연적으로 인지적 사고발달에 의존한다면 도덕성의 발달 또한 반드시 다음 단계가 이전 단계를 대치하게 되는 계열성을 이루게 된다는 것이고 앞에서 보여준 분석들이 이를 입증하고 있다. 이런 면에서 볼 때 학생들로 하여금 초·중·고에서 정상적인 학교생활을 영위하도록 분위기를 잘 조성만 해주게 되면 모두가 올바른 도덕성과 윤리의식을 가질 수 있게 된다는 시사점을 보여주고 있다.

둘째, 도덕 및 윤리교육 경험 유무와 만족도 여부에 따른 학생들의 가치교육 방법문제이다. 즉 학교에서 도덕 및 윤리교육을 보다 체계적이고 효율적으로 실시해야 한다는 것이다. 이와 관련하여 앞의 분석내용을 살펴보면 크게 두 가지 부분에서 유의할 부분이 나타나고 있다. 그중 하나는 도덕 및 윤리교과 교육 자체의 효과성이고, 다른 하나는 도덕 및 윤리교과 교육을 얼마나 체계적으로 효과 있게 시행했느냐의 문제이다. 먼저 도덕 및 윤리교과 교육 자체의 효과성과 관련하여, 도덕 및 윤리과목 교육경험에 따른 KDIT의 P-지수의 차이를 살펴보면, 학습경험이 있는 응답자가 없는 자보다 높게 나타난 것을 알 수 있다. 여기서 학습경험이 '있다' 혹은 '없다'의 응답은 피험자의 학습경험에 대한 기억의 여부에 달려 있는 부분이다. 즉 실제 학교에서는 소정의 과정에서 모두 도덕 및 윤리교육을 시행했으나 피험자 입장에서는 교육을 받은 경험이 어렴풋이 기억나거나 아니면 아예 기억조차 없는 경우를 가리킨다. 결국 도덕이나 윤리 교육을 경험한 기억이 뚜렷한 응답자일수록 더욱 도덕 판단력의 점수가 높아지는 것을 알 수 있다. 그럼에도 불구하고 각 단계별 점수에서는 도덕 및 윤리교육 경험에 따라서 통계적으로 유의한 인식의 차이는 별로 없는 것으로 나타났다. 특히 도덕 및 윤리교육 경험자의 과목 흥미도에 따른 KDIT의 P-지수를 보면, '전혀 흥미가 없다'고 응답한 대상은 아주 낮은 도덕 판단력 수준을 보이고 있었으며, 과목흥미도가 높을수록 도덕 판단력 수준이 높은 경향이었다. 그러나 이 부분 역시 통계적으로 유의한 인식의 차이는 없는 것으로 나타났다. 또한 각 단계별 점수에서도 도덕 및 윤리교육 과목 흥미도에 따라서 차이가 있는 것은 사실이지만 통계적으로 유의한 인식의 차이는 없는 것으로 나타났다. 그리고 MJT의 C-지수에서는 학습경험이 있는 경우가 학습경험이 없는 경우보다 높게 나타났다. 그러나 이 역시 앞의 KDIT와 마찬가지로 도덕이나 윤리교과 교육을 경험할수록 도덕 판단력이 높은 것은 사실이지만 통계적으로 유의한 차이는 없는 것으로 나타났다. 그리고 각 단계별 점수에서도 도덕 및 윤리교육 경험에 따라서 약간의 차이는 있으나 역시 통계적으로는 유의한 인식의 차이가 없는 것으로 나타났다.

이것이 주의를 요하는 부분이다. 분명히 도덕 및 윤리교육을 실시하면 교육 그 자체에서 오는 효과가 있음에도 불구하고 유의한 차이는 없다는 것이다. 그 원인이 어디에 있는가를 분석해보면, 바로 체계적이고 효율적인 도덕 및 윤리교과 교육을 실시하지 못하는 것에 기인한다고 볼 수 있다. 이는 앞에서 조사 분석한 바와 같이 도덕 및 윤리교육 경험자의 과목에 대한 만족도에서도 나타나고 있다. 이와 관련하여 과목의 만족도에 따른 두 측정치를 비교해보면, P-지수는 흥미가 있을수록 점수가 증가하는 양상임을 보여주고 있다. 따라서 도덕 및 윤리교과 교육에 대한 보다 체계적이고 효율적인 교육 프로그램이 요구됨을 시사하고 있다.

셋째, 학생들에게 자연스런 종교 권유를 통하여 도덕성을 함양한다는 것이다. 조사결과 및 해석의 내용을 보면 피험자 본인의 종교유무에 따라 KDIT의 P-지수 및 MJT의 C-지수에서 약간의 차이를 보이고 있다. 먼저 P-지수의 경우 전체적으로 종교를 가진 사람이 종교를 가지지 않은 사람보다 오히려 낮게 나타났고, C-지수는 종교를 가진 사람이 종교를 가지지 않은 사람이 높게 나타났지만 통계적으로 유의하지는 않았다. 그리고 C-지수에서는 불교신자가 기타종교보다 높은 점수를 보이고 있다. 따라서 종교가 도덕성 발달에 어느 정도 영향을 미치기는 하지만 통계적으로 유의할 정도는 아니다. 실제로 종교와 도덕성의 관계에 대한 그동안의 연구 산물에서도 유사한 결론을 나타내고 있다. 즉 종교가 도덕적 태도나 행동에 영향을 미치기는 하지만 주목을 끌 만큼 크지는 않다는 것이다. 예컨대 기독교인이 아무런 종교를 신봉하지 않는 사람들에 비해 대체로 가치관이 건전하고 물질적으로 덜 타락한 모습을 보이고 있으며, 다른 사람을 위한 자원봉사나 배려가 강한 편이기는 하지만 이 차이가 일반적인 기대만큼 크지는 않다는 것이다. 그럼에도 불구하고 종교가 도덕성에 영향을 미친다는 주장은 끊임없이 제기되고 있으며 나름대로의 타당성도 가지고 있다. 이는 종교인들이 신을 중심으로 한 거룩한 도덕적 공동체로서 사회안정과 질서유지에 기여하고 있으며, 그런 면에서 도덕성은 종교의 중요한 부분임을 말해주고 있다는 것이다. 특히 불교의 5계(五戒)와 8정도(八正道), 기독교의 10계명 등은 중요한 도덕적 계율을 포함하고 있어서 이를 효율적으로 가르치고 적용하면서 공동체의식을 형성해 나간다면 도덕 판단력 향상에 긍정적인 영향을 미치게 될 것이다. 그렇다고 다양한 종교를 가진 학생들에게 특정 종교의 이념을 강조할 수는 없을 것이다. 일반적인 용어나 개념으로 종교적 신념이 투영될 수 있도록 하는 노력이 이어져야 할 것이다.

결론적으로 본 연구는 청소년의 도덕 판단력 수준을 KDIT의 P-지수와 MJT의 C-지수를 통해 우리나라 청소년의 도덕 판단력 수준을 비교하여 가치교육적인 시사점을 도출해냈다. 이는 KDIT의 P-지수와 MJT의 C-지수가 둘 다 동일하게 콜버그의 이론을 토대로 했기 때문에 가능했다고 볼 수 있다. 그러나 아쉬운 점은 KDIT의 P-지수와 MJT의 C-지수 간에는 서로 정적인(+) 상관관계가 있을 것이라고 가정했는데 실제는 그렇지 않다는 사실이다. 즉 설문을 조사하여 피어슨의 상관계수를 산출한 결과 상관성이 매우 낮은 것으로 나타난 점이다. 그럼에도 불구하고 이 연구는 한국 청소년을 대상으로 C-지수가 적용된 사례가 없기 때문에 향후 다른 연구를 위한 기초자료로서 기준점은 될 수 있을 것으로 기대된다.

# 참고문헌

[1]

강두호, 「도덕성 발달론에 입각한 도덕과 수업 방법의 개선」, 『교육논총』 제21집, 전북대학교 교육대학원, 2001, pp.103-117.

고미숙, 「도덕성의 세 가지 측면(인지적 · 정의적 · 행동적 측면)의 구분에 따른 도덕교육의 오해와 이해」, 『교육철학』 Vol.23, 교육철학회, 2000, pp.1-26.

김경희, 「한국 아동과 청소년의 도덕적 정서: 죄책감을 중심으로」, 『한국심리학회지: 발달』 Vol.15, No.1, 한국심리학회, 2002, pp.35-55.

김상윤, 『한국인의 도덕판단발달 연구』, 청목출판사, 2006.

김항인, 「도덕 판단력 측정에 대한 고찰: DIT와 MJT를 중심으로」, 『도덕윤리과교육』 제12호, 한국도덕윤리과교육학회, 2000.

노영란, 「도덕성과 도덕이론」, 『범한철학』 제37집, 범한철학회, 2005, pp.147-173.

문미희, 「예비교사를 위한 전문가 도덕성 교육 프로그램이 도덕성 4구성요소 발달에 미치는 효과」, 『학습자중심교과교육연구』 제7권, 제1호, 학습자중심교과교육학회, 2007, pp.165-188.

문용린, 『도덕과교육론』, 갑을출판사, 1988.

문용린, 「한국청소년의 도덕성발달진단을 위한 연구: 도덕 판단력 진단검사(DIT)를 위한 표준화 연구」, 미간행, 2004.

문용린 · 김민강 · 엄채윤, 「한국판 도덕 판단력검사(KDIT) 세 가지 지수의 타당도 비교」, 『교육심리연구』 제22권 제4호, 한국교육심리학회, 2008, pp.783-800.

문용린 · 김민강 · 이지혜 · 원현주, 「한국인의 도덕 판단력 발달에 관한 비교 연구」, 『교육심리연구』 제22권 제1호, 한국교육심리학회, 2008, pp.281-299.

문용린 · 문미희, 「한국 청소년의 도덕 판단력 발달 연구 개관」, 『청소년학연구』 제1권 제1호, 한국청소년학회, 1993, pp.43-57.

박균열, 「도덕 판단력 측정도구 MJT의 특징과 활용법」, 『도덕윤리과교육』 제

23호, 한국도덕윤리과교육학회, 2006, pp.125-162.

박균열, 「도덕과교육과 덕목의 위상: 초등교육을 중심으로」, 『초등도덕교육』 제13집, 한국초등도덕교육학회, 2003, pp.83-104.

박균열, 「한국군 장병의 도덕 판단력 실증연구」, 『도덕윤리과교육』 제24호, 한국도덕윤리과교육학회, 2007, pp.141-153.

박윤명, 「도덕성의 구성요소와 도덕교육」, 『사회과학교육연구』 Vol.2, 한국교원대학교사회과학교육연구소, 1997, pp.99-118.

박재주, 『문학 속의 도덕철학』, 철학과현실사, 2010.

박찬주, 『한국인의 도덕판단과 행동선택에 관한 DIT적용 연구』, 건국대학교 대학원 박사학위논문, 1989.

서미옥, 「4구성요소 모델을 중심으로 살펴본 도덕발달 연구의 지향점」, 『중등교육연구』 Vol.53, No.2, 경북대학교중등교육연구소, 2005, pp.159-182.

이병희, 「한국판 초등용 DIT 개발 연구」, 서울대학교 대학원 석사학위논문, 2004.

이인재, 「도덕적 자아 형성을 위한 도덕교육의 과제」, 『초등도덕교육』 제23집, 한국초등도덕교육학회, 2007, pp.95-118.

이인재, 「영역 구분 모형에 근거한 초등학생의 도덕 및 사회 인습의 발달 특성 연구」, 『초등도덕교육』 제24집, 한국초등도덕교육학회, 2007. pp.235-282.

이인재, 「영역에 적합한 초등교육의 실천 전략을 통한 초등학생들의 도덕성 함양 방안 연구」, 『초등도덕교육』 제26집, 한국초등도덕교육학회, 2008, pp.261-294.

임용경 외, 『도덕과 교육의 이론과 실제』, 양서원, 2010.

정창우, 『도덕교육의 새로운 해법』, 교육과학사, 2004.

홍성훈, 「도덕심리학 연구의 최근 동향과 향후 전망 (인지발달론적 접근의 이론 확장과 적용 확대의 과정을 중심으로)」, 『도덕윤리과교육』 제16호, 한국도덕윤리과교육학회, 2003, pp.1-17.


[2]
Johnson, Mark, 노양진 역, 『도덕적 상상력』, 서광사, 2008.

Killen, Melanie & Judith Smetana 편, 김태훈 역, 『도덕성 발달 핸드북』, 인간사랑, 2010.

Kohlberg, L., 김민남 · 진미숙 역, 『도덕발달의 심리학』, 교육과학사, 2000[1984].

Kohlberg, L. et. al., 문용린 역, 『콜버그의 도덕성 발달이론』, 아카넷, 2000.

Kurtines, William M. & Jacob L. Geeirtz 편저, 문용린 역, 『도덕성의 발달과 심

리』, 학지사, 2004.

Lapsley, D. K., 정창우 역, 『도덕심리학과 도덕교육』, 인간사랑, 2008.

Rest, James R., 문용린 외 공역, 『도덕발달 이론과 연구 (도덕 판단력, 행동, 문화 그리고 교육)』, 학지사, 2008.

Rest, James R., 문용린 외 공역, 『윤리경영시대의 전문직업인의 윤리발달과 교육』, 학지사, 2006.

Thoma, Stephen J., 「도덕 판단력 검사에 관한 연구」, Melanie Killen & Judith Smetana 편, 김태훈 역, 『도덕성 발달 핸드북』, 인간사랑, 2010.

William K. Frankena, 황경식 역, 『윤리학』, 종로서적, 1992.

[3]

Aronfreed, J. (1968), *Conduct and conscience: The Socialization of Internalized Control Over Behavior*. New York: Academic Press.

Baldwin, J. M. (1906), *Social and Ethical Interpretations in Mental Development*, New York: Macmillan.

Baldwin, J. M. (1906), *Social and Ethical Interpretations in Mental Development*, New York: Macmillan.

Bandura, A., and Walters, R.H. (1959), *Adolescent Aggression*. New York: Ronald.

Ben-Ze'ev, A. (1997), *Emotions and Morality*, J. Value Inq., 31: 195-212.

Berkowitz, L. (1964), *Development of Motive and Values in a Child*. New York: Basic Books.

Blackner, B. L. (1975), Moral Development of Young Adults Involved in Weekday Religious Education and Self-Concept Relationships. *Dissertation Abstracts International*, 35: 5009A (University Microfilms no. 75-4160).

Blum, L. A. (1980), *Friendship, Altruism, and Morality*, London: Routledge & Kegan Paul.

Brown, D. M., & Annis, L. (1978), Moral Development and Religious Behavior. *Psychological Reports*, 43: 1230.

Buck, R. (1999), "The Biological Affects: A typology", *Psychological Review*, 106(2), 301-336.

Bull, N. J., *Moral Education*. London: Routledge, 1969.

Cady, M. (1982), *Assessment of Moral Development among Clergy in Bloomington*. Unpublished manuscript. Minneapolis, MN: Augsburg College.

Clouse, B. (1979), *Moral Judgment of Teacher Education Students as Related to*

*Sex, Politics and Religion.* Unpublished manuscript. Bloomington, IN: Indiana State University.

Cohen, J. (1988), *Statistical power analysis for the behavioral sciences* (2nd ed.). Hillsdale, NJ: Erlbaum.

Dewey, J., and Tufts, J. H., *Ethics*, New York: Holt, 1982[1932].

Emler, N., S. Renwick & B. Malone, (1983). "The relationship between moral reasoning and political orientation." *Journal of Personality and Social Psychology.*

Ernsberger, D. J. (1977), "Intrinsic-Extrinsic Religious Identification and Level of Moral Development", *Dissertation Abstracts International*, 37: 6302B (University Microfilms no. 77-11, 510.

Ernsberger, D. J., & Manaster, G. J. (1981), "Moral Development, Intrinsic/Extrinsic Religious Orientation and Denominational Teachings", *Genetic/Psychology Monographs*, 104: 23-41.

Flugel, J. C. (1955), *Man, Morals, and Society: A Psychoanalytic Study.* New York: International Universities.

Fowler, J. (1976), "Stage in Faith: The Structural Developmental Approach." In T. Hennessey, ed., *Values and Moral Development.* New York: Paulist Press.

Fromm, E. (1955), *Man for Himself: An Inquiry into the Psychology of Ethics,* Greenwich, Conn.: Fawcett, 1947. New York: Rinehart.

Getz, I. (1984), The Relation of Moral Reasoning and Religion: A Review of the Literature. Counseling and Values, 28:94-116.

Gibbs, J. C. (1995), The cognitive development perspective, in W. M. Kurtines & J. L. Gerwirtz, eds., Moral Development: An introduction(pp.27-28), Boston: Allyn & Bacon.

Gibbs, J. C., Basinger, K.S. & Fuller, R. (1992), Moral Maturity: Measuring the development of socio-moral reflection, Hillsdale, NJ: Erlbaum.

Gielen, U. P., Comunian, A.I. & Antoni, G. (1994), An Italian Cross-sectional study of Gibbs' Sociomoral Reflection Measue-short form, in U.P. Gielen & A.I. Comunian, eds., Advancing psychology and its application: International perspectives (pp.125-134), New York: Cambridge University Press.

Gross, M. L. (1994), "Jewish Rescue in Holland and France during the Second World War: Moral cognition and collective action." *Social Forces*, 73, pp.463-496.

Gross, M. L. (1995), "Moral judgment, organizational incentives and collective action: Participation in abortion politics." *Political Research Quarterly*, 48, pp.507-534.

Gross, M. L. (1996), "Moral reasoning and ideological affiliation: a cross-national study." *Political Psychology*, 17, pp.317-338.

Hare, R. M., *Freedom and Reason*, New York: Oxford University Press, 1963.

Harris, A. T. (1981), A Study of the Relationship between Stages of Moral Development and the Religious Factors of Knowledge, Belief and Practice in Catholic Highschool Adolescents. *Dissertation Abstracts International*, 42: 638A-639A (University Microfilms no. 8116131).

Hartshorne, H. & May, M. A. (1928-1930), *Studies in the Nature of Character*, Vol. 1: *Studies in Deceit*. Vol. 2: *Studies in Self-Control*. Vol. 3: *Studies in the Organization of Character*. New York: Macmillan.

Harvey, O. J., Hunt, D. and Schroeder, D. (1961[1951]), *Conceptual System*. New York. Wiley.

Hobhouse, J. T. (1923[1906]), *Morals in Evolution: A Study in comparative Ethics*, New York: Holt.

Hoffman, M. L., (1983), "Affective and Cognitive Processes in Moral Internalization", in E. T. Higgins, D. N. Ruble, & W. W. Hartup, eds., *Social Cognition and Social Development: A Sociocultural Perspective*, Cambridge, UK: Cambridge University Press, pp.236-274.

Hoffman, M. L. (1998), "Varieties of empathybased guilt", in J. Bybee, ed., *Guilt and Children*, Vol.4, 91-112, New York: Academic Press.

Hoffman, M. L. (1970), "Conscience, Personality and Socialization Techniques." Human Development, 13: 90-126.

Killeen, O. P. (1977), The Relationship between Cognitive Levels of Thinking and Levels of Moral Judgment as Compared in Adolescents 12-18 in Catholic and Public Schools. *Dissertation Abstracts International*, 38: 6621A (University Microfilms no. 7804596)

Kohlberg, L. (1964), "Development of moral character and moral ideology." In M. L. Hoffman & L. W. Hoffman, eds., *Review of child development research*, Vol. I. New York: Russel Sage Foundation.

Kohlberg, L. (1984), "Essays on moral development: The nature and validity of moral stages": *Vol. 2. San Francisco: Harper & Raw.*

Kohlberg, L. (1969), "Stage and Sequence: the Cognitive-Developmental Approach to Socialization" in D.A. Goslin, ed., *Handbook of Socialization Theory and Research,* Chicago, Ill.: Rand McNally.

Kohlberg, L. (1964), "The development of Moral Character And Ideology." In M. L. Hoffman, ed., *Review of Child Development Research,* Vol. 1. New York: Russell Sage Foundation.

Kohlberg, L. (1987), "The young child as a philosopher", in L. Kohlberg, ed., *Child Psychology and Childhood Education: A cognitive-developmental view,* New York: Longman, pp.13-44.

Kohlberg, L. & Kramer, R. (1969), "Continuities and discontinuities in childhood and adult moral development", *Human Development,* Vol.12, pp.93-120.

Kohlberg, L. (1971), "From is no to Ought: How to commit the naturalistic fallacy and get away with it in the study of moral development. In Mischel, *Cognitive Development and Epistemology.* New York: Academic Press.

Kohlberg, L. (1986), A current statement on some theoretical issues. In S. Modgil and C. Modgil (Eds.) *Lawrence Kohlberg: Consensus and Controversy* (pp.485-546). Philadelphia: Falmer Press.

Kohlberg, L. (1973), "Continuities in Childhood and Adult Moral Development Revisited", in P. B. Baltes and K. W. Schaie, eds., *Life-span Developmental Psychology: Personality and Socialization,* New York and London: Academic Press.

Kohlberg, L. (1971), "From is to Ought: How to commit the naturalistic fallacy and get away with it in the study of moral development", in Mischel, T., Cognitive development and epistemology, New York: Academic Press.

Kohlberg, L. (1967), "Moral and Religious Education and the Public Schools: A Developmental View", in T. Sizer, ed., Religion and Public Education, Boston: Houghton Mifflin.

Kohlberg, L. (1963), "Moral Development and Identification". In H. Stevenson, ed., *Child Psychology.* 62nd Yearbook of the National Society for the Study of Education, Part I. Chicago: University of Chicago Press.

Kohlberg, L. (1958), "The Development of Modes of Moral Thinking and Choice in the Years Ten to Six-teen." Unpublished Ph. D. dissertation, University of Chicago.

Kohlberg, L., & Kramer, R. (1969), "Continuities and Discontinuities in Childhood and Adult Moral Development", *Human Development* 12, pp.93-120.

Kramer, R. (1968), "Moral Development in Young Adulthood", unpublished Ph. D. dissertation, University of Chicago.

Krettenauer, T. & Becker, G. (2001), Entwicklungsniveaus sozio-moralischen Denkens[Developmental levels of socio-moral thinking], *Diagnostica*, 47, pp.188-195.

Lawrence, J. A. (1979), The Component Procedure of Moral Judgment Making. *Dissertation Abstracts International*, 40: 896B (University Microfilms no. 7918360).

Lawrence, J. A., "The Component Procedure of Moral Judgment Making", *Dissertation Abstracts International, 40: 896B*, University Microfilms no.7918360.

Lind, G. (1992), "Rekonstruktion des Kohlberg-Ansatzes: Das Zwei-Aspekte-Modell der Moralentwicklung."[Reconstruction of the Kohlberg approach: The Dual-Aspect Model of moral development]. In F. Oser & W. Althof, Ed(s)., *Moralische Selbstbestimmung*.[Moral Self-determination]. Stuttgart: Klett-Cotta, pp.204-208.

Lind, G. (2003[2000]), "Review and Appraisal of the Moral Judgment Test", unpublished, pp.5-6.

Lind, G. & Raschert, J., Hg. (1987), *Moralische Urteilsfähigkeit: Eine Auseinandersetzung mit Lawrence Kohlberg über Moral, Erziehung und Demokratie* [Moral judgment competence: An exchange with Lawrence Kohlberg on morality, education and democracy]. (With original contributions by Lawrence Kohlberg, Ann Higgins, Georg Lind, Gertrud Nunner-Winkler, Fritz Oser). Weinheim: Beltz

Lind, G. & Wakenhut, R. (1985), "Testing for moral judgment competence." In: G. Lind, H. A. Hartmann & R. Wakenhut, eds., *Moral development and the social environment. Studies in the philosophy and psychology of moral judgment and education*, Chicago: Precedent Publishing Inc., pp.79-105.

Lind, G. (1978), "How does one measure moral judgment? Problems and alternative ways of measuring a complex construct.[German: Wie mißt man moralisches Urteil? Probleme und alternative Möglichkeiten der Messung eines komplexen Konstrukts]," In: G. Portele, ed., *Sozialisation und Moral*, Weinheim: Beltz, pp.171-201.

Lind, G. (1985a), "The theory of moral-cognitive judgment: A socio-psychological assessment." In: G. Lind, H.A. Hartmann & R. Wakenhut, eds., *Moral development and the social environment. Studies in the philosophy and psychology of moral judgment and education*, Chicago: Precedents Publishing Inc., pp.21-53.

Lind, G. (1985b), "Growth and regression in moral-cognitive development." In: C. Harding, ed., *Moral Dilemmas. Philosophical and Psychological Issues in the Development of Moral Reasoning*, Chicago: Precedent Publishing Inc., pp.99-114.

Lind, G. (1985c), "Attitude change or cognitive-moral development? How to conceive of socialization at the university." In: G. Lind, H.A. Hartmann & R. Wakenhut, eds., *Moral development and the social environment. Studies in the philosophy and psychology of moral judgment and education*, pp.173-192. Chicago: Precedent Publishing Inc.

Lind, G. (2006. 7), "The Konstanz Method of Moral Dilemma Discussion (KMDD)," revised edition, http://www.uni-konstanz.de/ag-moral/moral/dildisk-e.htm.(2006. 10. 30 검색).

Lind, G. (2008), "The Meaning and Measurement of Moral Judgment Competence", Daniel Fasko & Wayne Willis, eds., Contemporary Philosophical and Psychological Perspectives on Moral Development and Education, pp.185-220.

Lind, G., "What does the MJT measure?; What is the psychological and methodological background of the MJT?; Is the MJT a similar test to the Defining-Issues-Test, DIT?; Is the MJT valid?; Can one apply the rationale behind the C-score to any test? ect., *Psychology and Education of Morality and Democracy: Moral Judgment Test, http://www.uni-konstanz. de/ag-moral/*(2010. 6. 1. 검색)

Lind, G. (2002), *Ist Moral lehrbar? Ergebnisse der modernen moralpsycholo-gischen Forschung*[Can Morality be Taught? Research Findings from Modern Moral Psychology]. Second Edition. Berlin: Logos-Verlag.

Lind, G. (2003), *Moral ist lehrbar. Handbuch zur Theorie und Praxis moralischer und demokratischer Bildung*[Morality Can be Taught. Handbook on Theory and Practice of Moral and Democratic Education]. München: Oldenbourg-Verlag.

Loevinger, J. (1969), "The Meaning and Measurement of Ego Development",

*American Psychologist* 21, pp.195-217.

Loevinger, J. (1976), *Ego Development: Conceptions and Theories*, San Francisco: Jossey-Bass.

Lourenço, O. & Machado, A. (1996), "In defense of Piaget's theory: a reply to 10 common criticisms." *Psychological Review*, Vol.103.

McDougall, W., *An Introduction to Social Psychology*. London: Methuen, 1908.

Mead, G. H. (1934), *Mind, Self and society*. Chicago: University of Chicago Press.

Miller, D., and Swanson, G. (1960[1906]), *Inner Conflict and Defense*. New York: Holt, Rinehart & Winston.

Navaez, D. & Rest, J. (1995), "The Four Component of Acting Morally," In W. M. Kurtines & J. L. Gewirtz, eds., *Moral Development: An Introduction*, Allyn & Bacon.

Nunnally, J. C. and Bernstein, I.H. (1994). *Psychometric Theory*, New York: McGraw-Hill.

Nussbaum, Martha (1990), *Love's Knowledge: Essays on Philosophy and Literature*, Oxford: Oxford University Press.

Nussbaum, Martha, (1986), *The Fragility of Goodness: Luck and Ethics in Greek Tragedy and Philosophy*, Cambridge: Cambridge University Press.

O'Gorman, T. P. (1979). An Investigation of Moral Judgment and Religious Knowledge Scores of Catholic Highschool Boys from Catholic and Public Schools. *Dissertation Abstracts International*, 40: 1365A (University Microfilms no. 7920460).

Peck, R. F., and Havighurst, R. J., *The Psychology of Character Development*, New York: Wiley, 1960[1906].

Piaget, J. (1976). "The affective unconscious and the cognitive unconscious." In B. Inhelder & H.H. Chipman (eds.), *Piaget and his school* (pp.63-71). New York: Springer.

Piaget, J. (1948, 1965, 1972[1932]), *The Moral Judgmental of the Child*. Glencoe, Ill.: Free Press.

Piaget, J. (1970), *Genetic Epistemology*, New York: Norton.

Rest, G. (1977), *Voting Preference in the 1976 Presidential Election and the Influence of Moral Reasoning*, Unpublished manuscript, Ann Arbor, MI: University of Michigan.

Rest, J. R. (1976), "New Approaches in the Assessment of Moral Judgment", in

T. Lickona, ed., *Moral Development and Behavior*, New York: Holt, Rinehart & Winston, pp.198-220.

Rest, J. R. (1979a), *Development in judging moral issues*, Minneapolis: University of Minnesota Press.

Rest, J. R. (1979b), *Revised Manual for the Defining Issues Test*, University of Minnesota.

Rest, J. R. (1986), *Moral Development: Advances in research and theory*, New York: Praeger.

Rest, J. R., Cooper, D., Coder, R., Masanz, J. & Anderson, D. (1974), "Judging the Important Issues in Moral Dilemmas: an Objective Measure of Development", *Developmental Psychology*, Vol.10: 491-501.

Riesman, D. (1950), *The Lonely Crowd*. New Haven: Yale University Press.

Rorty, Richard (1989), *Contingency, Irony, and Solidarity*, Cambridge: Cambridge University Press.

Sears, P. R., Rau, L. and Alpert, R. (1965), *Identification and Child Rearing*. Stanford, Calif.: Stanford University Press.

Stoop, D. A. (1979). The Relation between Religious Education and the Process of Maturity through the Developmental Stages of Moral Judgment (doctoral dissertation, University of Southern California, 1979). *Dissertation Abstracts International*, 40: 3912A.

Sulivan, C., Grant, M.Q., and Grant, J.D. (1957), "The in Development of Interpersonal Maturity: Application to Delinquency." *Psychiatry*, Vol.20: 373-385.

Tangney, J. P. (1991), "Moral affect: The good, the bad, and the ugly". *Journal of Personality and Social Psychology*, Vol.61. No.4.

Thoma, S. J. (2002), "An overview of the Minnesota approach in moral development", *Journal of Moral Education,* Vol.31: 225-246.

Turiel, E. (1983), *The development of social knowledge: Morality and convention*. Cambridge: Cambridge University Press.

Whiting, J.W.M. and Child, I. L., *Child Training and Personality: A Cross-Cultural Study*. New Haven: Yale University Press, 1953.

Wolf, R. J. (1980), A Study of the Relationship between Religious Education. Religious Experience, Maturity, and Moral Development. *Dissertation Abstracts International*, 40: 6219A-6220A (University Microfilms no. 8010312)

# Moral Judgement Test (MJT)

## I. Workers' Dilemma

| | |
|---|---|
| Due to some seemingly unfounded dismissals, some factory workers suspect the managers of eavesdropping on their employees through an intercom and using this information against them. The managers officially and emphatically deny this accusation. The union declares that it will only take steps against the company when proof has been found that confirms these suspicions. Two workers then break into the administrative offices and take tape transcripts that prove the allegation of eavesdropping. | **Would you disagree or agree with the workers' behavior?**<br><br>I Strongly disagree      I Strongly agree<br>-3  -2  -1  0  +1  +2  +3 |

| **How acceptable do you find the following arguments _in favor_ of the two workers' behavior? Suppose someone argued they were right⋯** | **I find the argument⋯**<br><br>Completely unacceptable   Completely acceptable<br>-4  -3  -2  -1  0  +1  +2  +3  +4 |
|---|---|
| because they didn't cause much damage to the company. | -4  -3  -2  -1  0  +1  +2  +3  +4 |
| because of the company's disregard for the law, the means used by the two workers were permissible to restore law and order. | -4  -3  -2  -1  0  +1  +2  +3  +4 |
| because most of the workers would approve of their deed and many of them would be happy about it. | -4  -3  -2  -1  0  +1  +2  +3  +4 |
| because trust between people and individual dignity count more than the firm's welfare. | -4  -3  -2  -1  0  +1  +2  +3  +4 |
| because the company had committed an injustice first, the two workers were justified in breaking into the offices. | -4  -3  -2  -1  0  +1  +2  +3  +4 |
| because the two workers saw no legal means of revealing the company's misuse of confidence, and therefore chose what they considered to be the lesser evil. | -4  -3  -2  -1  0  +1  +2  +3  +4 |

| **How acceptable do you find the following arguments _against_ the two workers' behavior? Suppose someone argued they were wrong⋯** | **I find the argument⋯**<br><br>Completely unacceptable   Completely acceptable<br>-4  -3  -2  -1  0  +1  +2  +3  +4 |
|---|---|
| because law and order in society would be endangered if everyone acted as the two workers did. | -4  -3  -2  -1  0  +1  +2  +3  +4 |
| because it is wrong to violate such a basic right as the right of property ownership and to take the law into one's own hands when no universally valid principles justify doing so. | -4  -3  -2  -1  0  +1  +2  +3  +4 |
| because it is unwise to risk dismissal from the company because of other people. | -4  -3  -2  -1  0  +1  +2  +3  +4 |
| because the workers didn't sufficiently exhaust the legal channels at their disposal and in their haste committed a serious violation of the law. | -4  -3  -2  -1  0  +1  +2  +3  +4 |
| because one doesn't steal and commit burglary if one wants to be considered a decent and honest person. | -4  -3  -2  -1  0  +1  +2  +3  +4 |
| because they weren't affected by the dismissals of the other employees and thus had no reason to steal the transcripts. | -4  -3  -2  -1  0  +1  +2  +3  +4 |

# II. Mercy Killing Dilemma

| A woman had cancer and there was no hope of saving her. She was in terrible pain and so weakened that a large dose of a painkiller such as morphine would have brought about her death. During a temporary period of improvement, she begged the doctor to give her enough morphine to kill her. She said she could no longer endure the pain and would be dead in a few weeks anyway. The doctor complied with her wish. | Would you disagree or agree with the doctor's behavior? |
|---|---|

| | I Strongly disagree | | | | I Strongly agree | | |
|---|---|---|---|---|---|---|---|
| | -3 | -2 | -1 | 0 | +1 | +2 | +3 |

**How acceptable do you find the following arguments _in favor of_ the doctor's behavior? Suppose someone said he acted rightly…**

I find the argument…

| | Completely unacceptable | | | | | Completely acceptable | | | |
|---|---|---|---|---|---|---|---|---|---|
| | -4 | -3 | -2 | -1 | 0 | +1 | +2 | +3 | +4 |

1. because the doctor had to act according to his conscience. The woman's condition justified an exception to the moral obligation to preserve life.

-4  -3  -2  -1  0  +1  +2  +3  +4

2. because the doctor was the only one who could fulfill the woman's wish; respect for her wish made him act as he did.

-4  -3  -2  -1  0  +1  +2  +3  +4

3. because the doctor only did what of the woman talked him into doing. He needn't worry about unpleasant consequences because of it.

-4  -3  -2  -1  0  +1  +2  +3  +4

4. because the woman would have died anyway and it didn't take much effort for the doctor to give her an overdose of painkiller.

-4  -3  -2  -1  0  +1  +2  +3  +4

5. because the doctor didn't really break a law, since the woman couldn't have been saved and he only wanted to shorten her suffering.

-4  -3  -2  -1  0  +1  +2  +3  +4

6. because most of his fellow doctors would presumably have acted in the same way that he did.

-4  -3  -2  -1  0  +1  +2  +3  +4

**How acceptable do you find the following arguments _against_ the doctor's behavior? Suppose someone said the doctor acted wrongly…**

I find the argument…

| | Completely unacceptable | | | | | Completely acceptable | | | |
|---|---|---|---|---|---|---|---|---|---|
| | -4 | -3 | -2 | -1 | 0 | +1 | +2 | +3 | +4 |

7. because he acted contrary to his colleagues' convictions. If they are against death on demand (euthanasia), the doctor shouldn't do it.

-4  -3  -2  -1  0  +1  +2  +3  +4

8. because one should have complete faith in a doctor's devotion to preserving life even if someone with great pain would rather die.

-4  -3  -2  -1  0  +1  +2  +3  +4

9. because the protection of life is everyone's highest moral obligation. Since we have no clear moral criteria for distinguishing between euthanasia and murder, one should not take the life of another into one's own hands.

-4  -3  -2  -1  0  +1  +2  +3  +4

10. because the doctor could get himself into a lot of trouble. Others have already been severely punished for doing the same thing.

-4  -3  -2  -1  0  +1  +2  +3  +4

11. because he could have had it considerably easier if he had waited and not interfered with the woman's dying.

-4  -3  -2  -1  0  +1  +2  +3  +4

12. because the doctor broke the law. If one does not think euthanasia is legal, then one should not comply with such requests.

-4  -3  -2  -1  0  +1  +2  +3  +4

ⓒ 1977-2004, Copyright of _Moral Judgement Test_ (MJT) by Georg Lind
출처: http://fp.okstate.edu/montgom/mjt2.htm

[부 록 2]

| 가상의 갈등이야기에 대한 의견(MJT) | ID | ☐☐ – ☐☐☐ |
|---|---|---|

안녕하십니까?
저는 다음 두 가지 **가상의 사회문제**들에 대한 여러분의 의견을 듣고자 합니다. 여러분께서 응답하신 내용은 다른 여러분들의 응답과 함께 통계적으로만 처리되고, 통계법 제13조에 따라 비밀이 보장됩니다.
이 질문에 대해 평소의 생각이나 느낀 바를 편하게 응답해 주시면 됩니다. 감사합니다.

경상대학교 사범대학 윤리교육과 박균열 교수, pgy556@paran.com

※ 다음은 여러분 개인에 대한 질문입니다. 해당되는 칸에 "√" 표시를 해주십시오.

| 나이(만) | 성별 | 종교 | 학교급 | 전공영역 | 학년 |
|---|---|---|---|---|---|
| ☐☐세 | ☐ 1) 여자  ☐ 2) 남자 | ☐ 1) 있음  ☐ 2) 없음 | ☐ 1) 중학교 | | ☐ 학년 |
| | | | ☐ 2) 고등학교 | ☐ 1) 문과  ☐ 2) 이과 | ☐ 학년 |
| | | | ☐ 3) 대학교 | ☐ 1) 인문사회  ☐ 2) 자연과학 | ☐ 학년 |
| | | | ☐ 4) 대학원 | ☐ 1) 인문사회  ☐ 2) 자연과학 | |
| | | | ☐ 5) 기타(교사 등 일반인) | ☐ 1) 인문사회  ☐ 2) 자연과학 | |

〈근로자의 고민〉

한 공장에서는 명확한 사유도 없이 해고를 당한 일부 근로자들은 관리자가 CC-TV를 통해 그들을 불법적으로 감시했다고 생각하고 있다. 한편 관리자는 감시한 일이 없다고 강하게 부인하고 있다. 그 해고 근로자들은 노동조합을 통해서 관리자의 불법 행위에 대응하려고 해도 명확한 증거가 없어서 그렇게도 할 수 없었다. 그래서 그들 중 두 명의 근로자가 관리자의 사무실에 무단으로 들어가서 증거가 될만한 녹화테이프를 훔쳐 나왔다. 이 내용과 관련하여, 아래의 ❶, ❷, ❸번 질문에 대해 해당되는 칸에 <u>모두</u> "√" 표시를 해주세요.

❶ 당신은 그 근로자들의 행동에 대해 어떻게 생각하십니까?

| 전혀 동의하지 않는다 | | | | | 매우 동의한다 | |
|---|---|---|---|---|---|---|
| -3 | -2 | -1 | 0 | +1 | +2 | +3 |

| ❷ 그 근로자들이 <u>옳다고 가정할</u> 때, 당신은 다음의 의견을 어느 정도 받아들일 수 있습니까? | 받아들일 수 없다 | | | | | | | 받아들일 수 있다 | |
|---|---|---|---|---|---|---|---|---|---|
| | -4 | -3 | -2 | -1 | 0 | +1 | +2 | +3 | +4 |
| 1. 그들은 회사에 어떠한 손실도 끼치지 않았다. | | | | | | | | | |
| 2. 공장 관리자가 먼저 법을 무시했기 때문에, 이로 인해 두 근로자들은 법과 질서를 유지하기 위해 그러한 행동을 했다. | | | | | | | | | |
| 3. 대부분의 다른 근로자들이 그들의 행동에 지지를 했고, 많은 사람들이 그들의 행동에 대해 기뻐했다. | | | | | | | | | |
| 4. 사람들 사이의 신뢰와 각 개인의 존엄성은 공장의 자치 규정보다 더 중요하다. | | | | | | | | | |
| 5. 공장 관리자가 먼저 부당한 행동을 했기 때문에, 두 근로자가 문을 부수고 들어간 행위는 정당화될 수 있다. | | | | | | | | | |
| 6. 이 두 근로자들은 공장 관리자의 불법적인 행위를 폭로할 길을 찾지 못했기 때문에, 차선책으로 그러한 행동을 선택했다. | | | | | | | | | |

| ❸ 그 근로자들이 **옳지 않다고 가정할** 때, 당신은 다음의 의견을 어느 정도 받아들일 수 있습니까? | 받아들일 수 없다 | | | | | | | 받아들일 수 있다 | |
|---|---|---|---|---|---|---|---|---|---|
| | -4 | -3 | -2 | -1 | 0 | +1 | +2 | +3 | +4 |
| 7. 만약 모든 사람들이 두 근로자들처럼 행동하게 된다면, 공장 내 법과 질서가 위협받게 될 것이다. | | | | | | | | | |
| 8. 재산소유권과 같은 기본적인 권리는 보다 보편적이고 명백한 원칙들에 근거하지 않는다면 마음대로 전횡되어서는 안된다. | | | | | | | | | |
| 9. 본인이 해고되는 위험을 감수하면서까지 다른 사람의 일에 관여하는 것은 지혜롭지 못하다. | | | | | | | | | |
| 10. 두 근로자들은 마땅히 합법적인 수단을 찾아야만 했다. 그들의 성급한 행동은 심각한 법률 위반이다. | | | | | | | | | |
| 11. 두 근로자들이 교양있고 정직한 사람으로 평가받으려면, 물건을 훔치는 죄를 저질러서는 안된다. | | | | | | | | | |
| 12. 두 근로자들은 본인들이 해고된 것이 아니기 때문에, 녹화 테이프를 훔칠 이유가 없다. | | | | | | | | | |

〈의사의 고민〉

말기 암 선고를 받은 한 여성이 있다. 그녀는 이로 인해 아무런 희망도 없이 하루하루를 살고 있다. 그녀는 끔찍한 고통에 시달렸고, 점점 허약해졌다. 모르핀과 같은 진통제를 너무 많이 투여하여, 거의 죽음에 이를 지경이었다. 이러한 고통의 와중에 그녀는 의사에게 단번에 죽을 만큼 모르핀을 투여해 달라고 간절히 요청했다. 그녀는 의사에게 자신은 더 이상 고통을 견뎌낼 수 없고 어차피 얼마 살지 못할 것이라고 말했다. 의사는 그녀의 간청을 들어주기로 했다. 이 내용과 관련하여, 아래의 ❶, ❷, ❸번 질문에 대해 해당되는 칸에 **모두** "√" 표시를 해주세요.

❶ 당신은 그 의사의 행동에 대해 어떻게 생각하십니까?

| 전혀 동의하지 않는다 | | | | | 매우 동의한다 | |
|---|---|---|---|---|---|---|
| -3 | -2 | -1 | 0 | +1 | +2 | +3 |

| ❷ 그 의사가 **옳다고 가정할** 때, 당신은 다음의 의견을 어느 정도 받아들일 수 있습니까? | 받아들일 수 없다 | | | | | | | 받아들일 수 있다 | |
|---|---|---|---|---|---|---|---|---|---|
| | -4 | -3 | -2 | -1 | 0 | +1 | +2 | +3 | +4 |
| 1. 그 의사는 자신의 양심에 따라 행동을 했다. 그렇기 때문에 그 여자가 처한 특수한 상황은 환자의 생명을 연장해야 하는 의사의 의무에 결코 위배되지 않는다. | | | | | | | | | |

| | | | | | | | | | |
|---|---|---|---|---|---|---|---|---|---|
| 2. 오직 그 의사만이 그녀의 간청을 충족시켜 줄 수 있는 유일한 사람이었고, 그렇기 때문에 그 의사의 행위는 그녀의 소원을 존중한 결과였다. | | | | | | | | | |
| 3. 그 의사는 단지 그녀의 소원을 들어주었을 뿐이고, 그로 인해 발생하는 좋지 않은 결과에 대해 염려할 필요는 없다. | | | | | | | | | |
| 4. 그 여성은 어차피 암으로 인해 죽게 될 것이기 때문에, 그 의사가 그녀에게 진통제를 과다하게 투여한 것은 그렇게 심각한 문제는 아니다. | | | | | | | | | |
| 5. 그 의사는 결코 법률을 위반하지 않았을 뿐만 아니라 어느 누구도 그 여자의 생명을 구할 수 없었다. 그 의사는 단지 그 여성의 고통 시간을 단축시켰을 뿐이다. | | | | | | | | | |
| 6. 그 의사의 동료 의사들도 대부분 그와 같이 결정했을 것이다. | | | | | | | | | |

| ❸ 그 의사가 <u>옳지 않다고 가정할</u> 때, 당신은 다음의 의견을 어느 정도 받아들일 수 있습니까? | 받아들일 수 없다 | | | | | | | 받아들일 수 있다 | |
|---|---|---|---|---|---|---|---|---|---|
| | -4 | -3 | -2 | -1 | 0 | +1 | +2 | +3 | +4 |
| 7. 그는 동료의사들의 신념과 반대되는 행동을 했다. 만약 동료의사들이 안락사(**환자의 고통을 덜어주기 위해 인위적으로 목숨을 끊는 것**)에 반대했다면, 그 의사는 그 여성의 간청을 들어주면 안되었다. | | | | | | | | | |
| 8. 비록 누군가 엄청난 고통으로 인해 죽음을 원할지라도, 생명을 지켜야 하는 의사의 본분을 망각해서는 안된다. | | | | | | | | | |
| 9. 생명을 보호하는 것은 모든 사람들의 최상위의 도덕적 의무이다. 우리가 안락사와 살인을 구별하는 명백한 도덕적 기준을 갖고 있지 않으므로, 한 사람이 다른 사람의 생명을 직접적으로 끊는 행동을 해서는 안된다. | | | | | | | | | |
| 10. 그 의사는 이 일로 인해 엄청난 어려움을 겪었다. 실제 다른 사람들도 이미 그와 같은 행동을 했다는 이유로 중대한 처벌을 받은 적이 있다. | | | | | | | | | |
| 11. 그 의사가 좀 더 기다려서 그 여성의 죽음에 개입하지 않았더라면, 그는 상당히 쉽게 이 일을 해결할 수 있었을 것이다. | | | | | | | | | |
| 12. 그 의사는 법률을 위반했다. 즉 안락사가 불법행위라는 것을 알았더라면 그 요청을 거절했어야 했다. | | | | | | | | | |

| 여러분의 일상생활에 대한 질문(KDIT) | ID | ☐☐ – ☐☐☐ |

> 이 질문지는 여러분의 일상생활에 대한 생각을 알아보는 것입니다. 여기에는 맞는 답이나 틀린 답이 없습니다. 이 질문지의 결과는 컴퓨터로 처리되어 집단 점수로만 활용될 것이므로, 여러분의 이름이나 질문에 대한 생각은 결코 다른 사람에게 알려지지 않을 것입니다. 이 질문지는 3개의 짧은 이야기와 그 이야기에 대한 여러분의 생각을 알아보려는 12개의 질문들이 있습니다. 다음 <보기>를 잘 읽고, 이와 같은 방법으로 여러분의 생각을 표시해주시기 바랍니다.

※ 다음은 여러분 개인에 대한 질문입니다. 해당되는 칸에 '√' 표시를 해주십시오.

| 학교 | 학년 | 반 | 번호 | 성별 | 성명 |
|---|---|---|---|---|---|
| | | | | 남( ) | |
| | | | | 여( ) | |

### <연습보기>

다음은 본 검사를 실시하기 전에 이를 설명하는 **A** 학생이 작성한 <연습보기>입니다. 잘 읽은 후, 본 검사를 시작해 주세요.

---

**자전거 사기**

철수의 아버지는 차로 **30**분가량 걸리는 회사에서 일하고 있다. 그러나 교통이 막히면 한 시간도 넘게 걸린다. 그래서 철수 아버지는 오래전부터 자전거를 하나 사서 회사도 다니고, 시장을 보거나 운동을 하는 데에도 사용해야겠다고 마음먹고 있었다.

그러나 막상 사려고 하니 생각해보아야 할 일이 많이 있음을 알게 되었다.

---

(1) 만약 당신이 철수 아버지의 입장에 놓인다면 어떻게 하겠습니까?

　　① 자전거를 산다 ( ∨ )　　② 잘 모르겠다 ( )　　③ 사지 않는다 ( )

(2) 자전거를 사는가, 안 사는가 하는 결정에 다음의 질문들은 어느 정도로 중요한가? (해당란에 ∨표 하세요.)

| 번호 | 질　　　　　　　　문 | 매우 중요 하다 | 대체로 중요 하다 | 약간 중요 하다 | 별로 중요 하지 않다 | 전혀 중요 하지 않다 |
|---|---|---|---|---|---|---|
| 1 | 동네에 있는 가게에서 살 것인가, 시내의 백화점에서 살 것인가?(이 질문은 '약간 중요하다'고 생각함) | | | ∨ | | |
| 2 | 오래 두고 볼 때, 새 것과 쓰던 것을 사는 것 중 어느 것이 더 이득인가?(이 질문은 '매우 중요하게' 생각됨.) | ∨ | | | | |
| 3 | 가격은 비싸지만 품질이 좋은 것을 살 것인가, 품질은 좀 떨어지더라도 값이 싼 것을 살 것인가?(이 질문은 '매우 중요하게' 생각됨.) | ∨ | | | | |
| 4 | 엔진의 크기가 어느 정도 되어야 하는가?(이 질문은 '전혀 중요하지 않게' 생각됨) | | | | | ∨ |
| 5 | 짐 틀의 크기가 어느 정도로 커야 하는가?(이 질문은 '대체로 중요하게' 생각됨) | | ∨ | | | |

(3) 위의 질문 중에서 중요하다고 생각되는 4개의 질문을 고른 후, 중요한 순서대로 그 질문의 번호를 쓰시오.

　　가장 중요한 질문의 번호　　( 3 )

　　둘째로 중요한 질문의 번호　　( 2 )

　　셋째로 중요한 질문의 번호　　( 5 )

　　넷째로 중요한 질문의 번호　　( 1 )

☞ 지시에 따라 다음 페이지로 넘어가시오.

## 남편의 고민

한 부인이 이상한 병으로 죽어가고 있었다. 그래서 남편은 아내를 데리고 병원에 갔다. 의사는 암이라고 말하면서, 집에서 가까운 약국에 그 암을 치료할 수 있는 약이 있다고 했다. 그런데 약국 주인은 그 약을 만드는 데 돈과 시간을 많이 쓰고, 고생을 했기 때문에 그 약값을 아주 비싸게 요구했다. 그래서 남편은 약값 마련을 위해 열심히 일을 했지만, 약 값의 반밖에 벌지 못했다. 남편은 그 약국에 가서 주인에게 '아내가 죽어가고 있어요. 그 약을 반값에 주세요. 나머지 반값은 다음에 드리겠습니다'라고 애원했다. 그러나 약국 주인은 '미안하지만 안 되겠습니다'라고 말하면서 거절했다. 그래서 남편은 아내를 살리기 위해 많은 고민과 걱정을 하다가, 약을 몰래 훔치는 수밖에 다른 방법이 없다고 생각하기 시작했다.

(1) 만약 당신이 이 남편의 입장에 놓인다면, 당신은 어떻게 하겠는가?

___①훔친다        ___②잘 모르겠다        ___③훔치지 않는다

(2) 남편의 훔칠까 말까 하는 결정에 다음의 질문들은 어느 정도로 중요한가?

| 번호 | 질                                    문 | 매우 중요 하다 | 대체로 중요 하다 | 약간 중요 하다 | 별로 중요 하지 않다 | 전혀 중요 하지 않다 |
|---|---|---|---|---|---|---|
| 1 | 이유가 무엇이든 법이 정한 일은 지켜야 하지 않을까? | ⑤ | ④ | ③ | ② | ① |
| 2 | 정말로 아내를 사랑한다면, 약을 훔쳐서라도 아내를 살려야 하지 않을까? | ⑤ | ④ | ③ | ② | ① |
| 3 | 그 약을 먹어도 아내가 살지 죽을지 모르는데, 감옥에 갈 일을 할 필요가 있을까? | ⑤ | ④ | ③ | ② | ① |
| 4 | 부모님이 도둑질은 나쁜 짓이라고 하셨으므로, 약을 훔치지 말아야 하지 않을까? | ⑤ | ④ | ③ | ② | ① |
| 5 | 아내를 위해서 약을 훔칠까? 아니면 남편인 자신을 위해서 약을 훔칠까? | ⑤ | ④ | ③ | ② | ① |
| 6 | 그 약을 만든 약국 주인의 노력과 고생도 중요하지 않을까? | ⑤ | ④ | ③ | ② | ① |

| 7 | 약을 훔치다 잡히면 감옥에서 오랫동안 벌을 받아야 하지 않을까? | ⑤ | ④ | ③ | ② | ① |
|---|---|---|---|---|---|---|
| 8 | 아내와 남편은 각자 서로 무엇이 더 중요하다고 생각할까? | ⑤ | ④ | ③ | ② | ① |
| 9 | 남편이 약을 훔친 것을 초등학교 때 선생님이 알게 되면 화를 많이 내시지 않을까? | ⑤ | ④ | ③ | ② | ① |
| 10 | 이럴 때, 법을 지키는 것은 사람의 목숨을 살리는데 오히려 방해가 되는 것이 아닐까? | ⑤ | ④ | ③ | ② | ① |
| 11 | 약국 주인은 너무 욕심이 많고 마음씨가 나쁘니까, 도둑을 좀 맞아도 되지 않을까? | ⑤ | ④ | ③ | ② | ① |
| 12 | 약을 훔쳐서라도 아내의 목숨을 살리려고 하는 것이, 그냥 가만히 있는 것보다 더 나은 일이 아닐까? | ⑤ | ④ | ③ | ② | ① |

(3) 위의 질문 중에서 중요하다고 생각되는 4개의 질문을 고른 후, 중요한 순서대로 그 질문의 번호를 쓰시오.

| 1순위 | 2순위 | 3순위 | 4순위 |
|---|---|---|---|
| | | | |

---

### 탈옥수

어떤 사람이 10년을 감옥살이를 해야 하는데 1년만 살다가 감옥에서 도망을 쳤다. 그리고 다른 지방으로 가서 자기 이름을 바꾸고 8년간 열심히 일해서 큰 부자가 되었다. 부자가 된 그는 양심적으로 회사를 운영하고, 월급도 잘 주고, 가난한 사람을 많이 도와주어 훌륭한 부자로 유명해졌다. 그러던 어느 날 옆집 부인이 이 부자가 감옥에서 도망친 범인이라는 것을 우연히 발견하게 되었다. 그리고 경찰에서는 아직도 그를 체포하려고 열심히 찾고 있다는 사실을 알게 되었다. 부인이 이 부자를 경찰에 신고하면, 경찰은 범인을 잡아서 다시 감옥에 보내게 될 것이다. 그 대신 그 부자의 회사는 망할 것이고, 더 이상 좋은 일을 못하게 될 것이다. 부인은 이 사람을 경찰에 신고해야 할지 하지 말아야 할지 망설이고 있다.

(1) 만약 당신이 이 부인의 입장에 놓인다면, 당신은 어떻게 하겠는가?
___①신고해야 한다          ___②잘 모르겠다          ___③신고하면 안 된다

(2) 부인이 부자를 신고할까 말까 하는 결정에 다음의 질문들은 어느 정도로 중요한가?

| 번호 | 질                                    문 | 매우 중요 하다 | 대체로 중요 하다 | 약간 중요 하다 | 별로 중요 하지 않다 | 전혀 중요 하지 않다 |
|---|---|---|---|---|---|---|
| 1 | 감옥에서 도망친 후 그가 한 8년간의 착한 일은, 그 사람이 나쁜 사람이 아니라는 것을 보여주는 데 충분하지 않을까? | ⑤ | ④ | ③ | ② | ① |
| 2 | 감옥에서 도망쳐도 잡히지 않으면, 감옥에서 도 망치려고 하는 범인이 점점 많아지지 않을까? | ⑤ | ④ | ③ | ② | ① |
| 3 | 벌을 다 받지 않고 감옥에서 도망치는 일은 나쁜 일이 아닐까? | ⑤ | ④ | ③ | ② | ① |
| 4 | 그 범인은 착한 일을 많이 했으니까 옛날에 법을 어긴 일은 용서받을 수 있지 않을까? | ⑤ | ④ | ③ | ② | ① |
| 5 | 그 부자를 다시 감옥에 보내게 되면 그 사람이 했 던 착한 일을 무시한 것이며, 앞으로 계속해서 착 한 일을 하지 못하게 만드는 것은 아닐까? | ⑤ | ④ | ③ | ② | ① |
| 6 | 감옥에서 도망치다가 잡히면 더 큰 벌을 받으니 까 도망치지 말아야 하지 않을까? | ⑤ | ④ | ③ | ② | ① |
| 7 | 그 사람을 다시 감옥으로 보내는 것은 얼마나 인 정이 없고 나쁜 것인가? | ⑤ | ④ | ③ | ② | ① |
| 8 | 만일 신고하지 않으면, 감옥에서 도망치지 않고 끝까지 벌을 받고 있는 다른 범인들에게는 억울 한 일이 아닐까? | ⑤ | ④ | ③ | ② | ① |
| 9 | 이 사실을 알기 전에, 그 부인은 이 범인과 어느 정도 친한 사이였을까? | ⑤ | ④ | ③ | ② | ① |
| 10 | 이유야 무엇이든 간에 도망친 범인을 신고하는 것은 당연히 해야 할 일이 아닐까? | ⑤ | ④ | ③ | ② | ① |
| 11 | 한 사람의 생각과 다른 많은 사람의 생각이 다를 때, 사회는 이 문제를 어떻게 해결할까? | ⑤ | ④ | ③ | ② | ① |
| 12 | 그를 다시 감옥으로 보내는 것은 그 범인을 위해 서인가, 아니면 다른 사람들을 위해서인가? | ⑤ | ④ | ③ | ② | ① |

(3) 위의 질문 중에서 중요하다고 생각되는 4개의 질문을 고른 후, 중요한 순서대로 그 질문의 번호를 쓰시오.

| 1순위 | 2순위 | 3순위 | 4순위 |
|-------|-------|-------|-------|
|       |       |       |       |

---

### 환자의 애원

어느 젊은 여자가 암에 걸려 6개월밖에 살 수 없게 되었다. 이 암은 그 여자를 너무 아프고 고통스럽게 했다. 너무너무 아파서 그 여자는 정신을 잃기까지 한다. 강한 진통제를 주면 덜 아프게 해줄 수는 있지만, 이것은 너무 강한 것이어서 환자를 오히려 더 빨리 죽게 할 염려가 있었다. 가끔 고통이 멈추었을 때 이 환자는 의사에게 조금 많은 진통제를 주어서 아픔 없이 죽게 해달라고 애원했다. 여자는 너무 아파서 참기도 힘들고 어차피 죽을 것이니까 편안하게 죽도록 도와달라고 의사에게 울면서 부탁했다. 의사는 이 환자의 애원대로 고통 없이 죽을 수 있게 해주어야 할지 말아야 할지 고민하고 있다.

---

(1) 만약 당신이 이 의사의 입장에 놓인다면, 당신은 이 환자의 애원을 어떻게 하겠는가?

___①들어준다        ___②잘 모르겠다        ___③들어주면 안 된다

(2) 환자의 애원을 들어줄까 말까 하는 결정에 다음의 질문들은 어느 정도로 중요한가?

| 번호 | 질                                                                 문 | 매우 중요하다 | 대체로 중요하다 | 약간 중요하다 | 별로 중요하지 않다 | 전혀 중요하지 않다 |
|------|------------------------------------------------------------------------|:---:|:---:|:---:|:---:|:---:|
| 1 | 환자의 가족들은 어떤 생각을 하고 있을까? | ⑤ | ④ | ③ | ② | ① |
| 2 | 의사가 아닌 사람이 진통제를 주어서 사람이 죽게 되면 당연히 죄가 되는 것처럼, 의사가 그렇게 해도 똑같이 죄가 되지 않을까? | ⑤ | ④ | ③ | ② | ① |
| 3 | 사람을 죽이는 일을 하느님이 용서할 수 있을까? | ⑤ | ④ | ③ | ② | ① |

| 4 | 의사가 실수한 것처럼 일을 꾸며서 환자의 부탁을 들어줄 수도 있지 않을까? | ⑤ | ④ | ③ | ② | ① |
| 5 | 나라의 법에 스스로 죽고 싶어 하는 사람을 죽지 못하게 할 권리가 있을까? | ⑤ | ④ | ③ | ② | ① |
| 6 | 일부러 사람을 죽이는 것을 의사가 해서는 안 되는 일이라고 배우지 않았을까? | ⑤ | ④ | ③ | ② | ① |
| 7 | 의사는 환자를 덜 아프게 해주는 일에 신경을 써야 할까, 아니면 다른 사람이 자신을 어떻게 생각할지에 더 신경을 써야 할까? | ⑤ | ④ | ③ | ② | ① |
| 8 | 사람이 편안하게 죽도록 도와주는 일이 때로는 더 좋은 일이 아닐까? | ⑤ | ④ | ③ | ② | ① |
| 9 | 오직 하느님만이 사람의 목숨을 살리거나 죽일 수 있는 것이 아닐까? | ⑤ | ④ | ③ | ② | ① |
| 10 | 의사는 무엇을 가장 중요하게 생각하면서 자신의 일을 해야 할까? | ⑤ | ④ | ③ | ② | ① |
| 11 | 어떤 사람이 스스로 죽고 싶어 할 때, 법은 그 사람이 스스로 죽는 것을 허락할 수 있을까? | ⑤ | ④ | ③ | ② | ① |
| 12 | 사회는 자살을 허락하면서, 동시에 살고 싶은 사람들의 생명을 지켜주는 두 가지의 반대되는 일을 잘 할 수 있을까? | ⑤ | ④ | ③ | ② | ① |

(3) 위의 질문 중에서 중요하다고 생각되는 4개의 질문을 고른 후, 중요한 순서대로 그 질문의 번호를 쓰시오.

| 1순위 | 2순위 | 3순위 | 4순위 |
|---|---|---|---|
|  |  |  |  |

※ 끝까지 응답해주셔서 대단히 감사합니다.

[부 록 4]

# 도덕적 태도 지수로서의 C-지수 계산법

| 의견 | 노동자의 딜레마 | | 의사의 딜레마 | | 태도 지수들 | |
|---|---|---|---|---|---|---|
| | 찬성* | 반대* | 찬성* | 반대* | $X_{1-4}$ | $(X_{1-4})^2$ |
| 1단계 | 1** | 12 | 3*** | 10 | | |
| 2단계 | 5 | 9 | 4*** | 11 | | |
| 3단계 | 3 | 11 | 6 | 7 | | |
| 4단계 | 2 | 7 | 5 | 12 | | |
| 5단계 | 6 | 10 | 2 | 8 | | |
| 6단계 | 4 | 8 | 1 | 9 | | |
| $\sum\limits_{1}^{6} x =$ | | | | | $SS_{Tot} = \sum x^2 =$ | |

$\sum\limits_{i=1}^{6} x_{i,pro} =$     $\sum\limits_{i=1}^{6} x_{i,con} =$

$$C\text{-지수} = r^2 * 100$$

$r^2_{Stage} = \dfrac{SS_{Stage}}{SS_{Dev}}$

$SS_{Deviation} =$
$SS_{Tot} - SS_{Mean} =$

$SS_{Stage} =$
$\sum\limits_{St=1}^{6} \sum\limits_{j=1}^{4} (\sum x_{ij})^2 / 4 - SS_M =$

$SS_{Mean} =$
$(6x)^2 =$

$SS_{PC} =$
$\sum\limits_{j=Pro}^{Con} \sum\limits_{i=1}^{12} (\sum x_{ij})^2 / 12 - SS_M =$

$r^2_{PC} = \dfrac{SS_{PooCon}}{SS_{Dev}}$

$SS_{Dil} =$
$\sum\limits_{j=Work}^{Doc} \sum\limits_{i=1}^{12} (\sum x_{ij})^2 / 12 - SS_M =$

$r^2_{Dil} = \dfrac{SS_{Dil}}{SS_{Dev}}$

$$C^+\text{지수} = \dfrac{SS_s}{SS_D - SS_{Dil}}$$

주1) C지수와 C⁺지수와의 실증적 차이가 거의 없어서, C⁺지수는 거의 사용되지 않음.
   2) '*' 표시의 '찬성'과 '반대'는 판단 주체의 의견이다. 부정적인 문항에 대한 찬성과 반대의 값은 반대로 표기
      해줌.
   3) '***'의 '1-12'의 두 쌍의 번호는 문항번호를 말함.
   4) '****'은 2004년 버전에 의거 '의사의 딜레마' 중 'Pro'의 1단계와 2단계의 값을 바꾸어야 한다는 권장을 반
      영한 것임.
출처: Lind(1978; 2004), 박균열(2006).

# MJT의 계산 예시: C-지수와 각종 태도지수

| 의견 | 노동자의 딜레마 | | 의사의 딜레마 | | 태도 지수들 | |
|---|---|---|---|---|---|---|
| | 찬성* | 반대* | 찬성* | 반대* | $X_{1-4}$ | $(X_{1-4})^2$ |
| 1단계 | -1 | -4 | -2 | -3 | -10 | 100 |
| 2단계 | -2 | -4 | -3 | -4 | -13 | 169 |
| 3단계 | 1 | -4 | 1 | -4 | -6 | 36 |
| 4단계 | 2 | -2 | 0 | -2 | -2 | 4 |
| 5단계 | 4 | 2 | 3 | -1 | 8 | 64 |
| 6단계 | 3 | 3 | 4 | -1 | 9 | 81 |
| $\sum\limits_{1}^{6} x =$ | 7 | -9 | 3 | -15 | $\sum\limits_{1}^{6} x^2 =$ | 454 |
| | $\sum\limits_{i=1}^{6} x_{i,pro} =$ | 100.0 | $\sum\limits_{i=1}^{6} x_{i,con} =$ | 576.0 | 676 | |
| $SS_{Deviation} =$ $SS_{Tot}\text{-}SS_{Mean} =$ | 177.8 | $SS_{Stage} =$ $\sum\limits_{St=1}^{6}(\sum\limits_{j}^{4} x_{ij})^2/4\text{-}SS_M =$ | 105.3 | | $r^2_{Stage} =$ $\dfrac{SS_{Stage}}{SS_{Dev}}$ = 0.59* | |
| $SS_{Mean} =$ $(6\bar{x})^2 =$ | 8.2 | $SS_{PC} =$ $\sum\limits_{j=Pro}^{Con}(\sum\limits_{i=1}^{12} x_{ij})^2/12\text{-}SS_M =$ | 48.2 | | $r^2_{PC} =$ $\dfrac{SS_{PooCon}}{SS_{Dev}}$ = 0.27 | |
| | | $SS_{Dil} =$ $\sum\limits_{j=Work}^{Doc}(\sum\limits_{i=1}^{12} x_{ij})^2/12\text{-}SS_M =$ | 4.2 | | $r^2_{Dil} =$ $\dfrac{SS_{Dil}}{SS_{Dev}}$ = 0.02 | |
| $\sum\limits_{i=1}^{6} x_{i,con}^2 =$ | 112.0* | $\sum\limits_{i=1}^{6} x_{i,pro}^2 =$ | 74.0* | $C^+$지수 = | $\dfrac{SS_s}{SS_D\text{-}SS_{Dil}}$ = 0.61 | |

출처: 여기서의 수치는 가상의 답변을 토대로 만들어진 것임. 0.59의 C-지수는 '매우 높은' 수준임.

주1) Window 6.0 이상 버전의 Corel WordPerfect에 이 파일을 실행하면, 계산자를 얻을 수 있음. 본 연구에서는 [부록 4]의 방법을 선호함.

　　2) '*' 표시의 계산과정에 대해서는 원문에 없었으나, 직접 계산하여 확인한 결과 '찬성'과 '반대'의 각 단계별 제곱을 합한 값으로 판명되어 추가로 표기함.

# Excel 프로그램을 활용한 C-지수 계산 과정

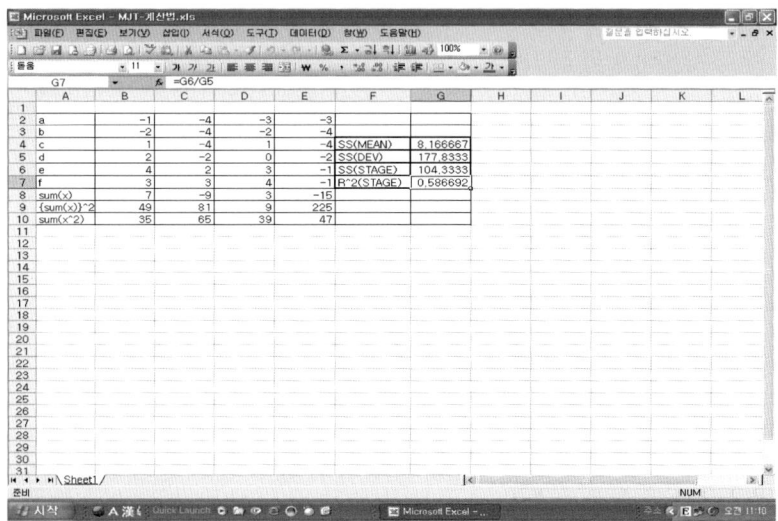

주1) 여기서의 계산과정에서는 MJT 2004년 버전에 의거('의사의 딜레마' 중 'Pro'의 1단계와 2단계의 값을 바꾸어 입력), 프로그램을 설정함.

2) MJT의 1998년 버전에 제시된 것을 기준으로 한 C-지수의 상세값은 0.592315인데, 2004년 버전으로 수정하면, 0.586692임. 0.59의 값을 EXCEL프로그램으로 1998년 버전의 수치를 입력하여 산출한 것이므로, 이 프로그램의 신뢰도는 확보됨.

3) 명확히 표기하면 다음과 같음: SS(MEAN)=SUM(B2:E7)^2/24/ SS(DEV)=SUM (B10:E10)-J4/(SUM (B2:E2)^2+SUM(B3:E3)^2+
SUM(B4:E4)^2  +SUM(B5:E5)^2+SUM(B6:E6)^2+SUM(B7:E7)^2)/
4-J4R^2(STAGE) = G6/G5

출처: 박균열(2006)

# 찾아보기

**이원봉(李元奉)** ─────────────

　경상대학교 사범대학 국어교육과(학사)
　고려대학교 대학원(석사)
　경상대학교 대학원(박사)
　육군 대령 예편
　국방대학교 교수 역임
　현) (재)국가발전미래교육협의회 안보전문교수

　jabongso@paran.com


**박균열(朴均烈)** ─────────────

　경상대학교 사범대학 윤리교육과(학사)
　서울대학교 대학원(석사·박사)
　육군3사관학교 교수 역임
　국방대학교 안보문제연구소 전문연구원 역임
　UCLA 한국학센터 방문학자 역임
　현) 경상대학교 사범대학 윤리교육과 교수

　pgy556@paran.com

# 도덕
# 판단력
# 측정

MJT와 DIT를 중심으로

초 판 인 쇄 | 2012년 6월 8일
초 판 발 행 | 2012년 6월 8일

지 은 이 | 이원봉 · 박균열
펴 낸 이 | 채종준
펴 낸 곳 | 한국학술정보㈜
주    소 | 경기도 파주시 문발동 파주출판문화정보산업단지 513-5
전    화 | 031) 908-3181(대표)
팩    스 | 031) 908-3189
홈 페 이 지 | http://ebook.kstudy.com
E - m a i l | 출판사업부  publish@kstudy.com
등    록 | 제일산-115호(2000. 6. 19)

ISBN    978-89-268-3410-7 93370 (Paper Book)
        978-89-268-3411-4 98370 (e-Book)